본서의 구성은 5부, 13장으로 구성되어 있습니다.

제1부는 소비사회 변화와 소비자 중심의 상품으로, 4개의 장으로 구성되었으며, 제1장 미래 소비사회의 변화와 소비자 중심의 신상품과 서비스 개발, 제2장 고도의 소비사회와 상품, 그리고 서비스 관계, 제3장 소비자중심적 생산의 변화, 프로슈머, 제4장 소비자와 상품, 그리고 서비스의 생산 등을 다루어 보았습니다.

제2부는 소비심리와 소비시장으로, 제5장 소비자심리, 상품의 수명주기, 제6장 소비시장, 소비자정책의 변화, 그리고 제7장 소비문화와 소비자 심리로 구성하였습니다.

제3부는 소비자의 삶의 질과 신기술로, 제8장 소비자의 삶의 질, 제9장 신기술 시대와 소비자로 구성하였습니다.

제4부는 소비자와 소비가치로, 제10장 지속가능소비와 소비자, 제11장 소비자와 라이프스타일, 소비가치의 예로 구성하였습니다.

그리고 마지막 제5부는 미래소비사회의 변화와 상품으로, 제12장 미래소비사회의 변화, 제13장 초연결기술과 소비자로 구성하였습니다.

본 도서는 각 장별 학습동기부여를 위하여 동화의 일부분을 첨가하여 동화로 배우는 소비를 도입 부분에 활용하였고, 각 장별 생각해 볼 거리와 퀴즈를 첨가하였으며, 다양한 현황과 사례를 함께 찾아보는 잠깐의 전환을 시도해 보고자 하였습니다.

본 도서의 출판을 지원해 준 건국대학교, 아울러 출판물로 나오게끔 기여해 주신 박영사에 감사드립니다. 그리고 오랜 기간 동안 함께하면서 본 도서의 결실을 맺게 도움을 준 조향숙 박사님께도 감사 드리며, 끝으로 본문의 동화 그림을 멋지게 그려준 강정민 작가님께도 감사드립니다.

2025년 3월 1일

김 시 월

미래소비사회와 상품

김시월

박영사

머리말

우리 모두의 공통점은 소비시장의 일원으로서 반드시 소비를 해야만 하는 소비자라는 것입니다. 그리고 우리 모두는 과거를 살았고, 현재를 살며, 미래를 살아야 하는, 과거의 구성원이자 현재의 소비자이며 미래의 중요한 일원입니다.

소비자는 프로슈머, 크리슈머, 리뷰슈머, 리서슈머 등 다양한 용어로 불리고 있습니다. 이는 소비자의 마음속에 자연스럽게 융화되어 '생산과 소비를 함께하는 이익을 추구하는 소비자'로서의 중요성이 강조되고 있다는 것입니다. 이에 소비자가 제품에 대한 아이디어를 제안하고 생산자가 타당성을 평가하는 신상품 개발의 프로세스도 중요한 바, 이는 바로 소비자 힘이 강화되고 있다는 것입니다. 또한 4차산업혁명을 통한 기술변화로 새로운 제품의 시장진입 기간이 짧아지고, 소비자의 역량에 따라 순응하고 적응하는 기간이 매우 달라질 것입니다. 소비자에 따라 순기능적인 장점이 각각 다릅니다. 그중에서도 소외감, 부적응, 무력감, 그리고 커뮤니케이션이 원만하지 못해 발생하는 양극화적인 소비문화 변화에 대응하는 기능적, 편익적, 편의적, 경제적, 그리고 사회심리적으로 반영된 소비자중심적인 상품과 서비스 개발이 매우 필요합니다. 아울러 이를 위해 구체적으로 구성하고, 계획하고, 그리고 직접적인 제안과 효과를 검증해 보는 전 과정의 경험은 매우 중요합니다.

본서에서는 이토록 중요한 프로슈머로서의 소비자와 시장 환경의 변화를 이해하고, 소비자의 편의 제공을 위한 서비스와 물적 제품을 개발해 보고, 소비자서비스 제공 방안에 대해 학습합니다.

시장에서 생산자는 소비자에게 수동적으로 제공만 하는 것이 아니라, 시장경제의 보다 높은 가치를 공유하고, 사회적으로 환원하고, 커뮤니케이션 능력이 중요해지고 있습니다. 바야흐로 공유가치창출의 시대에 접어들면서 시장경제에서 소비자의 기여는 매우 중요한 가치가 되고 있습니다.

이에 이 책에서는 시장에서 소비자의 역할 증가를 이해하고, 소비자가 제품에 대한 아이디어를 제안하고 생산자가 타당성을 평가하는 신상품 개발의 프로세스를 익힙니다. 그리고 4차산업혁명의 일반화를 대비한 소비문화의 변화에 대응하는 상품과 서비스 개발을 구체적으로 실행해 보며, 프로슈머로서의 소비자와 시장환경의 변화를 이해하고, 다양한 분야에서의 제품과 서비스 개발을 제안하고, 생산에 반영하는 기법들을 익히고자 합니다.

시장이 디지털 중심으로 변화하면서, 그 변화 주기는 극히 짧아지고 있으며, 신상품의 생산주기 또한 짧아지고 있습니다. 바야흐로 이제 4차산업혁명이 일반화되면, 이러한 상황에서 소비자의 역량, 연령, 그리고 세대별 차이가 가져올 지극히 소외적인 양극화를 고려하여야 하며, 보다 소비자 중심적인 상품의 개발, 그리고 맞춤 서비스 등을 생각하지 않을 수 없습니다. 아울러 소비자 소외를 감소하고 어떤 소비자가 언제 어디에 거주하든 동질의 상품과 서비스를 받을 수 있는 시장의 균등화 및 질적인 향상이 더욱더 필요합니다. 그야말로 우리 사회의 소비자는 소비시장에서 대접받는 소비자시민으로 향상되어야 합니다.

본 도서를 통해서 강조하고 싶은 것은 시장에서의 소비자 역할 증가를 이해하고, 소비자가 제품에 대한 아이디어를 제안하고 생산자가 타당성을 평가하는 신상품 개발의 프로세스를 익히는 것입니다. 그리고 4차산업혁명의 일반화를 대비하고 소비문화의 변화에 대응하는 상품과 서비스 개발을 구체적으로 실행해 보며, 프로슈머로서의 소비자와 시장의 변화를 이해하고, 함께 공유하고자 합니다.

미래소비사회와 상품

김시월

박영사

머리말

우리 모두의 공통점은 소비시장의 일원으로서 반드시 소비를 해야만 하는 소비자라는 것입니다. 그리고 우리 모두는 과거를 살았고, 현재를 살며, 미래를 살아야 하는, 과거의 구성원이자 현재의 소비자이며 미래의 중요한 일원입니다.

소비자는 프로슈머, 크리슈머, 리뷰슈머, 리서슈머 등 다양한 용어로 불리고 있습니다. 이는 소비자의 마음속에 자연스럽게 융화되어 '생산과 소비를 함께하는 이익을 추구하는 소비자'로서의 중요성이 강조되고 있다는 것입니다. 이에 소비자가 제품에 대한 아이디어를 제안하고 생산자가 타당성을 평가하는 신상품 개발의 프로세스도 중요한 바, 이는 바로 소비자 힘이 강화되고 있다는 것입니다. 또한 4차산업혁명을 통한 기술변화로 새로운 제품의 시장진입 기간이 짧아지고, 소비자의 역량에 따라 순응하고 적응하는 기간이 매우 달라질 것입니다. 소비자에 따라 순기능적인 장점이 각각 다릅니다. 그중에서도 소외감, 부적응, 무력감, 그리고 커뮤니케이션이 원만하지 못해 발생하는 양극화적인 소비문화 변화에 대응하는 기능적, 편익적, 편의적, 경제적, 그리고 사회심리적으로 반영된 소비자중심적인 상품과 서비스 개발이 매우 필요합니다. 아울러 이를 위해 구체적으로 구성하고, 계획하고, 그리고 직접적인 제안과 효과를 검증해 보는 전 과정의 경험은 매우 중요합니다.

본서에서는 이토록 중요한 프로슈머로서의 소비자와 시장 환경의 변화를 이해하고, 소비자의 편의 제공을 위한 서비스와 물적 제품을 개발해 보고, 소비자서비스 제공 방안에 대해 학습합니다.

시장에서 생산자는 소비자에게 수동적으로 제공만 하는 것이 아니라, 시장경제의 보다 높은 가치를 공유하고, 사회적으로 환원하고, 커뮤니케이션 능력이 중요해지고 있습니다. 바야흐로 공유가치창출의 시대에 접어들면서 시장경제에서 소비자의 기여는 매우 중요한 가치가 되고 있습니다.

이에 이 책에서는 시장에서 소비자의 역할 증가를 이해하고, 소비자가 제품에 대한 아이디어를 제안하고 생산자가 타당성을 평가하는 신상품 개발의 프로세스를 익힙니다. 그리고 4차산업혁명의 일반화를 대비한 소비문화의 변화에 대응하는 상품과 서비스 개발을 구체적으로 실행해 보며, 프로슈머로서의 소비자와 시장환경의 변화를 이해하고, 다양한 분야에서의 제품과 서비스 개발을 제안하고, 생산에 반영하는 기법들을 익히고자 합니다.

시장이 디지털 중심으로 변화하면서, 그 변화 주기는 극히 짧아지고 있으며, 신상품의 생산주기 또한 짧아지고 있습니다. 바야흐로 이제 4차산업혁명이 일반화되면, 이러한 상황에서 소비자의 역량, 연령, 그리고 세대별 차이가 가져올 지극히 소외적인 양극화를 고려하여야 하며, 보다 소비자 중심적인 상품의 개발, 그리고 맞춤 서비스 등을 생각하지 않을 수 없습니다. 아울러 소비자 소외를 감소하고 어떤 소비자가 언제 어디에 거주하든 동질의 상품과 서비스를 받을 수 있는 시장의 균등화 및 질적인 향상이 더욱더 필요합니다. 그야말로 우리 사회의 소비자는 소비시장에서 대접받는 소비자시민으로 향상되어야 합니다.

본 도서를 통해서 강조하고 싶은 것은 시장에서의 소비자 역할 증가를 이해하고, 소비자가 제품에 대한 아이디어를 제안하고 생산자가 타당성을 평가하는 신상품 개발의 프로세스를 익히는 것입니다. 그리고 4차산업혁명의 일반화를 대비하고 소비문화의 변화에 대응하는 상품과 서비스 개발을 구체적으로 실행해 보며, 프로슈머로서의 소비자와 시장의 변화를 이해하고, 함께 공유하고자 합니다.

본서의 구성은 5부, 13장으로 구성되어 있습니다.

제1부는 소비사회 변화와 소비자 중심의 상품으로, 4개의 장으로 구성되었으며, 제1장 미래 소비사회의 변화와 소비자 중심의 신상품과 서비스 개발, 제2장 고도의 소비사회와 상품, 그리고 서비스 관계, 제3장 소비자중심적 생산의 변화, 프로슈머, 제4장 소비자와 상품, 그리고 서비스의 생산 등을 다루어 보았습니다.

제2부는 소비심리와 소비시장으로, 제5장 소비자심리, 상품의 수명주기, 제6장 소비시장, 소비자정책의 변화, 그리고 제7장 소비문화와 소비자 심리로 구성하였습니다.

제3부는 소비자의 삶의 질과 신기술로, 제8장 소비자의 삶의 질, 제9장 신기술 시대와 소비자로 구성하였습니다.

제4부는 소비자와 소비가치로, 제10장 지속가능소비와 소비자, 제11장 소비자와 라이프스타일, 소비가치의 예로 구성하였습니다.

그리고 마지막 제5부는 미래소비사회의 변화와 상품으로, 제12장 미래소비사회의 변화, 제13장 초연결기술과 소비자로 구성하였습니다.

본 도서는 각 장별 학습동기부여를 위하여 동화의 일부분을 첨가하여 동화로 배우는 소비를 도입 부분에 활용하였고, 각 장별 생각해 볼 거리와 퀴즈를 첨가하였으며, 다양한 현황과 사례를 함께 찾아보는 잠깐의 전환을 시도해 보고자 하였습니다.

본 도서의 출판을 지원해 준 건국대학교, 아울러 출판물로 나오게끔 기여해 주신 박영사에 감사드립니다. 그리고 오랜 기간 동안 함께하면서 본 도서의 결실을 맺게 도움을 준 조향숙 박사님께도 감사 드리며, 끝으로 본문의 동화 그림을 멋지게 그려준 강정민 작가님께도 감사드립니다.

2025년 3월 1일

김 시 월

차례

PART 01
소비사회 변화와 소비자 중심의 상품

PART 02
소비자심리와 소비시장

CHAPTER 07 피리 부는 사나이

소비문화와 소비자심리

PART 03

소비자의 삶의 질과 신기술

CHAPTER 08 햇살 한 줌

소비자의 삶의 질

PART 01

소비사회 변화와 소비자 중심의 상품

CHAPTER

01

미래소비사회의 변화와 소비자 중심의 신상품과 서비스 개발

본 장의 목표는 다음과 같다.

첫째, 소비자, 소비, 그리고 시장의 흐름을 이해한다.
둘째, 소비트렌드와 인구의 변화를 이해한다.
셋째, 소비시장의 과거, 현재, 미래를 생각하고, 코로나19로 인한 소비변화, 그리고 포스트 코로나 시대의 변화를 알아본다.
넷째, 소비자 중심의 신상품과 서비스 개발의 필요성을 이해한다.

주요 키워드는 소비자, 소비, 시장, 소비트렌드와 인구의 변화, 소비시장의 과거, 현재, 미래, 포스트 코로나 시대의 소비트렌드 변화, 소비자 중심의 신상품과 서비스 개발 등이다.

*그림: 강정민

동요, 내 동생

내 동생, 곱슬머리 개구쟁이 내 동생 이름은 하나인데, 별명은 서너 개, 엄마가 부를 때는 꿀돼지, 아빠가 부를 때는 두꺼비, 누나가 부를 때는 왕자님! 어떤 게 진짜인지 몰라, 몰라, 몰라~

너 누구니? 바로 소비자!

동화, 서울 쥐와 시골 쥐

사이 좋은 두 마리 쥐가 있었는데, 한 마리는 시골에 또 한 마리는 서울에 살고 있었어요. 어느 날, 서울 쥐는 시골 쥐의 집에 놀러 갔어요. 시골 쥐는 친구에게 맛있는 음식을 대접하기 위해, 그동안 아껴 두었던 나무 열매들과 곡식 알갱이들을 내어왔어요. 그런데 서울 쥐는 음식에는 손도 대지 않는 채 불평을 늘어 놓았어요.

"어떻게 이런 걸 먹고 사니? 우리 집에 한번 와봐, 이런 음식과는 비교할 수 없는 것들이 잔뜩 쌓여 있으니까."

시골 쥐는 서울 쥐의 말을 듣고 서울 쥐의 집으로 놀러 갔어요. 서울 쥐가 사는 곳은 어떤 커다란 집의 지하실이었어요. 서울 쥐는 생선, 과일, 채소, 빵, 고기 등 맛난 음식들을 잔뜩 내왔어요. 시골 쥐는 서울 쥐가 너무 부러웠어요. 맛있게 먹으려고 할 때 갑자기 지하실 문이 열리면서 주인 아주머니가 빗자루를 들고 쫓아왔어요. 얼른 구석으로 피했다가 다시 음식을 먹으려고 할 때, 이번에는 어디선가 사나운 고양이가 나타났어요. 서울 쥐와 시골 쥐는 죽을 힘을 다해 도망쳤어요.

"너는 언제나 이렇게 사니? 나는 맛있는 음식이 많이 있어도 이렇게 불안하게 살기는 싫어, 마음 편히 살 수 있는 시골이 좋아." 하면서 시골 쥐는 짐을 챙겨 집으로 돌아갔어요.

서울 쥐와 시골 쥐의 공통점은 무엇일까요?

서울 쥐와 시골 쥐의 차이점은 무엇일까요?

너 뭐하니? 소비

우리 모두는 시장의 구성원으로, 소비가치를 지니고 소비를 하는 소비자입니다.

*출처: 김시월 외(2008), 동화로 소비를 배워요, 천재교육.
김시월(2008), 학교에서의 소비자교육을 위한 교재개발 연구 용역(공정거래위원회), 건국대학교.

1. 소비자, 소비, 그리고 시장

우리 모두의 공통점 중에서 가장 큰 것은 소비를 해야 한다는 점이다. 태어나는 순간부터 사망에 이르기까지, 다시 말하면, 요람에서 무덤까지 우리는 소비자이다.

그렇다면 우리 소비자의 주된 관심사는 무엇일까? 많이 버는 것? 아니면 많이 쓰는 것? 우리의 옛 속담에 "개같이 벌어서 정승처럼 써라"라는 말이 있다. 이러한 속담이 보여주듯, 최근 우리는 '부자 되기', '영끌 투자' 등 보다 많은 소득 증대에만 모든 관심이 쏠려 있었다. 이것은 온 세계가 새로운 상품과 서비스의 다품종 다량 생산 및 개발에 몰입한 결과인 것 같다(김시월, 2011). 그 결과 시장경제의 활성화로 인하여 소득이 많이 증가하였지만, 세상은 온통 생산중심의 사회다.

아담 스미스는 "소비는 생산의 유일한 목표이고, 목적이다. 생산자의 이익은 다만 소비자의 이익을 확인하는 데 필요한 범위에서 고려될 뿐이다. 이 공리는 자명하며, 증명이 필요 없다. 중상주의에 있어 소비자의 이익은 생산자의 희생에 의존하고 있다. 따라서 소비자가 아니어도 생산이 이루어지며, 모든 생산 및 상업의 궁극적인 목표 및 목적을 고려한 것으로 생각된다"고 하였다. 즉, 일방적인 생산활동이 소위 생산 중심의 사회를 낳아 오늘에 이르렀으나, 그 사이 소비자를 고려하지 않는 경향이 더욱 강해졌던 것 같다(김시월, 2011).

생산자는 산업혁명을 거쳐 자본주의 경제제도가 확립되면서 기업이라는 생산조직으로 바뀌었고, 그 결과 생산이 시장에서 기업 간 경쟁을 야기하고 세계시장 분위기는 그 경쟁에서 살아남기 위한 경쟁 논리에 휩싸여 갔다. 기술혁신에 의한 변혁의 물결은 이러한 시장 확대에 한계를 가져와 지금까지 무시해 온 소비자를 발견하게 되었다.

왜냐하면, 소비자가 어떻게 제품을 구매하고 상점을 선택하는가 하는 문제는 기존의 경제학에서도 설명이 가능한 소비자행동 이론의 핵심적 과제가 되었기 때문이다(김시월, 2011). 시장을 보려면 소비자를 봐야 한다.

"많이 벌고 좋은 것을 생산할 때 환경에 문제는 없나?"

"나만 많이 벌고 잘 쓰면 되는 줄 알았는데, 이웃에 피해가 되지는 않나?"

사실, 버는 것도 중요하지만 잘 쓰는 것은 더욱더 중요하다. 우리는 과거에 너무나 멀 것 같은 미래를 이렇게 예측했다.

"인구수는 기하급수적으로 증가할 것이다."

"인구수 증가로 인하여 식량부족 사태가 올 것이다."

"가격이 낮아지면 수요가 더 늘어날 것이다."

"가격이 오르면 수요가 줄어들 것이다."

그런데 정말 그런가? 시장경제활동의 증가, 자녀교육을 위한 사교육비 증가, 사회범죄 및 일탈 행위 증가, 그리고 자녀에 대한 의식 변화 등은 오히려 자녀 출산을 억제하는 요인으로 등장했다. 소위 말하는 명품은 또 어떤가? 자신이 품고 있는 상징적인 요소를 밖으로 표출하여 만족하기 위해, 아우라가 넘치는 자신만의 명품이 아니라, 대량으로 생산하는 브랜드라도 남들이 알아주는 고가의 값이 어마어마한 명품을 갖고자 하는 소비자가 존재하는 것은 왜일까? 소비자를 위해 좋은 상품들의 가격을 인하했더니 "역시, 싼 게 비지떡이야!" 하면서 외면하는 경우도 있고, 반면에 정말 불티나게 잘 팔리는 경우도 있다(김시월, 2011). 이 모든 것이 이론적인 현상에서 소비자 개개인의 소비가치와 태도가 변화했기 때문이다. 즉, 소비자는 내부와 외부의 영향을 받기 때문이다.

모든 소비의 출발은 소비자의 선택에서 출발한다. 소비자의 선택이 어떠한가에 따라서 기업의 경쟁률과 시장의 경쟁구도가 바뀐다. 따라서 소비자의 선택이 매우 중요하다. 시장환경이 생산중심에서 소비중심으로 바뀐 결과이다.

소비자는 합리적이고 이성적인 존재가 아니라 감성적인 존재다. 이성적으로 정보를 얻고 합리적으로 거래를 하려 해도, 구매의 순간에는 감성적인 존재가 되기 쉽기 때문이다.

프랑스의 사회학자 장 보드리야르의 “소비재는 무릇 활용성보다는 의미 전달을 위한 매개체로서의 역할이 더 커진다”라는 말이, 많은 사람들에게 공감 이상의 큰 반응을 불러일으키는 데에는 그 원인이 있다(김시월, 2011). 오늘날의 소비자가 ‘경제적인 합리성’보다는 자신의 개성 표출에 도움이 되는 기호의 도구를 사들이며, 일차적인 소비 욕구를 뛰어넘어 자기의 표현을 위한 커뮤니케이션의 수단을 구입하는 데에 그 해답이 있다.

그러나 문제는 이 과정에서 소비와 관련된 ‘기호 가치가 곧 고가품’이라는 잘못된 소비문화로 변질되는 사회문제가 발생한다는 것이다. 소비는 극히 개인적인 선택으로 보이지만, 한편으로는 그 반향이 일시적 유행, 트렌드, 그리고 문화적 의미로 영향을 미치는 데에 중요성이 있다. 또한 소비문화의 문제는 이러한 소비자의 소비행위가 개개인의 문제로 끝나는 것이 아니라 모두가 이를 모방하는 방식을 통해 동참함으로써 대중에게 확산된다는 데에 있다. 즉, 소비문화는 급속한 전염성이 있다. 이러한 현상의 집단성과 지속적인 시기는 그 사회의 소비자역량에 따라 다양한 차이가 있다.

소비는 결국 한 사회의 문화적 가치관과 제도, 규범 등이 어떤 형태로든 제품의 속성, 생산방식, 사용방법과 관련되어 욕구충족 형태로 나타나는 사회·문화적인 행위이다. 이 같은 관점에서 보자면 소비문화를 어떻게 이끌어 나가야 보다 성숙한 모습으로 거듭날 것인가를 숙고하는 일이 우리 모든 소비자에게 주어지는 당면 과제라고 볼 수 있다.

이러한 소비문화의 현실을 바로잡고, 미래의 바람직한 소비문화의 정착을 위하여 무엇보다도 소비의 주체인 소비자 개개인의 의식전환이 가장 시급한 과제로 부상되어야 마땅한 일일 것이다.

따라서 계획적인 소비, 개인만의 소비보다는 공동체적 소비, 다양하고 바른 소비생활 정보를 활용, 상품의 수명대로의 사용 또는 수명 연장, 생산 소비적인 면에 있어서 환경친화적 행위, 생산적인 소비생활에 정착 등을 강조한다. 하지만 이 모든 것에는 소비자 개인의 선택과 책임이 뒤따른다.

소비자에게 소비자태도, 가치, 기능을 기본으로 소비자의 능력을 향상시키며 그로 인하여 소비자로서 선택과 구매에 책임을 지는, 즉 소비자역량을 증가시키는 결과를 동반하기 때문이다(김시월, 2011).

그렇다면, 시장의 주인이 과연 누구일까? 소비자는 소비사회를 변화시키는 원동력이 되어야 한다.

2. 미래 소비사회의 변화와 소비자 중심의 신상품과 서비스 개발

1) 소비트렌드와 인구의 변화

우리에게는 기본적으로 다양한 측면에서 인구학적 사고가 필요하다. 그 이유는 무엇일까? 그 이유는 무엇보다 인구가 생산과 소비의 주체이기 때문이고, 인구는 사회를 구성하는 가장 기본적인 단위이며, 시장의 규모도 인구에 의해 결정되기 때문이다(조영태, 2018).

그리고 재화, 노동, 금융, 부동산, 통신 및 방송 등 모든 산업에는 시장이 있게 마련이며, 이 모든 시장은 소비자인 사람에 의해 결정되고 움직인다(김시월, 2019). 해서 인구 관련 최근의 사회적 이슈와 미래 소비트렌드 예측이 중요하다. 현재로서는 단연 초고령화, 단독가구, 저출산 등을 언급할 수 있다.

예컨대, UN에서는 65세 이상 노인 인구의 비율이 7%를 넘으면 고령화 사회, 14%를 넘으면 고령사회, 20%를 넘으면 초고령 사회라고 정의하였다. UN에서는 2026년에 대한민국이 초고령 사회로 진입할 것이라 전망하였으나, 현재 우리는 이미 초고령사회에 있다. 물론 지역적으로 차이가 있으나, 특히 한국은 세계적으로 그 유례를 찾을 수 없을 정도로 짧은 기간인 17년 만에 고령화 사회에서 고령사회로 진입하게 되었고, 또 8~9년 만에 초고령 사회로 진입할 것으로 관측하였다(김시월, 2019). 주요 국가별로 고령화 진행 속도를 살펴 보면, 한국은 26년, 일본은 36년, 프랑스는 154년, 그리고 미국은 94년이며, 우리나라의 경우 그 기간이 매우 짧은 것을 알 수 있다(통계청, 2025).

표 1-1 세계 각국의 고령 관련 도달 연도 및 소요 연수

	도달 연도(년도)			소요 연수(년)	
	7%(고령화)	14%(고령)	20%(초고령)	7% → 14%	14% → 20%
한국	2000	2017	2026	17	9
미국	1942	2015	2036	73	21
독일	1932	1972	2009	40	37
일본	1970	1994	2005	24	11
중국	2001	2024	2034	23	10
영국	1929	1976	2021	47	45
프랑스	1864	1979	2018	115	39
이탈리아	1927	1988	2006	61	18

최근 우리 사회에 여러 가지 이슈가 있지만, 무엇보다 코로나19 팬데믹, 4차 산업혁명 관련 빠른 기술도입 및 변화, 디지털 디바이드, 디지털 가치, 그리고 정치적 이슈를 비롯한 물가 및 부동산 정책 등의 안전성에 대한 관심이 증가하고 있다.

이 중에서 몇 년 전의 코로나19 팬데믹으로 인해 사회 구성원 모두는 깨끗한 환경에서 건강하고 안전하게 살아가는 삶의 질이 무엇보다 중요하다고 다시금 인식하게 되었다. 아울러 언택트 소비로 인한 일회용품 사용의 증가, 집안에서의 소비 증가, 그리고 이로 인한 배송 업무 관련 종사자의 처우, 감정노동자에 대한 사회적 논의도 활발해지면서 소비자의 사소한 일상 및 행복과 삶의 질에 대한 소비자 의식이 크게 증폭되었다.

이에 Sustainable Consumption Institute(2020)는 코로나19가 우리 사회에 미친 긍정적 영향이 있다면 삶의 질에 대한 재인식을 가속화하며, 지속가능한 소비에 대한 재인식 기회가 된 점이라고 지적하였다(박서니, 2021; 재인용). 코로나19는 우리의 삶의 질 향상의 새로운 계기가 되었고, 소비자 중심의 소비트렌드로의 변화에 우리 소비자가 일조를 하게 되었다.

2) 소비시장의 과거, 현재, 미래: 코로나19로 인한 소비 변화, 그리고 포스트 코로나 시대의 변화

뜻하지 않은 코로나19로 인하여 우리 소비자는 다양한 키워드 중에서도 안전, 건강, 환경 등에 주목했다. 서로의 안전만으로도 반갑고, 감사했다. 이러한 위기는 우리가 늘 당연하게 여겼던 평범한 일상이 얼마나 소중하고 감사한 것인지를 새삼 깨닫게 했다.

더불어 가장 많은 시간을 집에서 보내면서, 전혀 구매 채널로 활용하지 않던 채널에 관심을 가지면서, 이러닝, 온라인 강의, 홈쇼핑, 인터넷 쇼핑몰 등 대외 접촉 없이 집안에서 할 수 있는 플랫폼 중심의 비대면 서비스 소비자로 변화했다. 전 세계 대부분의 사회에서 사회적 거리두기를 권장하게 되면서 보다 코쿤족(Cocoon)이 더 광범위해졌고, 사회는 넓게는 개인주의, 욜로족, 1인가구 사회를 부추겼다.

이 또한 변혁의 시기가 아닌가? 그렇다. 시장경제는 테크놀로지의 변화, 비즈니스의 확대, 그리고 소비자의 가치변화인 Human Value가 변화의 요소이며 영향 요인으로 보인다.

인류사에서 소비의 역사는 그리 오래되지 않았고, 또한 생산중심에서 무시된 소비자의 입장이 귀한 존재로 대접받은 시기는 더욱 짧다. 예컨대, 아담 스미스가 경제학의 궁극 목표로서 제시한 것은 '보다 풍요로운 인간 생활의 실현'이었다. 여기에서 경제학은 개인의 경제생활을 풍요롭게 하기 위해 존재하는 과학이며, 생산이나 유통의 합리화, 효율화, 거시적인 경제제도의 정비 및 정책의 실현은 어디까지나 수단에 불과하다. 아담 스미스 시대 이후 경제의 발전 및 비대화는 물론이고, 우리들의 삶은 국가경제 속에 묻혀버려, 공급 우선적 수동적인 소비생활에 매몰되었다고 해도 과언이 아니다.

본래의 목적인 소비자주권의 실현이라는 것을 망각하게 된 것은 아닌지? 물론 아담 스미스가 제창했던 그 시기는 물질적 생활면에서 본다면, 우선은 생존을 위한 의·식·주의 충분한 공급이 무엇보다 급선무였으므로 제1의 목표로서는 당연한 결과였다고 할 수 있다.

사실 아주 오래전, 농경기술의 개발로 인류사에서 생산사회가 출현한 농업사회에서는 생산자=소비자였는데, 이러한 자급자족 경제에서는 생산자와 소비자가 일치하여 소비자의 개념은 존재하지 않았다. 농업기술의 진보로 잉여생산물이 나타나고, 더욱이 직업 분화로 일부 생산물의 교환이 발생하여 특정 제품에 한해서 생산자와 소비자의 분리가 이루어졌다. 초기에 물물교환이었던 거래가 화폐 발명에 의해 용의해지고 대부분이 주문 생산되면서 생산자와 소비자가 명확하게 분리되었다.

그러나 주문생산 단계에서도 생산자와 소비자 간 거리는 매우 짧았다. 생산자와 주문자는 1:1로 거래하는 것이 보편적이었고, 양자의 충분한 대화로 제품이 만들어지고 매매되었기에 오늘날 같은 소비자 문제는 발생하지 않았으리라 본다.

생산자와 소비자 간의 거리가 멀어지고 넓어진 계기는 지극히 시장의 발달과 세분화 때문이라고 할 수 있다. 상인을 매개로 한 주문생산은 소규모 견본 상품의 생산형태로 변화되었다. 이후 주문을 기다리지 않고도 많은 판매율을 올리기 위해 생산형태는 생산자와 소비자를 완전하게 분리시켰으며, 소규모의 견본 상품의 생산 단계에서 보다 많은 소비자 문제가 발생한 것으로 추측된다.

그러나 당시 소비자는 오늘날의 소비자와 같이 모든 일상을 위해 소비재를 구입하는 생활을 하지 않았기에 순수한 소비자는 아니었을 것이다. 그들 대부분은 자급자족하면서 생활을 영위하는 농민이었다. 소규모 견본 생산이 생산자와 소비자의 거리를 더욱 넓힌 것은 그 생산이 가내공업이나 수공업에서 기계에 의한 공장생산으로 이행된 시기부터이다. 이러한 산업혁명은 소비자를 거의 무시한 생산을 시작하였고, 소비자는 존재하지 않는 상황이 출현하게 되었다. 여기에서 생산과 소비자의 위상 및 지위 변화의 현상이 나타나게 된 것이다.

산업혁명 후의 생산과 소비의 위상 및 지위 변화 현상에 대해서 아담 스미스는 "소비는 생산의 유일한 목표이고, 목적이다. 생산자의 이익은 다만 소비자의 이익을 확인하는 데 필요한 범위에 있어서 고려될 뿐이다(김시월, 2011). 이 공리는 자명하며, 증명이 필요 없다. 중상주의에서 소비자의 이익은 거의 지속적으로 생산자의 희생에 의존하고 있다"고 하였다. 따라서 소비자가 아니어도 생산을 하며, 모든 생산 및 상업의 궁극적인 목표 및 목적만을 고려한 것으로 보인다.

산업혁명에 의해 시작된 일방적인 생산활동은 소위 생산중심사회를 낳아 오늘날에 이르렀으나, 그 사이 생산자의 변모가 더욱 소비자를 무시하게 되었다. 결국, 산업혁명을 거쳐 자본주의 경제 제도가 확립되면서 기업이라는 거대한 생산조직으로 바뀐 결과, 생산이 기업 간 경쟁에서 이기기 위한 구조로 변모하였다. 자본주의의 논리, 이윤추구와 경영자에 의한 경영 규모의 확대가 유일한 목적인 기업조직의 생산 활동은 소비자를 무시한 시장 확대와 경쟁을 야기했다.

그러나 기술혁신에 의한 변혁의 물결은 이러한 시장 확대에 한계를 가져오고 지금까지 무시해 온 소비자를 다시 보게 했다(김시월, 2011).

일찍이 오스트리아 경제학자인 죠셉 슘피터는 1939년 『경기순환론』이란 저서에서 변혁(Innovation)을 언급하였다. 슘피터는 새로운 상품의 도입, 상품 생산기술의 변화, 새로운 시장과 공급원의 개척, 공정의 데이터 시스템화, 재료의 처리개선, 백화점과 같은 새로운 경영조직 등, 그때까지 없었던 경영혁신과 같은 신기축에 의한 것을 이미 이노베이션이라고 언급하였다.

경기순환을 이노베이션으로 설명한 슘피터는 그 파동을 다음과 같이 설명했다.

- 제1의 물결: 1780년대에 시작하여 1841–1843년의 사이
- 제2의 물결: 1820년대에 시작하여 1872년–1873년을 정점으로 1897년의 사이
- 제3의 물결: 1898년에 시작하여 1920년에 정점으로 도달하는 사이

그에 의하면 방직기계의 도입으로 제1의 물결은 산업혁명을 진전시켜 시장을 도시 근교의 농촌으로까지 확대하였고, 제2의 물결은 제철기술의 발달로 철도망 정비에 의해 시장이 전국망으로 확장되어 국가 전체를 시장화하는 국민경제가 형성되었다고 보았다. 그리고 제3의 물결은 전기, 화학, 자동차의 발달을 진전시켜, 조선, 비행기로 특징지었다. 이 시기의 신시장은 국내만이 아니라 해외 식민지로 넓혀, 소위 말하는 제국주의 시대의 최대번성기를 맞이하였고, 바야흐로 세

계 경제가 형성된 시기가 바로 이 시기라고 볼 수 있다.

슘피터가 펼친 3개의 이노베이션 물결에 연이어 제2차 세계대전부터 전후에 이르기까지, 제4의 물결이 파동되었다. 제4의 물결은 석유화학 공업의 발달, 오토메이션의 발달이었다. 이 시기의 기술혁신은 제2차산업혁명으로 불릴 정도로 비약적인 대량생산(Mass Production)을 가능하게 하였다. 대량생산은 메스 커뮤니케이션(mass communicaion)을 필요로 하였다.

그러나 이노베이션의 제3의 물결에 의해 시장은 이미 글로벌로 확대되었고, 제1차, 제2차 세계대전에서 식민지 획득을 위한 전쟁은 다양한 무기의 출현으로 변환의 시기를 맞이하였다. 즉, 이노베이션의 제4의 물결이 낳은 대량생산은 식민지 이외에 새로운 시장을 필요로 했기에, 여기에서 발견된 것이 다름 아닌 소비자였다.

소비자는 식민지를 거친 뒤의 대량생산 시대의 새로운 시장에서 더욱 부각되었으며, 대량생산을 지원하는 대량소비(mass consumption)를 가능하게 한 것도 바로 소비자이다.

과거 소비자의 소비생활은 소비자 스스로 생산한 물품과 생산하지 못한, 필요한 물품을 단순하게 교환하는 것으로 시작되었다. 그러나 산업화 이후에 소비자의 욕구를 충족할 수 있는 대량생산 · 대량소비 등이 물품뿐만 아니라 서비스 부분에서도 이루어지는 것과 동시에 소비자의 새로운 소비 욕구를 창조하는 소비생활의 고도화를 이루었다. 이에 로스토우(W.W. Rostow)는 '고도의 소비사회'라고 하였다(김시월, 2020).

이제는 소비하지 않고서는 잠시도 생을 영위할 수 없는 고도의 소비생활 사회화가 형성되었다. 이러한 고도 소비생활 사회에서 소비자는 자원을 최소화하고, 의사결정으로 최적의 효과적인 만족과 효용을 이루어야 한다. 이는 소비가 단순한 소유, 축적, 사용, 효용, 그리고 개성의 상징적 표현까지 나타내는 표준화된 것에서 다양하게 표출하는 것으로 변화한 결과라고 장 보드리야르(Jean Baudrillard)는 설명하였다(김시월, 2020).

또한 여기에는 소비를 위한 자원으로의 소득 및 생산에 대한 이해와 소비과정에서 발생하는 효과적인 소비자 의사결정 등 소비생활의 변화에 적극적인 자세로 대처하기 위한 방법들이 필요하다. 이는 바로 시장이 유형의 상품에서 무형의 서비스로, 국내에서 글로벌로, 오프라인에서 온라인으로 그야말로 무한대의 시장으로 확대되었기 때문이다.

이제는 바야흐로 제4차산업혁명이 진행되고 있다. 일반적으로 4차산업혁명은 2016년 1월에 스위스 다보스에서 열린 세계경제포럼에서 클라우스 슈밥 교수가 처음으로 사용했으며, 슈밥은 4차산업혁명의 특징을 '디지털 혁명을 기반으로 한 유비쿼터스 모바일 인터넷, 더 저렴하면서 작고 강력해진 센서, 인공지능과 기계학습'으로 설명하였다. 슈밥은 자신의 저서에서 4차산업혁명이라는 용어에 대한 직접적인 정의를 내리고 있지는 않지만, 광범위한 분야에서 4차산업혁명이 미치는 파장에 대한 전망을 시도하였다(김시월, 2019).

그림 1-1 소비시장의 변화

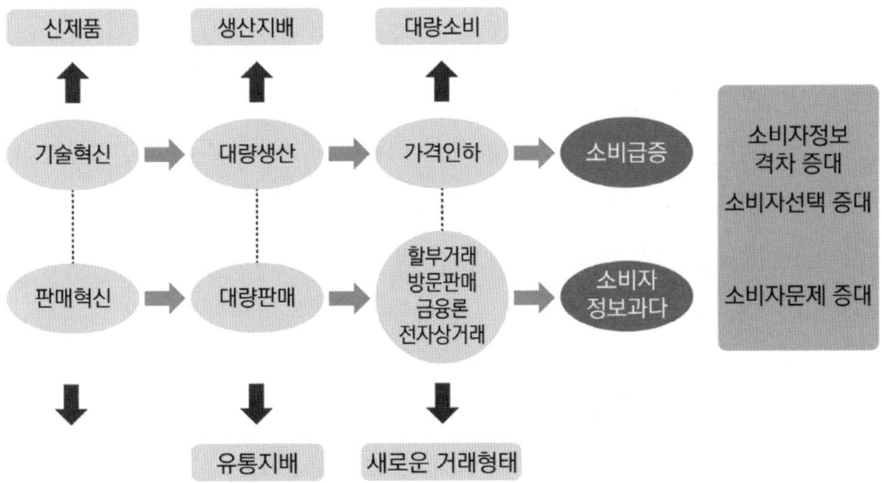

예컨대, 몇 년 전부터 세계 시가총액 10위권 기업은 애플, 알파벳(구글의 모회사), 아마존, 페이스북, 알리바바, 텐센트 등 데이터 기반 혁신 기업이 대다수를 차지하였으며, 이는 에너지(페트로차이나, 엑슨모빌, 가즈프롬), 통신(차이나 모바일, AT&T)이 10위권 안에 들었던 10년 전이나 제조업(GE, 코카콜라) 우위의 20년 전의 산업 지형과 매우 다른 양상을 보인다(김시월, 2019). 이는 빅데이터를 활용한 플랫폼 경제의 유형을 띈 기업의 성장을 볼 수 있다.

시대는 변화하고, 시장도 변화하고, 그에 따른 소비자 가치도 변화한다. 특히 새로운 변화는 소비자역량에 따라 양극화가 심할 것으로 사료되어 더욱 소비자 정책, 소비자교육 등이 중요해지며 필요하다. 사물인터넷을 이용한 스마트홈 기술과 AI 기술의 초기 버전이 가정에 도입되고, 온라인 소매 유통 기업들이 빅데이터를 활용한 알고리즘 마케팅 기술을 적극적으로 활용하기 시작함에 따라 소비자 정보의 프라이버시가 새로운 소비자 이슈로 부상하고 있다. 이에 소비자가 자주 이용하는 유통채널의 중심이 온라인으로 이동함에 따라 스마트폰과 PC 이용에 능숙하지 못한 소비자, 스마트폰이 없는 소비자, 그리고 신용카드가 없는 소비자가 소비생활의 기본적 구매 활동인 쇼핑/뱅킹 서비스 이용에서 소외당하는 상황도 발생한다(김시월, 2019).

이는 비단 특정한 소비자만의 문제가 아니라, 우리 사회 내의 인구구성이 예전보다 다양해지고 있어, 다양한 배경을 지닌 소비자와 관련된 문제의 확대 가능성이 있으며, 또한 공유경제 등 새로운 유형의 소비 방식, 비즈니스가 시장에 등장하면서 이용 시 주의사항과 소비자 분쟁 또한 자주 발생할 것으로 예측된다(김시월, 2021).

결국, 소비자 만족, 소비자 복지, 소비자 삶의 질 향상, 그리고 궁극적으로는 소비자 후생을 위하여 소외되는 소비자가 없는 소비자 포용적인 정책과 서비스에 주목할 필요가 있으며, 소비자 중심적인 시장으로의 진보적인 회귀가 필요하다. 변화하는 사회에서는 경제적, 사회적, 심리적 혜택에 대한 기대감도 높지만, 사회경제활동 참여 제한, 심리적 소외, 그리고 양극화 등의 소비자 소외를 예측해 볼 수 있다(김시월, 2019; 2021).

또다시 변화의 시기가 도래했다. 예기치 못한 사회적 변동은 다른 기술과 관련된 소비문화를 낳고 확대하고 있다. 디지털 가치가 중요해지는 디지털 중심의 매체 이동은 아날로그 세대와 디지털 네이티브 세대 간의 격차, 역량 차이, 소외, 양극화 등의 사회적 현상도 낳고 있다.

1990년대 후반부터 확대된 개인주의의 만연은 오프라인보다 온라인을 선호하는 시대적 배경에 힘을 더하고 그간의 발전이 빛을 발하고 있다. 이에 소비트렌드 또한 코쿤족을 양성하면서 온라인상에서 공유하는 새로운 소비방법, 소비문화를 양성하고 있다. 즉, 비대면을 의미하는 언택트(Untact) 소비를 의미한다. 이는 코로나19로 인한 일시적인 현상만이 아니라 이미 소비트렌드와 소비문화를 바꾸는 전환점이 되었다(김시월, 2024).

예컨대, 코로나19 초기 약간은 어수선했던 시기에 마스크 사재기는 있었으나, 과거에 위기감 대비로 사던 라면 등의 생필품 사재기는 없었다. 왜일까? 그 이유는 점포의 접근성과 다양성, 새로운 적응 능력 함양, 시민의식의 고양 등 다양하지만, 무엇보다 온라인 주문과 정확하고 빠른 배송이 큰 역할을 한 것으로 보인다. 그리고 확진 검증을 위한 드라이브 스루, 워킹 스루까지 다양하게 등장하였다. 그리고 독서실형 식당, 차로 이동하면서 포장 음식을 직접 집으로 가져가는 음식 배송 드라이브 스루 등 다양한 유형의 서비스로 확대되었다. 이런 측면에서 유연한 재택근무의 확대, 시차출퇴근제, 시간선택제, 집약근무제, 그리고 기업 내 공간의 변형, 기업문화의 변화 등의 긱 이코노미(gig economy)로 확대되었다(김고명 역, 2018).

그러나 넓게는 과다한 가짜뉴스로 인한 사회적 불안이 팽배해지면서 공포에 초점을 둔 상황을 비즈니스로 활용하는 측면, 신선도와 실물의 차이를 무시한 과장 광고, 배송사고로 인한 서비스 열악성 등의 부정적 역기능의 언택트 소비 등 부단한 문제 해결 및 예방을 위한 대책도 필요하게 되었다. 뿐만 아니라 언택트는 대면 서비스에 부담을 느끼는 밀레니얼 세대를 넘어 보다 넓은 연령층으로 확대되었으며 금융부터 유통, 외식, 숙박 등 다양한 분야에서 언택트 소비를 표방하는 서비스가 늘어나는 계기가 되었다.

3) 포스트 코로나 시대의 소비트렌드 변화

우리는 폭넓게 포스트 코로나 시대를 대비해야 한다고 강조하였다. 과거 한국을 방문했던 미래학자 토마스 프레이는 "앞으로 5년 후 양자컴퓨터 기술 발전이 급격히 이뤄지고, 전기차·자율주행차의 발전으로 내연기관 차량 생산이 끝날 것이라고 예측하였다. 10년 후에는 디지털 트윈, 유전자 가위 기술을 적용한 바이오 공학 발달이 질병 정복과 인간의 기대 수명 연장을 이끌 것이다."라고 하였다. 또한 코로나19가 기존 삶과 경제구도를 바꾼 가운데 인터넷·센서·제조기술에 강점을 보유한 한국이 위기를 기회로 활용해 포스트 코로나 시대를 대비할 것으로 조언하였다.

그간 토마스 프레이 소장은 구글이 선정한 최고의 미래학자로 미래 산업·교육·환경 등 전 분야에서 통찰력 있는 예측을 제시해 왔다. 그는 포스트 코로나 시대가 앞으로 경제 구도를 완전히 바꾸어 놓을 것이며, 일자리와 삶의 방식 등을 계속 변화시킬 것으로 내다봤다. 특히 그는 전 세계에서 코로나19에 따른 '사회적 거리두기'의 영향으로 대면 접촉을 기피하는 풍조가 확산하는 점에 주목하였다. 영화, 스포츠, 외식 산업 등 전통적인 산업은 직격탄을 맞았다. 이러한 경향이 도심 탈출, 주요 상점 폐쇄, 접촉 공포증 확산 등으로도 나타났으며, 기존 방식이나 사업 방식은 더 이상 유효하지 않다는 게 그의 설명이었다(강민구, 2020).

대학도 고전을 면치 못할 것이다. 2100년 한국, 이탈리아, 일본, 중국 등 20개국의 인구 절반이 감소하고, 인류 출산은 나이지리아, 콩고, 에티오피아 등 아프리카 6개국을 중심으로 이뤄질 전망이다. 이는 학령인구가 감소한다는 사실을 의미하며, 재정 여건이 열악한 국가를 대상으로 교육 격차가 확대될 수 있다는 것을 의미한다.

아울러 프레이 소장은 "출산율이 급감하고, 소수 국가에 출산이 집중되면서 2030년까지 전 세계 대학 절반은 문을 닫을 것"이라고 강조하면서, 한편으로는 "아프리카와 같은 일부 국가에서는 취학 가능 연령 증가로 교육 수요가 증가해 인공지능 기반 무인 원격 교육이 대안으로 떠오를 것"이라고 하였다.

그는 이러한 위기 속에 기술 발전에 따라 새로운 기회의 장도 펼쳐질 것이라고 내다봤다. 대표적인 기술로 디지털 트윈, 유전자 가위 기술을 꼽았다. 헬스 케어 산업이 제약사 지배 산업서 데이터 중심 산업으로 변화하고, 원격·무인화 추세에 따라 소형센서나 로봇을 통해 의료 정밀성을 높일 수 있다고 지적하였다. 가령 2030년경에는 유전자 가위 기술을 이용해 태아의 유전자 오류를 미리 고치고, 코로나19와 같은 질병이나 미생물을 제거하고, 유전자변형농산물(GMO)의 대체재로 첨단 바이오기술을 적용한 닭고기, 쇠고기 등 인공 배양육을 먹는 사례도 보편화할 수 있다(강민구, 2020). 아울러, "앞으로 디지털 트윈, 유전자 가위, 인공지능 기반 학습 같은 새로운 기술과 관련 산업이 발전할 것"이라며 "코로나19와 인구통계학적 변화 속에서 한국이 성공적 전환을 이뤄내야 한다."고 기대하였다.

우리는 기본적으로 다양한 측면에서 인구학적 사고가 필요한데, 그 이유는 무엇보다 인구가 생산과 소비의 주체이기 때문이고, 인구는 사회를 구성하는 가장 기본적인 단위이며, 시장의 규모도 인구에 의해 결정되기 때문이다(조영태, 2018). 그리고 재화, 노동, 금융, 부동산, 통신 및 방송 등 모든 산업은 시장이 있게 마련이며, 이 모든 시장은 소비자인 사람에 의해 결정되고 움직인다(김시월, 2021). 해서 인구 관련 최근의 사회적 이슈와 미래 트렌드 예측이 중요한데, 예를 들면, 단연 디지털 디바이드, 초고령화, 단독가구, 저출산 등을 언급할 수 있다.

4) 소비자 중심의 신상품과 서비스 개발

포스트 코로나 시대에는 우리의 삶의 질, 행복 등이 소비와 많은 연관이 있어 왔다. 여기에서 중요한 것이 바로 인구통계학적 변화라는 것이며, 바로 소비자의 수, 소비자의 태도, 소비자 마음, 소비자 행동이 핵심이다. 시장은 소비자의 마음을 읽어야 하며, 그것도 잘 읽어야 한다.

근간 사회적 키워드로 디지털 디바이드, 초고령화, 단독가구, 그리고 MZ세대 등 소비자의 연령별, 가구 구성별 다양한 유형을 볼 수 있다. 따라서 누군가를 대상으로 어떤 것을 개발하기 위해서는 시장에서 소비의 대상을 잘 읽을 필요가 있다. 왜냐하면, 모든 시장은 소비자의 선택을 받을 준비가 필요하며, 소비자가 좋은 기업의 좋은 상품을 선택하기 때문이다. 이에 바로 소비자 중심의 신상품과 신서비스 개발이 중요하다.

생각해 볼 거리

코로나19로 인하여 의외로 성공한 기업, 그리고 기존 업종에서 변화를 도모한 기업 등을 생각해 봅시다.

QUIZ

1. 로스토우는 소비사회가 고도화되는 것을 무엇이라고 했나요?

1) 대중소비사회
2) 고도의 소비사회
3) 첨단 소비사회
4) 플렛폼 경제사회

답 2번

해설

산업화 이후에 소비자의 욕구를 충족할 수 있는 대량생산 · 대량소비 등이 물품뿐만 아니라 서비스 부분에서도 이루어지는 것과 동시에 소비자의 새로운 소비 욕구를 창조하는 소비생활의 고도화를 이루었다. 이에 로스토우는 고도의 소비사회라고 하였다.

2. UN은 우리나라의 초고령화(65세 이상 인구가 17% 이상) 도달 시기를 2026년으로 추정하였습니다. 그런데 이미 앞당겨졌다고 하는데, 언제인가요?

1) 2023년
2) 2024년
3) 2025년
4) 2026년

답 3번

해설

UN에서는 65세 이상 노인 인구의 비율이 7%를 넘으면 고령화 사회, 14%를 넘으면 고령사회, 20%를 넘으면 초고령 사회라고 정의하고 있으며, 우리나라는 2026년으로 예측했으나, 국내 통계에 따르면 2025년으로 예측된다.

3. 다음 중 인구통계적 사고의 중요성에 해당되지 않는 것은 무엇일까요?

1) 소비와 생산의 규모를 결정한다.
2) 소비자 중심의 신상품 개발을 도모할 수 있다.
3) 시장의 수요를 결정한다.
4) 시장의 규모와 무관하다.

답 4번

해설

인구학적 사고가 다양한 측면에서 필요한데, 그 이유는 무엇보다 인구가 생산과 소비의 주체이기 때문이고, 인구는 사회를 구성하는 가장 기본적인 단위이며, 시장의 규모도 인구에 의해 결정되기 때문이다. 그리고 재화, 노동, 금융, 부동산, 통신 및 방송 등 모든 산업은 시장이 있게 마련이며, 이 모든 시장은 소비자인 사람에 의해 결정되고 움직인다.

CHAPTER

02

고도의 소비사회와 상품, 그리고 서비스 관계

본 장에서는 고도의 소비사회와 상품, 그리고 서비스 관계를 살펴보고자 하며, 주요 목표는 다음과 같다.

첫째, 소비자와 소비사회의 특성을 이해한다.
둘째, 고도소비사회의 특성을 이해한다.
셋째, 상품의 개념을 이해한다.
넷째, 소비자와 상품, 그리고 서비스와의 관계를 이해한다.

주요 키워드는 소비자와 소비사회, 고도 소비사회의 특성, 상품의 개념, 소비자와 상품, 서비스 등이다.

*그림: 강정민

동화, 황금알을 낳는 거위

하루에 한 알씩 황금알을 낳는 거위를 가진 농부가 살았어요. 그렇지만 농부는 거위가 하루에 황금알 하나만 낳는 것이 불만이었습니다.

농부는 생각했어요.

"저 배를 가르면 더 많은 황금알을 얻을 수 있을 거야."

그래서 농부는 거위의 배를 갈랐어요.

그러나 거위의 뱃속에는 아무것도 없었답니다. 농부는 땅을 치며 후회했어요.

"아아 이럴 수가! 내가 어리석은 욕심을 부려 손안에 든 보물을 모두 잃었구나."

황금알을 계속 낳는 거위를 기르는 것을 투자라고도 할 수 있습니다. 투자를 하기 위해서는 황금알을 낳을 수 있는 거위를 잘 사야 하고, 거위를 잘 사는 것도 중요하지만 더 중요한 것은 바로 잘 키우는 겁니다.

투자는 위험하기도 합니다. 내가 거위를 잘 키우지 못하거나 농부처럼 욕심을 내면 거위도 황금알도 모두 잃을 수 있기 때문입니다. 얼마 전부터 부자 만들기, 부자, 1억 만들기 등이 등장하고, 근간에는 영끌이라는 말도 있듯이...

우리 소비자는 건전한 소비자로서 소비사회와 문화를 이끌어야 합니다.

*출처: 김시월 외(2008), 동화로 소비를 배워요, 천재교육 참조.
김시월(2008), 학교에서의 소비자교육을 위한 교재개발 연구 용역(공정거래위원회), 건국대학교.

1. 소비자와 소비사회

소비사회란 무엇인가? 소비사회라는 용어는 1980년대 이후 세계적으로 널리 사용하게 되었는데, 영어권에서는 이 '소비사회'를 나타내는 용어가 대표적으로 'Consumer Society'다.

미국의 대표적인 경제학자인 갈브레이드(Galbraith)는 1984년에 출간한 『풍요로운 사회』의 제4판 서문에서 "소비가 문화적 기반 위에 존재한다는 것은, 이제는 대부분의 경제학자가 동의할 것이다. 좀 더 광범위하게 보는 사람들은 소비자 사회(Consumer Society)를 운운하고 있다. 이 단어는 본 저서가 처음 쓰여졌던 시기에는 일반적으로 사용되었던 것은 아니었다."고 서술하였다.

사실 1950년대에도 이미 Consumer Society라는 단어가 사용된 예는 있지만(Potter, 1954), 갈브레이드의 이러한 서술과 1960년대 후반부터 1970년대에 이 단어를 사용한 저서가 나타난 것(Jones, 1965; Hirst and Reekie, 1977)을 보면, 미국을 비롯한 영어권에서는 1970년대에 Consumer Society가 일반화된 것으로 추측된다.

따라서 1980년대 이후는 소비와 관련된 연구가 다양하게 이루어졌을 뿐만 아니라 빈번하게 이 용어가 사용되었다. 즉, 이것과 유사한 단어로 경제학자 로스토우(Rostow)는 '고도대중소비시대(High-mass-consumption Age)'라는 단어를 사용하였고, 미국의 경제심리학자인 카토나(Katona, 1964)는 『대중소비사회(Mass Con-sumption Society)』라는 저서를 남겼다.

일본에서는 처음에 카토나가 사용한 '대중소비사회'가 자주 사용되었지만, 1970년대 이후에는 부어스틴(Danial J. Boorstin)의 저서 『미국인』에 등장하는 Cons-umption Communities라는 단어가 '소비사회'로 번역되었다(間間田孝夫, 2001).

여기에 프랑스의 사회학자 장 보드리야르(Jean Baudrillard, 1970)의 저서 『소비사회의 신화와 구조』가 일본에서 번역되어 소비론이 사회적으로 붐을 이루었을 무렵부터 이 용어가 자주 사용하게 되었다. 이에 오늘날은 전문사전을 보지 않고 언어 사전에서도 자주 취급되는 용어가 되었다.

'소비사회'라는 말은 프랑스어로는 'societe de consommation', 독일어로는 'Konsumsgesellschaft'(Tanner et al, 1998)이고, 한국과 일본어 공통으로 '소비+사회'이며, 영어에서는 '소비자+사회'로 되어 있으나, 실질적인 의미는 거의 같다.

즉, 영어에서는 Consumer Society이지만, 이것과 공통의 내용을 포함한 Con-sumerism(소비주의), Consumer Culture(소비문화)라는 용어와 함께 자주 사용되고 있다.

한국에서는 1980년대부터 장 보드리야르의 소비문화, 소비사회 관련 저서, 그리고 대학에서의 소비자 및 소비 관련 학과의 대두 및 교육 등이 등장하여 오늘날에 이르고 있으며, '소비사회'는 이제 우리에게 매우 친숙한 용어가 되었다고 볼 수 있다.

그렇다면 소비사회는 언제부터 출현했을까? 소비사회의 성립기는 좀 더 이전에서도 찾아볼 수 있다. 예를 들면, 윌리엄스(Williams, 1982)는 『꿈의 소비혁명』에서 19세기 후반부터 제1차 세계대전까지의 프랑스에서는 '소비혁명', 즉 대량소비시대로의 이행이 발생했다는 논리를 펼쳤다. 이 시기는 만국박람회 개최, 백화점 출현, 영화 보급 등으로 인하여 소비자들은 소비에 둘러쌓여 관심을 갖게 되었으며, 또 공업기술의 발전과 더불어 생존에 필요한 수준을 넘어선 소비가 대중적 규모로 가능하게 되었다고 생각했다.

맥켄드릭 외(McKendric et al., 1982)는 『소비사회의 탄생』에서, 18세기 영국에서는 매년 패션이 변화하는 경향이 나타난 점, 도자기의 소비 붐이 일어난 점, 신문광고가 나타나게 된 점 등에서 산업혁명과 버금가는 '소비혁명'이 일어났다고 생각했다. 또한 써스크(Thirsk, 1984)는 17세기 영국에서 이미 여러 가지 공업제품이 대중화되어 생산되었고, 산업혁명 이전에 광범위한 대중소비시장이 성립되었다고 제시하였다.

멕크라켄(McCracken, 1988)은 16세기 말, 엘리자베스 1세 시대의 영국에서 '거대한 소비 붐'이 일어났음을 지적하였는데, 전통적인 소비 스타일에서 신비로움과 개인의 자기과시를 추구하는 소비로의 커다란 변화가 일어난 점을 지적하였다.

위의 내용은 소비재나 소비행동의 실태를 중심으로 소비사회를 분석한 것이나, 이와는 달리 소비자의 정신적인 존재에 눈을 돌린 연구도 있다. 예를 들면, 무커지(Mukerji, 1983)는 유럽에서 산업혁명과 자본주의의 발전으로 앞선 소비주의적 문화가 발생하고, 막스 베버가 금욕적 윤리를 습관화 한다고 상정한 프로테스탄트의 사이에서, 소비주의적 요소가 발견 가능하다고 주장했다.

캠벨(Cambell, 1987)은 근대산업사회는 베버가 제시한 금욕적 직업윤리만이 아니라 소비주의적인 윤리가 성립되고 나서 그 발전이 가능하였다고 주장하였다. 그리고 직업윤리의 근원이 프로테스탄티즘(Protestantism)이라면, 소비주의의 근원은 18세기 말부터 19세기에 걸쳐 이루어졌던 낭만주의의 사상 운동이라고 생각했다.

이와 같이 소비사회의 발달사에 관한 연구는 여러 가지 사실을 명확하게 하고, 대중소비시장의 발달이나 소비주의적 생활양식이 생각 외로 오랜 역사를 지니고 있는 점을 시사하고 있다. 즉, 16－19세기의 서구근대사회에서 소비사회의 요소가 점차 출현해 왔음을 알 수 있다.

사실 그 당시의 소비확대는 대중적인 규모는 아니었고 극히 범위가 국한적인 것이었으며, 소비주의적 가치관이 대중적인 규모로 넓어지지는 못하였다. 따라서 소비사회의 성립이라기보다는 소비사회가 움트기 시작한 '발아기'로 보인다.

즉, 초기의 소비사회는 고도의 생산단계에 도달한 산업시스템에서 '물건=상품' 체계의 확대와 소비자 욕구 흐름의 다양화 물결이 점차 일어나고 있는 상황으로 볼 수 있다. 과잉 공급된 상품과 소비자의 욕구가 범람하는 측면은 종래에 기능적인 상품이 필요하다는 상품의 기능적·감각적 의미를 초월하여, 상품의 논리에 따라 발생하는 새로운 유랑적인 감각의 세계로 도래하게 된 것이다(間間田孝夫, 2001).

소비사회는 단순한 대량소비의 시대가 아니라, 생성하고 소멸하는 다양한 물건이 확대된 과정에 특징 지워진 것으로, 디자인/상품의 논리에 의해 규정되는 '초기능적 상품'의 범람이다(內田, 1987).

여기에서는 대량생산된 소비재가 필수불가결한 일용품이나 편리한 생활의 도구가 되는 단계를 지나, 목적은 불확실한 면이 있지만 좀 더 소비에 즐거움과 관련된 요소가 많이 첨가되는 시대로 추측될 수 있다.

구체적으로 말하면, 1920년대부터 1950년대 미국에서 보여준 소비수준의 상승은 양적인 측면보다 질적 성숙의 시기였다. 획일적인 대량생산에서 다품종소량생산으로 바뀐 시기가 1970년대 후반에서 1980년대 이후라고 본다. 소비사회라는 용어는 1950년대, 1960년대와 같은 대량생산적인 시기가 아니라 그 후 상품이 다품종화되고 소비의 상징주의적인 측면이 강해진 시기라고 볼 수 있다.

그러나 이와 같은 구별이 과연 타당하고 가능한가?

이러한 의미에서 사실, 소비사회는 질적으로 급격한 차이를 보이는 사회인가? 등에 대한 신중한 검토가 필요한데, 그 구체적인 이미지를 역사 속에서 찾아본다면 많은 사람들이 공유하고 동의하는 1950년대 미국에서 찾아볼 수 있다.

1950년대 미국은 문자 그대로 'Good Old Days' 아메리카, 당시의 미국은 세계에서 가장 부유한, 즉 군사적으로도 세계 최강의 강대국(佐伯章, 1997)으로, 그 시대 미국은 타의 추종을 불허하는 세계 제1위의 경제 대국이었다. 경제의 호조, 대중적 규모에서 높은 소득수준을 실현하고, 풍요로운 의·식·주 생활, 자동차나 가전제품으로 자동화된 편리한 생활, 스포츠, 여행, 취미 등에도 금전 투자가 가능한 풍요로운 생활을 구가하였다.

1960년경 미국 내의 전체 세대 중에서 이미 자동차 보급률은 75%였고, 전기 냉장고는 90%, 세탁기는 73%, 청소기도 73%, 텔레비전은 87%, 수세식 화장실은 87%에 달하였다(Legergott, 1993)고 한다. 이미 이 시기에 가정의 기본적인 기계화는 어느 정도 완료 단계에 이르렀다고 볼 수 있다.

그러나 빈곤층 문제는 잔존한 채, GNP의 급격한 상승, 풍요로운 생활을 영위하는 인구비율의 증가, 유례가 없는 번영을 이룬 것 또한 그 시기의 미국이었다. 이러한 번영을 미국 내 연구자들 스스로 '풍요로운 사회', '대중소비사회'로 불렀으며, 높은 수준의 소비가 실현된 시대로 자각되었다.

이러한 소비생활을 지탱하기 위하여 공장은 대량생산 시스템을 확립하고, 유통은 합리화되었으며, 슈퍼마켓이나 쇼핑센터라는 새로운 장소가 눈에 띄게 증가하였다. 광고나 마케팅 활동은 괄목할 만한 발달을 이루고, 결제의 수단으로 신용카드의 보급도 점차 진전되었다. 바야흐로 대량생산을 지지하는 여러 가지 사회구조의 변화가 도래되었다.

한편으로는 낭비적 소비가 눈에 띄기 시작하여, 소비자문제가 빈발하고, 공원, 공공시설, 사회복지 등의 사회적 소비와 사적 소비의 불균형이 지적된 것도 바로 이 시기다. 더욱이 1960년대에 이르러 공해와 환경문제가 현저하게 나타나고, 소비주의적 생활양식에서 이탈하려는 '카운터 컬쳐(Counter Culture)' 운동이 활발하게 나타났다. 그리고 소비사회의 부정적 측면인 소비자문제가 서서히 주목되기 시작한 시기도 바로 이 무렵이었다.

우리가 말하는 소비사회란 무엇인가? 우선, 소비사회는 외면적으로는 높은 수준의 소비가 이루어지는 사회여야 한다. 여기에서 높은 수준이라는 것은, 건강과 안전을 겨우 유지할 정도의 기본적인 생활에서 벗어나 여유로운 생활이 실현되고, 어느 정도 이상의 여유, 사치, 즐거움이 가능한 수준을 의미한다.

그리고 소비사회에서 소비자들은 소비에 대해 지금까지보다 몰입하고 열정적인 관심과 특징을 보인다. 소비 그 자체에 높은 가치를 두고 있다고 볼 수 있다.

또한 소비사회에서 소비자들의 욕망은 팽배해지고, 다음에 무엇을 소비할 것인가 하는 소비에 대해 지극히 관심이 높고, 소비과정에서 존재하는 즐거움, 소비자에

표 2-1 소비사회의 주요 구성요소

정신적 측면	• 물질적 욕망추구에 대한 긍정적 태도 • 구매나 소비행동을 오락적으로 즐기는 경향 • 끝없이 새로운 스타일의 소비재를 추구하려는 풍조 • 소비재를 타인과 자신 간에 차별화를 꾀하는 경향 • 물질적 풍요로움의 실현에 따른 목표상실이나 권태감의 발생
물질적 측면	• 대량생산으로 인한 다양한 소비재의 보급 • 시장을 통해 공급된 재화의 증대 • 대중적 규모에서의 최저생활수준 확보 • 내구소비재의 보급 • 서비스 소비나 레저 소비의 확대 • 다품종 소량생산화 진전
사회적 측면	• 대량생산체제의 확립 • 대량유통시스템의 성립 • 마케팅 수단의 발달 • 소비자신용 발달이나 지불수단의 다양화 • 소비자문제 발생과 소비자운동 발전 • 소비로 인한 환경문제 심각화 • 소비자의 병리 현상 발생 • 소비자범죄 증가 • 사적 경제센터 비대화와 공적 경제센터 설립 이어짐 • 소비의 국제적 경향 증대

*출처: 김시월(2017), 소비자가 세상을 움직인다, 건국대학교 출판부.

따라서는 소비를 살아가는 자신의 정체성과 개성표출의 수단으로 생각하게 되었다. 소비는 항상 어떤 의식에 다다르는 중요한 행위이며, 생활 전체 가운데에서 매우 큰 비중을 점유한다.

이와 같은 내면적 특징과 외면적 특징, 즉 소비에 대한 강한 관심과 높은 수준의 소비는 서로 밀접한 관련성이 있다. 높은 소비수준이 가능하게 된 것에서부터 소비에 대한 강한 관심, 여러 가지 주관적 의미를 보여주는 것, 그 역으로 이와 같은 강한 관심을 지니고 주관적 의미를 보이는 것이야말로 높은 수준의 소비를 이행하는 것이다.

따라서 소비사회는 이를 실현하기 위해서 행정, 생산, 유통, 수송 등 여러 가지 면에서 이에 부응하고 이에 맞는 사회적 조직이 필요하다. 반면, 소비사회는 이러한 과정에서 여러 가지 문제를 내포하고 있다. 이처럼 소비사회는 외면적으로는 높은 수준의 소비, 내면적으로는 사람들의 소비에 대한 강한 관심, 사회적으로는 여러 가지 사회조직이나 사회적 영향을 내포하고 있다. 이상의 3요소는 각기 '소비사회의 물질적 요소', '소비사회의 정신적 요소', '소비사회의 사회적 요소'로 불린다.

엄밀히 말하면, 소비사회라는 확고하게 완성된 사회는 존재하지 않고, 끊임없이 '소비사회화'의 과정만이 존재할 뿐이 아닌가? 또한 현재의 우리 소비자는 그러한 완성된 소비사회로 이어지는 과거와 미래의 연결 네트워크의 일시적 점유자라고 할 수 있는 것은 아닌가?

2. 고도소비사회의 특성

고도소비사회는 앞에서도 언급했지만, 소비자의 소비 증가, 다양한 상품 및 서비스 증가, 그리고 소비중심의 사회를 의미한다. 이러한 소비중심의 사회에서 이를 뒷받침하기 위하여 생산, 유통과정에서 다양한 방법의 확대 및 확장이 이루어져 왔다.

그러나 이것은 오히려 소비자문제의 발생을 촉진한 계기라고 볼 수 있다.

사실, 시장경제가 지금처럼 발달하기 전인 자급자족의 단계에서는 소비자의 생활용품 조달은 스스로의 손에 의해 이루어졌고, 그것이 유용한가와 관련된 지식은 살면서 경험을 통해 습득하였다.

금세기 초부터 생활용품 시장도 점차 상품이 시장화되었고, 관련 상품의 조달 또한 시장을 통해서 이루어졌다. 특히 1960년대 후반부터 고도성장경제기에 접어들면서 시장개발의 물결은 국내 도시를 초월하여 농촌, 그리고 해외시장에까지 이르게 되었다. 이에 가정을 중심으로 본다면, 신가전제품(세탁기, 텔레비전, 냉장고)과 3C(자동차, 컬러텔레비전, 선풍기) 등으로 상징되는 관련 전자제품의 수요가 증가되었고, 가계소득의 증가와 더불어 기성복, 조리 식품, 플라스틱 및 신건축재료, IC제품 등의 공급 증가로 인하여 급격히 관련 시장이 확대되었다. 대량생산된 다양한 제품이 대중에 의해서 대량으로 소비되는 이른바 고도의 대중소비사회가 도래하게 되었다.

이러한 생활용품을 공급하는 생산자는 생활용품을 판매업자에게 인도하며, 생활용품의 수요자인 소비자는 판매업자로부터 구입하게 되었다. 특히 이의 접촉점이 생활용품 시장이고 소위 수요와 공급의 균형, 즉 수급 관계의 균형이 깨지는 곳도 바로 이곳이다. 생활용품 관련 시장에서는 제품만 흘러가는 것은 아니라, 제품의 배후에는 반드시 그 대금의 흐름이 존재하고 있다. 소비자가 제품을 구입하는 대금은 판매업자의 매상금이고 판매업자의 이익, 즉 중간경비를 공제하고 소비자로부터 얻게 된다.

따라서 생산자와 판매업자는 무엇보다 소비자의 취향에 맞고 마음에 들지 않으면 안 된다. 즉, 소비자의 심리, 소비트렌드, 그리고 취향 및 선호도에 맞지 않는다면 그 제품은 판매고가 극히 낮아지고 대금의 회수 또한 어렵다. 대금을 회수할 수 없다면 생산비용이나 이윤의 확보도 불가능하므로 생산 및 판매는 언젠가 중단될 것이다.

소비자는 구입한 제품으로 인해 어느 정도의 만족감, 상품의 효과가 발휘되길 기대하고 있다. 그리하여 그 수단으로 대금을 지불하므로, 대금을 지불했음에도 제품으로부터 부합하는 효과가 획득되지 않거나 역으로 피해를 입었을 경우에는 문제가 발생한다. 이러한 문제를 소비자문제라고 하며, 소비자문제에 의해 발생하는 피해를 소비자피해라고 한다.

시장 측면에서 보면, 공급자인 생산자나 판매업자의 입장과 수요자인 소비자의 입장은 완전히 다르다. 생산자나 판매업자의 입장은 대금의 회수가 목적이므로 판매는 그 수단이지만, 소비자 입장에서는 생활용품의 획득이 목적이므로 대금의 지불이 그 수단이라고 할 수 있다. 따라서 이러한 소비자와 생산자의 입장 차이가 생활용품 시장에서 차이를 발생시킬 때에 소비자문제가 발생한다.

소비생활에 유용하지 않은 생활용품을 제공하는 생산자나 판매업자가 소비자의 선택으로 인해 구축되는 조절기능이 자율적으로 움직일 수 있다면, 소비자문제 해결은 이 자동조절기능에 위임해야만 한다.

그러나 이러한 자동조절기능은 공급자도 수요자도 대등한 입장에서 서로 상대방을 충분히 알고 있다는 완전경제사회를 전제로 하고 있다. 생산자나 판매업자가

표 2-2 2010년에 예측한 미래 한국사회의 15대 메가트렌드(한국정보화진흥원)

분야	메가트렌드	내용
S(사회)	인구구조의 변화	세계인구 증가, 국가·지역별 인구증가·정체·감소가 각각 진행, 저출산 · 고령화 문제
	양극화	국가 간 기업·고용구조 양극화, 경제적 양극화에 따른 교육기회 차별화, 취약계층에 대한 사회책임 문제
	네트워트 사회	사이버 공동체 활성화, 영토국가에서 네트워크 국가화 전환, 정보독점 및 정보의 평준화 등
T(기술)	가상지능공간	사이버 공간과 물리적 공간 간 상호작용 증대, 증강현실, 실감형 콘텐츠 등
	기술의 융복합화	기술 — 산업 간 융복합화, 전통산업과 신기술의 융합 등
	로봇	휴머노이드 로봇, 군사용 로봇, 나노로봇, 정서 로봇 등
E(경제)	웰빙, 감성, 복지경제	고령화, 글로벌화에 따른 삶의 질 중시, 신종 질병 · 전염병 증가에 따른 건강문제 대두 등
	지식기반경제	경제의 소프트화 현상 심화, 정보 · 서비스 · 콘텐츠 등 무형자산 시대 도래, 지식경영 확산, 디지털 중심의 산업 재편 등
	글로벌 인재의 부상	글로벌화에 다른 멀티플레이형 인재, 지식경쟁력 부상, 창의력과 감성의 부각 등
E(환경)	기후변화 및 환경오염	환경오염과 기상이변에 따른 환경안보 부각, 국제탄소거래제도, 물 부족 문제 등
	에너지 위기	화석에너지 및 자원고갈 심화, 지속가능한 에너지 체제로의 전환, 대체에너지 개발 등
	기술 발전에 따른 부작용	인간 · 윤리문제와 기술의 충돌, 기술 패권주의, 개인정보 보호 및 불건전정보의 부작용 문제 등
P(정치)	글로벌화	이동성증가, 인력 및 자본 이동, 국제공조 확산, 다문화 및 이종문화 등
	안전 위험성 증대	신종 질병 및 전염병 확산, 핵 확산, 대량살상무기 확산, 경비 산업 성장 등
	남북통일	남북한 경제협력, 북한 문제의 국내화 및 급변화, 북한의 불확실성 등

독점적 행위나 관리 상태에 의해 소비자보다 우위에 있고, 생활용품의 소재, 판매 방법에 관한 정보가 충분히 게시되지 않으므로 소비자는 객관적으로 유용한 제품을 스스로 선택할 수 없게 된다.

이에 동반되는 것이 기술혁신의 성과로 인한 다양한 제품 개발 및 생산만이 아니라, 소비자에게 제품 및 서비스를 구매하도록, 즉 소비자에게 소비를 촉진하도록 쉽게 접근하기 위한 다양한 방안의 고안 및 보급의 확대이다.

고도화된 소비촉진 마케팅 전략, 사회적인 소비확대 분위기 조성, 그리고 소비의 상징적인 표현주의 추구의 사회화 등이 바로 이러한 예이다.

현대의 상품 소비는 물질적 소비 욕구의 일차적 만족을 벗어나 정신적 소비와 서비스 소비를 포함하여 상징의 소비, 기호의 소비로, 소비 자체가 의식과 행동방식을 규정하는 요인이 된다. 소비재를 생산하는 디자인이나 생산체계는 전적으로 문화적 소산이며 소비자가 시간, 관심, 소득을 사용해서 얻게 되는 소비재는 문화적인 의미를 갖는다. 그리고 소비자는 소비재의 의미를 사용하여 문화적 범주, 원리를 사용하고 라이프스타일을 창조, 유지하며 자아개념을 형성하고 사회적 변화를 창조 혹은 유지한다. 따라서 소비란 그 특성에 있어서 문화적인 특성을 갖고 있다. 특히 현대의 소비와 문화는 매우 밀접한 관계를 갖고 있을 뿐만 아니라 문화형성의 주된 구성요인으로서의 소비문화를 형성하게 된다(허경옥 외, 2006).

아울러, 우리는 매일매일 무언가를 소비하고 살고 있어서, 생산보다도 더 밀접한 소비가 일상이 되어버렸고, 그래서 현대인을 소비하는 인간, 즉 호모 콘수무스(Homo Consumus)라고 부르기도 하며, 더욱이 인공지능이 탑재한 기계가 생산과 노동을 무섭게 점령해 가는 상황에서 소비는 머지않아 인간에게 남은 가장 중요하고도 고유한 활동이 될지도 모른다고 예측하기도 한다.

표 2-3 미국의 마이크로트렌드 중 대한민국에서 유효한 이슈들

구분	명칭	내용
사랑과 성, 인간관계	싱글족	• 싱글 여성이 늘고 있다. • 동성애자 중 남성 비율이 높아지는 데서 연유한다.
	쿠거족	• 원래는 술집에서 마지막에 남은 사람을 집으로 데려오는 나이 많은 여성을 비하하는 말이다. • 지금은 연하남 데이트 상대를 찾는 경제적, 성적으로 독립한 여성을 일컫는다
	주말부부족	• 미국의 주말부부가 350만 명에 달한다. • 자신의 직업을 포기하지 않으려는 부부들이 늘기 때문이다.
	사내연애족	• 미국의 직장인 중 사내연애 경험자는 60%로, 25-34세인 싱글들의 주당 근무시간이 늘고 비슷한 기술과 흥미를 가진 사람들이 같은 직장에서 만나기 때문이다.
가정생활	애완동물 양육족	• 미국에서 애완동물을 키우는 가정이 63%에 이른다. • 혼자 사는 여성들이 늘고 있는 사회 현상과도 관련이 있다.
	오냐오냐 부모족	• 아이들에 대해 미국의 부모들이 점점 관대해지고 있다.

외모와 패션	막강한 쁘띠족	• 미국인 체구가 전반적으로 커지고 있지만, 체구가 작은 여성들의 목소리가 함께 커지고 있어서 틈새시장으로 부상하고 있다.
	성형수술 애호족	• 남녀를 막론하고 눈, 코, 등 성형수술을 한 번이라도 경험한 적이 있다면 여러 번을 하게 된다.
	상류층 문신족	• 문신이 반항의 표시에서 이제는 섹시한 이미지를 상징하게 되었다
	하드코어 지저분족	• 더러운 접시를 싱크대에 하루 이상 놔두는 사람이 1/3을 넘고 있다. 바쁘고 부유하고 교육수준이 높을수록 지저분족일 가능성이 높다.
식품, 음료	채식하는 아이들	• 채식주의 확산으로 아이들이 갈수록 고기를 먹지 않는다.
	카페인광	• 수면이 부족해 커피 등 카페인으로 원기를 회복하는 경향이 나타난다.
생활방식	무시당하는 아빠들	• 아빠들의 육아, 가사분담 비율이 높아지고 있지만 이에 대한 사회적 인정이 부족하다.
	모국어 사용자들	• 미국의 언어고립자(가정)들이 증가하고 있는 추세이다. 미국 내 라틴계 인구에 특화한 마케팅이 강화된 경향을 보인다.
기타	LAT부부족(영국)	• Live Apart Together의 약자로 별개의 집에서 삶을 함께하는 부부나 커플을 말한다.
	맘모니스 (이탈리아)	• mammonies(마마보이): 미국에서는 부메랑, 피터팬, 키덜트(kidult)로 불린다.

*출처: Kotra Global Business Report(2010). 작은 변화 큰 시장

3. 상품의 개념

상품이란 무엇인가? 오늘날 소비자는 수많은 상품과 서비스를 위한 선택 행위를 통해 기본적으로 소비를 시작한다. 소비의 시작은 소비자의 선택에서 비롯되며, 정보탐색을 통한 이성적 판단과 감성적 의사결정의 과정을 거쳐 소비자의 계획, 구매, 소유, 사용, 처분 등의 일련의 과정을 거친다.

이러한 과정을 거치면서 소비자와 상품, 서비스는 그 어떤 관계를 갖게 된다. 즉, 유형의 상품과 무형의 서비스는 소비자의 계획적 선택과정과 소유, 사용과정에서 심리적 관계를 형성하므로 만족을 통한 이미지, 충성도 등에 영향을 미친다.

이에 기업은 일방적인 상품 및 서비스의 제공이 아니라 소비자와의 다양한

커뮤니케이션을 추구하게 된다. 즉, 소비자로부터 선택을 받기 위한, 시장경제에서 소비가치를 상생하기 위한 생산을 하게 된 것이다.

1) 미시적인 의미에서의 상품

전통적인 의미에서의 상품은 유형의 상품에 한정되었으나, 소비자들의 관심 집중, 구매 및 사용, 소비를 통해 소비자의 니즈와 욕구를 충족시켜 주는 모든 재화를 의미한다(홍종숙 외, 2014).

여기에서 상품의 개념은 특정 물품이나 상품 등 눈에 보이는 가시적 상거래의 대상을 주로 의미하였으며, 여기에서 사용되는 좁은 의미에서의 상품은 물품(commodity)의 의미와 상거래의 대상(merchandise)으로서의 의미를 모두 포함한다.

이러한 맥락에서 상품은 상거래 이전의 상품(product) 또는 상거래 발생 이후의 소유물(ownership product)과는 구분되는 개념이라고 할 수 있으며, 상거래 가치를 극대화할 수 있도록 관리되어야 한다는 측면에서 소비자가 만족하는 가치를 포괄하는 개념(홍종숙 외, 2014)이라고 이해할 수 있다.

2) 거시적인 의미에서의 상품

좁은 의미에서의 상품은 상거래를 목적으로 하는 유형적인 실질 재화만 상품으로 규정하였으나, 서비스 산업의 발전과 더불어 무형적 용역의 상거래가 점점 더 중요해졌다.

상품의 범위도 자연스럽게 유형적인 거래에만 한정되는 것이 아니라 교육, 법률, 의료서비스, 관광과 엔터테인먼트, 미용 등 무형의 서비스로 확장되었다. 한발 더 나아가 인터넷과 월드와이트웹 등 가상공간의 확장을 통해 인터넷 상거래가 활성화되면서, 다양한 콘텐츠와 창의적인 소프트웨어, 아이디어와 특정한 유통까지도 상품의 영역으로 확대되어가고 있다.

따라서 넓은 의미에서의 상품은 소비자가 가치를 느끼고 일정 금액을 지불할 필요성을 느끼는 모든 것을 포괄하는 쪽으로 확장되었다고 볼 수 있다(홍종숙 외, 2014).

최근에는 유형의 상품에 있어서 브랜드, 네이밍, 판매조직과 인적구성, 판매 채널 및 핵심 아이디어 등의 마케팅 요소까지 상품의 개념으로 확장되고 있는 추세다.

특히 국가 개념에 대한 마케팅, 스포츠 스타 및 연예인 이미지에 대한 상품 차용 등 다양한 영역으로의 상품 콘셉트 확장이 이루어지고 있어, 상품에 대한 개념은 유형의 상품에서 무형의 상품인 서비스로, 또 다양한 엔터테인먼트를 포괄하는 경험의 영역까지 확장되는 추세다(홍종숙 외, 2014).

잠깐!

예를 들면 K-culture K-pop, K-beauty, 편의점 시스템의 국제적 판매 및 설치, 플랫폼 경제, 언텍트 소비, 뿐만 아니라 수출한 품목의 변화와 융합을 통한 역수입 등을 알아 봅시다.

3) 무형의 재화인 서비스

서비스의 정의는 소비자가 만족을 증진시킬 수 있도록 제공되는 핵심편익이 소유할 수 없는 모든 무형의 활동, 편익을 포괄하는 것으로 정의할 수 있다(홍종숙 외, 2014). 코틀러(Kotler, 2003)는 서비스 상품이 소비자에게 제공되는 경험과 효익을 통칭하며, 무형의 재화라는 특징 때문에 유형의 상품과 결합하여 거래되기도 한다고 언급하였다.

일반적으로 많이 사용되는 소비자 서비스는 사실 기업의 핵심 상품(core prod-ucts)을 보조하기 위해 무상, 또는 일부만 비용을 청구하며 제공되는 서비스로, 초기에는 서비스 제공 형태의 대부분을 차지했지만, 서비스 산업의 비약적인 발전과 소비자 니즈의 확장으로 인해 상품 자체로서의 서비스가 더욱 확장되는 추세이다.

무형의 재화인 서비스가 제공하는 핵심적인 소비자 니즈는 경험과 관련되는 것이 주를 이루는데, 경험은 소비자가 경험 자체에 대해 만족을 느끼고 그에 합당한 대가를 지불할 수 있는 모든 무형의 편익을 체험하는 것 자체를 의미하며, 최근 개발이 활발하고 유료로 거래되는 교육, 엔터테인먼트 및 여가활동 등 즐거운 경험 자체에 대한 편익을 포괄한다.

상품의 범주에 가장 최근에 추가된 개념이지만 향후 지속적으로 관련된 상품의 범위가 확장될 것으로 예측할 수 있으며, 획기적인 아이디어를 기반으로 고부가가치의 신상품 개발 잠재력이 큰 시장이라고 할 수 있다(홍종숙 외, 2014).

4. 소비자와 상품, 그리고 서비스

소비자의 소비를 통한 목적을 볼 때, 소비자와 상품 및 서비스의 관계를 폭넓게 이해할 수 있다. 소비자는 왜 소비하는가? 소비자는 상품과 서비스의 구매를 통해 무엇을 얻고자 하는가? 소비자 관점에서 상품과 서비스는 소비자가 필요로 하는 편익으로 이해할 수 있다.

1) 소비자 관점에서의 편익과 그 종류

① 기능적 편익(functional benefits)

기능적 편익은 상품 고유의 속성과 기능을 중심으로 이해되는 편익을 말한다. 기능적 편익이라 하더라도 소비자의 관점에서 기능에 대한 정의는 개발자 관점에서의 기능과 다를 수 있다. 예를 들어, 어떤 것이 있을까?

② 심리적 편익(psychological benefits)

심리적 편익은 소비자가 상품의 기능적 측면 외에 심리적인 만족감이나 감성적인 측면에서의 편익에 더욱 집중하게 되는 경우를 의미한다. 예를 들면 어떤 것이 있을까?

③ 사회적 편익(social benefits)

사회적 편익은 사회적 관계 속에서 소비자가 느끼는 자기표현의 욕구 충족이나 상품을 통해 스스로의 이미지를 상징적으로 드러낼 수 있다는 점에 가치를 부여하는 편익을 말한다.

자기표현 등의 상징적 편익의 경우는 주로 럭셔리 브랜드 상품의 경우에 사회적 지위나 부유함에 대한 상징적 편익을 강조함으로써 소비자에게 어필하거나 오피니언 리더 혹은 초기 혁신상품 수용 소비자 집단 등에서 혁신자로서의 자기표현을 위해 초기 상품 구매에 노력하는 등의 모습도 이에 기인한다고 할 수 있다(홍종숙 외, 2014). 예를 들면 어떤 것이 있을까?

소비자가 상품과 서비스를 통해 느끼는 그 무엇이 확장되었다. 그렇다면, 소비자와 상품과 서비스의 관계는 어떤 의미로 확대될까?

소비의 의미는 얼마라도 갖고자 하는 소유, 많이 갖고자 하는 축적, 상품이 지닌 속성을 잘 이용하고자 하는 이용, 소비자 개인의 개성을 표출하고 표현하는 상징 등의 개념으로 진화하고 있다.

따라서 이러한 것을 잘 고려한 상품과 서비스의 개발이 중요하다.

표 2-4 신상품의 성공과 실패 요인

신상품의 성공 요인	신상품의 실패 요인
• 소비자 욕구를 충족하는가? • 고객에 높은 가치를 제공하는가? • 혁신성이 있는가? • 기술적인 우월성성이 있는가? • 우호적인 경쟁 환경인가? • 기업 내부강점과의 적합성에 맞는가? • 기능 부서 간의 의사소통이 잘 되었는가? • 최고경영자의 후원이 있는가? • 열정적인 챔피언인가? • 신상품 조직이 잘 되었는가? • 신상품 개발과정의 적용이 수월한가? • 불필요한 위험의 회피가 가능한가?	• 너무 작은 시장 • 기업 능력과의 부적합 • 낮은 상품 차별성 • 실질적 효익 제공에 실패 • 열등한 포지셔닝 • 부적절한 유통경로 후원 • 예측의 실패 • 나쁜 진입 시기 • 기술의 급격한 변화 • 소비자 취향의 변화 • 환경요소의 변화 • 낮은 재구매율 • 열등한 AS • 불충분한 ROI(투자대비 이익률, Return on Investment) • 기능 부서 간의 조화부족 • 조직적인 문제

표 2-5 상품 및 서비스 개발 단계 맛보기

상품
• 환경 분석 단계 • 아이디어 도출 및 콘셉트 개발단계 • 내부역량 분석 단계 • 상품 개발 및 마케팅 플랜 수립 단계 • 출시 후 시장반응, 모니터링 단계 • 피드백 단계
서비스
1. 정보 수집 및 관리 단계: 마켓 리서치, 시장니즈 파악, 아이디어 창출, 상품과 가능성 검토 고객 리서치, 경쟁사 동향, 선진 벤치마킹, 기존상품 피드백 2. 고객 니즈 조사 단계: 내외부 고객자료 수집, 고객니즈 파악, 아이디어 창출, 상품화 가능성 분석 고객니즈기반, 시장 세분화 3. 상품개발 기획 단계: 과정별 체크리스트 점검, 관련 부서 합의, 수익성 · 리스크 분석, 리스크 관리 협의회 심의 고객 리서치: 고객 수용도 및 구매의향 점검 4. 상품 개발 단계: 상품(안) 확정, 전산개발, 상품 관련, 인 · 허가 홍보물 제작, CRM 마케팅 협의 5. 마케팅 및 판매 단계: 마케팅 전략 수립, 담당자 교육, 판매 6. 사후관리, 상품성과 분석, 상품평가, 성과보상 단계: 전체적으로 고객 반응분석을 통한 성과 평과 및 피드백

생각해 볼 거리

여러분은 매일 황금알을 낳는 거위 한 마리와 보통 거위 두 마리를 바꾸자고 하면 어떤 것을 선택할 건가요? 그리고 왜 인가요?

현재 여러분은 무엇에 투자하고 있나요?

QUIZ

1. 다음 (　) 안에 들어가는 단어를 찾아 보세요.

“소비자는 수많은 상품과 서비스를 위한 (　　) 행위를 통해 기본적으로 소비를 시작합니다. 소비의 시작은 소비자의 (　　)에서 비롯됩니다.”

1) 선택
2) 이용
3) 계획
4) 처분

답 1번

해설

오늘날 소비자는 수많은 상품과 서비스를 위한 선택 행위를 통해 기본적으로 소비를 시작한다. 소비의 시작은 소비자의 선택에서 비롯되며, 정보탐색을 통한 이성적 판단과 감성적 의사결정의 과정을 거쳐 소비자의 계획, 소유, 사용, 처분의 일련의 과정을 거친다.

2. 다음 (　) 안에 들어가면 좋은 단어를 배열해 보세요.

“소비의 의미는 얼마라도 갖고자 하는 (　), 많이 갖고자 하는 (　), 상품이 지닌 속성을 잘 이용하고자 하는 (　), 소비자 개인의 개성을 표출하고 표현하는 (　) 등의 개념으로 진화하고 있습니다.”

1) 소유, 축적, 이용, 상징
2) 축적, 소유, 사용, 상징

답 1번

해설

소비의 의미는 얼마라도 갖고자 하는 소유, 많이 갖고자 하는 축적, 상품이 지닌 속성을 잘 이용하고자 하는 이용, 소비자 개인의 개성을 표출하고 표현하는 상징 등의 개념으로 진화하고 있다.

3. 일반적인 소비사회의 주요 구성 요소가 아닌 것은 무엇인가요?

1) 물질적 요소
2) 정신적 요소
3) 사회적 요소
4) 기계적 요소

답 4번

해설

소비사회는 외면적으로는 높은 수준의 소비, 내면적으로는 사람들의 소비에 대한 강한 관심, 사회적으로는 여러 가지 사회조직이나 사회적 영향을 내포하고 있어야 하며, 이런 3요소는 소비사회의 '물질적 요소', '정신적 요소', 그리고 '사회적 요소'로 불린다.

CHAPTER

03

소비자중심적 생산의 변화, 프로슈머

본 장에서의 목표는 다음과 같다.

첫째, 프로슈머의 등장과 어원을 알아본다.
둘째, 프로슈머의 개념을 알아본다.
셋째, 프로슈머의 다양한 유형의 예를 살펴본다.
넷째, 기업의 프로슈머 효과를 살펴본다.
다섯째, 프로슈머가 기업에 미치는 영향을 살펴본다.

주요 키워드는 프로슈머의 등장과 어원, 프로슈머의 개념, 프로슈머의 다양한 유형의 예, 기업의 프로슈머 효과, 프로슈머가 기업에 미치는 영향 등을 들 수 있다.

*그림: 강정민

동화, 허영심 많은 까마귀

숲속에 새들의 잔치가 열렸어요. 가장 아름다운 새를 뽑는 대회가 열린 거예요.

온갖 새들이 아름다운 목소리와 고운 빛깔의 깃털을 뽐냈지요.

자신의 까만 깃털이 싫은 까마귀는 고민을 하다, 공작새들이 떨구고 간 깃털을 주워서 자기 몸에 꽂았어요. 여러 공작새들의 깃털을 꽂은 까마귀의 모습은 그 어떤 공작새보다도 아름다워 보였어요.

까마귀는 신이 나서 춤을 추며 자랑했어요.

"어때? 내 깃털이 가장 아름답지?"

그런데 까마귀가 춤을 추는 동안 깃털들이 하나둘 떨어져 나갔답니다.

공작새는 깃털이 화려하고 예쁘지만, 까마귀는 늙은 어미새에게 먹이를 물어다 주는 효자 새로 유명합니다. 또 까마귀의 까만 털은 그 나름대로 예쁘기도 하지요. 공작새처럼 오색 찬란한 아름다움은 없지만 까마귀만이 가진 독특한 아름다움이 있어요. 다시 말해서 공작새만 아름다운 새가 아니라 까마귀도 아름답고 귀한 새입니다.

까마귀가 다른 새들처럼 예쁜 색의 깃털을 갖지 못한 것을 속상해하고 공작새처럼 보이려고 했던 것은 자신의 좋은 점을 잘 몰랐기 때문은 아닐까요?

우리 모두 소비자로서 시장의 주인이며, 소비자 역할이 변화되어 더 이상 수동적 소비자가 아니라 능동적 소비자가 되었습니다.

*출처: 김시월 외(2008), 동화로 소비를 배워요, 천재교육 참조.
김시월(2008), 학교에서의 소비자교육을 위한 교재개발 연구 용역(공정거래위원회), 건국대학교.

1. 프로슈머의 등장과 어원

시장의 구성요소인 생산자, 소비자, 정부 등의 요인을 살펴볼 때, 시장의 형성, 그리고 각 요인의 중요성 및 시대적 배경이 매우 중요하다. 또한 시장의 규제, 지원, 자율 등의 형성은 소비자의 의미, 표현, 사회화 등이 작용하면서 변화되었다. 시장은 본디 완전경쟁을 추구하면서 그곳에서 소비자의 합리적인 선택을 기대한다.

그러나 생산과 소비의 대표적인 기업과 소비자의 역할을 볼 때 과거, 기업이 공급한 상품과 서비스를 단순히 수요자로서 소비하던 일방적 제공 관계에서 이젠 쌍방향적인 커뮤니케이션의 역할이 더욱 중요해지고 있다.

예컨대, 정보통신기술의 혁신에 따라 네트워크를 통해 사회, 경제, 행정의 효율적, 합리적 운영이 이루어지는 디지털 사회로의 전환이 급속히 이루어졌다(손은주, 2013). 과거의 얘기이지만, 제러미 리프킨(Jeremy Rifkin, 2000)의 말에 따르면, 우리는 이미 "접속의 시대"에 살고 있으며 "시장은 네트워크에게 자리를 내주며, 소유는 접속으로 바뀌는 추세"라고 하였다. 우리의 경제생활 및 사회생활도 인터넷 안에서 자연스럽게 이루어지게 되었고 이러한 인터넷의 대중화로 인해 국민 대다수가 일상생활 속에서 밀접하게 인터넷을 접할 수 있게 되었다

INTEL사의 조사에 따르면 과거에 비해 소비자들의 디지털 제품과 서비스의 사용은 업무를 효율적으로 처리하기 위한 도구와 수단에 국한되지 않고, 새로운 정보를 얻고 다양한 사회적 관계를 맺으며 여가를 즐기는 등, 일상생활 전반에 변화를 가져왔을 뿐만 아니라 생활시간과 공간을 확장하는 역할까지 하는 것으로 평가되고 있다(손은주, 2013).

머레이(Murray, 1997)는 디지털 환경의 4대 속성을 과정 중심적, 참여적, 공간적, 백과사전적이라고 설명하였다.

먼저, 디지털 환경의 큰 특징으로 '과정 중심적(procedural)'인 측면이 있다. 이는 규칙에 따라 과정을 거치는 체계가 가능한 컴퓨터는 프로그램 방식으로 정보를 입력하여 처리, 연산하는 과정을 거쳐 결과물을 내놓는 것이다(장경진, 2009). 특히 디지털 매체 사용으로 웹상에서 다양한 형태를 가진 콘텐츠를 활용할 수 있게 되었는데, 자신의 의견을 반영한 글을 쓰거나, 비디오와 같은 1차적 텍스트들을 재가공하여 2차적 텍스트를 생산하게 된다.

둘째, 디지털 환경이 '참여적(participatory)'이라는 것은 다른 말로는 상호작용적임을 의미한다. 즉, 디지털 환경에서는 쌍방향적으로 작용을 하도록 상대의 반응을 요구하고 그에 다시 응답하는 등의 상호작용적 행위가 가능할 뿐 아니라 그러한 상호작용을 토대로 하여 커뮤니케이션이 지속될 수 있도록 구조화되어 있다. 웹은 이용자 간의 상호 연결을 통해 그들 간의 커뮤니케이션을 가능하게 했다. 서로 네트워크를 형성하고 정보를 공유하는 등 상호간에 커뮤니케이션이 가능해진 데에는 웹의 상호 연결성이 매우 중요하게 작용하였다. 또한 기존의 미디어가 정보를 통제하였던 것에 반해 인터넷상에서는 모든 이용자가 평등한 위치에서 커뮤니케이션이 가능하다.

셋째, '공간적(spatial)' 특징은 디지털 환경에서의 공간이 사용자가 직접 이동 가능한 공간이라는 커다란 차이점을 지닌다는 것이다. 웹의 등장으로 인해 수시로 신속한 정보와 의견 교환이 이루어지고 있다. 공간 안에 원하는 게시물이나 파일을 찾는 글을 올리면 댓글로 게시물의 주소나 관련된 정보를 달아 원활한 소통을 하는 모습들을 볼 수 있다.

네 번째 속성인 디지털 환경이 '백과사전적'이라는 것은 그림, 필름, 책, 신문, TV 프로그램 등이 하나로 연결된 전 지구적 통합 도서관의 기능을 할 수 있음을 뜻하며 이것은 곧 디지털 매체가 엄청난 데이터베이스의 공간이자 활용 기능을 가졌다는 의미한다. 수용 용량의 한계가 없는 특성으로 각 지역과 장소에 구애받지 않고 쉽게 접근해 활용할 수 있다(장경진, 2009; 손은주, 2013).

일반적으로 우리는 시대적 변화와 더불어 참여와 공유, 그리고 개방에 방점을 두고 설명하고 있다. 이를 풀어 보면 누구에게나 개방된 인터넷 환경에서 사용자가 능동적 및 적극적으로 정보를 공유한다는 의미로 해석해 볼 수 있다.

과거의 웹은 기업 혹은 전문가가 발신한 정보를 개인이 단순히 수신하기만 하는 정도로 사용되어 왔으나 IT기술의 발전과 함께 거대한 플랫폼으로 진화하기 시작하였고, 수동적이던 개인이 다양한 콘텐츠를 결합하여 능동적으로 정보를 발신하는 주체로 변화하면서 결국 개인이 정보의 수신자 및 발신자 역할을 모두 다 수행하는 다방향 프로세스가 등장하게 되었다고 볼 수 있다.

소비자들은 정보통신기술의 변화에 발맞춰 수동적인 소비활동에서 벗어나 능동적으로 변모하게 되었다. 소비자가 스마트폰이나 SNS(Social Network Service)를 소비생활에 적극적으로 활용해 정보를 얻고 의견을 표출하거나 불만 시에 다른 사람들과 결집하는 등 소비자의 목소리도 증폭되고 있다. 정보의 적극적인 탐색과 정보교류를 보다 용이하게 해주는 기술적 진보로 합리적인 소비생활을 할 수 있게 되면서 소비자 주권시대를 스스로 열어가고 있다고 해도 과언이 아닐 것이다.

디지털 미디어 사회는 사이버와 현실 세계를 넘나드는 정서적 공유와 집단적 감성이 발현되는 생활 속 공간이 되었다. 소비자들은 소집단의 끈끈한 유대감과 자기표현감과 환기와 몰입을 통한 재미와 즐거움을 찾아 디지털융합 서비스를 소비하고, 향유하며, 동시에 직접 창출하고 있다(손은주, 2013).

과거 기업에서 소비자로의 일방적인 커뮤니케이션은 이제 기업과 소비자 간의 쌍방향 커뮤니케이션으로 바뀌게 되었다. Kelly(1998), Jenkins(2006)는 뉴미디어와 혁신 기술의 발달로 소비자들 스스로 확대된 정보 네트워크를 갖추고 활발하게 정보교환을 하면서 생산이나 판매에 참여하고 있다고 하였다.

잠깐!

예를 들면 외생변수인 코로나19로 인한 우리의 삶의 변화를 들 수 있습니다.

소비자가 생산에 참여하는 현상을 프로슈머(Prosumer)라고 할 수 있으며 이러한 프로슈머의 등장은 기업과 소비자의 관계를 근본적으로 변화시키고 있다. 종래에는 생산자와 소비자가 주종적 관계였으나 소비주체의 생산 활동 참여 확대로 프로슈머로서의 역할이 증대되었다.

인터넷을 이용하는 소비자의 특성변화 측면에서 살펴보면 기업이 제공하는 제품정보보다 같은 소비자가 제공하는 정보를 더욱 신뢰하여 '소비자 주도적 정보 생산과 유통'이 활발해지고 있다(손은주, 2013).

이제 시장경제의 고유 영역이었던 '생산자'와 '소비자' 사이의 경계가 무너지고 있다(김윤정, 2009). 소비자는 인터넷을 통해 자신이 얻고자 하는 상품과 서비스에 대한 더 많은 정보를 얻을 수 있게 되었고, 소비자이면서 생산자의 역할도 수행할 수 있게 되었다.

이는 바로 엘빈 토플러가 제3의 물결에서 제시한 신조어, 프로슈머이다. 엘빈 토플러는 미래에는 프로슈머 경제가 폭발적으로 증가할 것이라고 하였는데, 이에 기업은 프로슈머의 영향력을 인지하고 제품생산, 프로모션, 마케팅 등 기업활동에 프로슈머로서 소비자를 참여시키고 있다.

현대사회에서 새로운 소비현상을 표현하는 하나의 흐름인 '프로슈머'는 기업에게 있어서 기업에 대한 개인적인 경험, 해당 상품의 구매와 사용 경험, 로고나 포장 등의 시각적 접촉, 상품광고, 기업광고, 언론 보도 및 소문들을 주도할 수 있는 주요 마케팅 대상이 된 것(김윤정, 2009)이다.

2. 프로슈머의 개념

미래사회학자, 미래경제학자인 엘빈 토플러(Alvin Tofffler)는 『제3물결(The Third Wave)』에서 판매나 교환을 위해서라기보다 자신의 사용이나 만족을 위해 제품, 서비스 또는 경험을 생산하는 이들을 가리켜 '프로슈머(prosumer)'라는 신조어로 지칭했다.

당시 토플러는 "미래에는 생산자(Producer)와 소비자(Consumer) 대신 프로슈머(Prosumer)가 등장할 것이다. 소비만 강요당하던 소비자들은 다양한 경로를 통해 생산과정에 직접 자신들의 의사를 반영하게 되며, 이런 물결을 무시하는 기업은 도태될 것이다"라고 프로슈머의 등장을 예고했다.

프로슈머는 제품이나 서비스 제작에도 직접, 또는 간접적으로 참여하는 능동적인 소비자를 말한다. 이들은 자신이 소비하는 물건에 대해 기업에 제작과정에서부터 자신의 견해를 제안하기도 하고 더 나아가서는 소비자의 관점에서 느꼈던 생각과 아이디어를 가지고 직접 상품을 제작하는 경향으로 변해 가기도 한다.

즉, 프로슈머(Prosumer)는 생산자인 프로듀서(Producer)와 소비자인 컨슈머(Consumer)가 결합된 용어로 소비자가 단순히 제품을 사용하는 데에만 그치지 않고 제품의 개발단계에서부터 직접 참가하는 개념으로 소비자의 아이디어나 요구를 수용한 신제품 개발과 소비자의 취향에 맞춰 조합할 수 있는 DIY(Do it your-self) 등을 말한다(김윤정, 2009).

잠깐!

예를 들면, DIY로 무엇을 들 수 있을까요?
그리고 이를 활용한 소비자의 심리를 잘 활용한 기업, 생산품 등을 찾아 봅시다.

토플러가 프로슈머에 주목한 것은 공장에서 대량 생산된 개성 없는 표준화된 제품으로는 더 이상 시장이 성장하지 않을 것이라는 점 때문이었다. 그는 기업이 지속적으로 성장하기 위해서는 맞춤형 생산방식으로 이런 징후를 타개하여야 하며 이는 소비자 참여 없이 불가능하다고 역설하였다(김시월, 2014).

그때만 해도 생소하게 들렸던 프로슈머가 이제는 그의 말 그대로 기업생존 전략의 키워드가 되었다(김윤정, 2009). 현재 일반적으로 인지되는 프로슈머는 타인 또는 기업이 제작, 생산한 제품 및 콘텐츠를 직접 사용하기도 하고 스스로 콘텐츠를 제작하기도 하는 소비자를 통칭한다고 볼 수 있다(이선희, 2018).

엘빈 토플러에 의하면 현재의 세계는 부의 형성 방식에 있어 역사적인 변화를 겪고 있으며, 이런 변화는 새로운 생활방식이나 문명 탄생의 일부에 해당한다고 밝혔다.

이는 오늘날의 변화가 갈수록 점점 더 많은 경제 분야에서 탈동기화를 유발하며 이러한 변화는 경제 분야의 탈세계화의 가능성을 암시한다고 볼 수 있다(김윤정, 2009). 즉, 부의 창출 시스템은 화폐경제가 생명력을 유지하는 데에 도움을 주는 동시에 강력한 도전을 실행하고 있는 프로슈머들이 제공하는 영향력에 의해 형성된다고 볼 수 있다.

프로슈머는 개인 혹은 집단이 21세기에 갑자기 새롭게 등장한 이들을 지칭하는 것(김윤정, 2009)이 아니라, 인류의 역사상 프로슈머는 다양한 집단에서도 존재하였다고 본다.

잠깐!

예를 들어, 1774년 산소를 발견한 조지프 프리스는 목사였고, '마지막 정리(Last Theorem)'로 수 세기 동안 수학자들을 혼란스럽게 했던 피에르 드페르마는 변호사였으며, 출판업자이자 정치가인 벤자민 프랭클린은 취미로 해류를 연구하면서 초점렌즈를 발명하고 번개가 전기의 형태라는 사실을 증명하였습니다. 이들은 아마추어이지만 전문가 못지않은 식견을 갖춘 프로슈머였습니다.

또 어떤 사례가 있을까요?

오늘날의 구매 관점에서 프로슈머를 바라본다면 프로슈머는 저렴한 구매보다는 현명한 구매를 하는 소비자라고 볼 수 있다(김윤정, 2009).

토플러(2006)는 초기 이후에 다시 한번 프로슈머를 생산과 소비를 동시에 하는 사람이라고 정의하면서 보다 확장된 개념적 틀에서 프로슈머의 가치에 대해 언급한 바 있다. 그는 프로슈머들이 시장경제에서 비가시적 경제로 다시 시장경제로 순환하면서 생산 주체로 진화하고 있다고 주장하였다. 시장경제에서 자본재를 구입하여 자급자족을 위한 생산과 소비에 치중한 프로슈머들이 자신들의 지식을 활용하고 참여의 욕구를 실현하기 위해 시장경제에서 부가가치를 창출한다고 주장하였다.

이렇게 다양한 집단에서 존재하는 프로슈머는 기업에게 있어서 주요 마케팅의 대상이 되고 있다(김윤정, 2009). 프로슈머가 기업에게 중요하게 여겨지는 이유는 프로슈머의 근본정신에서 찾아볼 수 있다.

기업의 관점에서 적극적인 프로슈머가 유리한 이유는 첫째, 기업은 소비자들이 그 기업을 다시 찾도록 무엇인가를 해야 하고, 이익을 내야 하기 때문이다. 프로슈머 파트너에게는 이미 그 회사를 다시 찾도록 하는 인센티브가 존재한다. 고객 겸 파트너가 더욱더 많은 상품을 사면 살수록 받을 수 있는 할인의 폭 역시 증가한다(김윤정, 2009). 그리고 더욱더 많은 고객에게 전달하면 할수록 이들에게 돌아올 전달 수당의 액수 역시 증가한다(이선호, 2006). 이것이 바로 프로슈머 활동의 강점이다.

프로슈머의 두 번째 강점은 브랜드에 대한 충성도이다. 직거래를 사용하는 많은 회사들은 파트너를 통해서만 살 수 있는 유일무이의 상품을 제공하는 경우가 많다(이선호, 2006; 김윤정, 2009). 따라서 브랜드 충성도가 강력한 프로슈머야말로 극히 상식적인 개념이다. 저렴한 구매보다 현명한 구매를 통하여 다양한 인센티브나 혜택을 받고, 이 구매방식을 다른 이들에게 가르침으로써 전달 수당을 획득하는 방식으로도 볼 수 있다.

프로슈머 활동은 저렴한 구매가 아니라 현명한 구매를 실천하면서 동시에 그 현명한 구매를 주변 사람들에게 적극적으로 알리고 설득하고 의견을 전달하는 역할수행을 말한다(Quain, B, 2003). 그러므로 프로슈머란 자발적이고 적극적인 참여를 통해 생산과 유통 등 공급과 과정 속에서 자신의 니즈를 스스로 표현함으로서 소비만족을 추구하는 소비자다.

토플러(1980)는 프로슈머란 일반 소비자보다 더욱 많은 지식과 정보를 습득하며 제품이나 서비스의 개발과정에 적극적으로 참여하는 소비자라고 정의하였다.

따라서 프로슈머에게는 적극적, 창조적, 능동적, 열정적, 자발적인 특성이 있다. 이러한 변화는 바로 디지털 기술의 발전과 빠른 확산으로 프로슈머의 가치 창출 활동을 가속화 하였다고 볼 수 있다. 다른 프로슈머와 정보·지식을 나누고 상호작용을 하며 자신에게 필요한 제품이나 서비스를 직접 창조해 내기도 한다. 현대의 프로슈머는 개인적인 가치 창출 활동뿐만 아니라 이를 공유함으로써 다른 프로슈머들과 공동의 가치를 창출해내기도 한다(손은주, 2013).

프로슈머의 개념은 앨빈 토플러가 처음 제안한 이후 매우 다양한 의미로 적용되고 있다. 일반적으로 언급되는 프로슈머는 대량생산, 대량소비를 강요당한 수동적 소비자가 앞으로는 신제품 개발에 직간접적으로 참여하여 소비자의 선호나 요구를 직접적으로 시장에 적용하는 소비자를 의미하는데 이러한 프로슈머가 프로슈밍을 통해 화폐경제에 미치는 영향이 많다(손은주, 2013).

언제부터인가 소비자는 프로슈머, 크리슈머, 리뷰슈머, 리서슈머 등 다양한 용어로 불리고 있다. 이는 소비자의 마음속에 자연스럽게 융화되어 '생산과 소비를 함께하는 이익을 추구하는 소비자'로서 중요성이 강화되고 있다. 이에 소비자가 제품에 대한 아이디어를 제안하고 생산자가 타당성을 평가하는 신상품 개발의 프로세스도 중요한 바, 바로 소비자의 힘이 강화되고 있다.

기업문화도 이에 힘입어, 기업의 사회적 책임(CSR)에서 공유가치창출(CSV)로 변화되고 있는데, 이 또한 시장에서 생산자와 소비자의 분리가 아니라, 함께 시장의 이익만이 아니라 시장의 가치도 함께 창출하는 동반자적인 트렌드로 흘러가고 있다. 이뿐만인가? 근간에는 ESG 경영 또한 강조되고 있다.

프로슈머가 시장경제에 있어 핵심적인 계층으로 부상한 원인에 대해 웹 환경의 변화와 결부시켜 세 가지로 정리한 연구가 있는데 해당 연구에서는 그 원인에 대해 다음과 같이 언급하고 있다(손은주, 2013).

첫째로, 인터넷과 멀티미디어의 발달로 인하여 프로슈머의 활동영역이 확대된 점을 들고 있다. 둘째, 마케팅 패러다임이 영업활동에 따른 이익추구에서 소비자를 위한 활동으로 그 무게중심이 과거에 비해 한층 더 커지고 있다는 점이다. 셋째, 사회 전반에서 일어나고 있는 기업활동과 디지털 정보의 발달로 소비자의 지식 및 의식, 역량이 이전에 비해 매우 높아지고 있는 점을 들고 있다(김시월, 2014).

프로슈머는 본질적으로 생산소비자, 참여형 소비자라는 뜻을 지니고 있다. 이는 Producer 혹은 Professional에 consumer라는 단어가 결합되어 만들어진 신조어로 통용되기도 한다. 생산자와 소비자가 결합된 경우는 소비자이지만 제품생산에 기여한다는 의미이며, 전문가와 소비자가 결합된 경우는 비전문가이지만 타 전문 분야에 매우 기여한다는 의미이다(장경진, 2009).

이러한 프로슈머 개념은 1972년 마셜 맥루언과 베링턴 네빗의『현대를 이해한다(Take Today)』에서 전기기술의 발달로 소비자가 생산자가 될 수 있다는 말로 등장하였다.

그러나 프로슈머라는 단어는 1980년 앨빈 토플러가 그의 책『제3의 물결』에서 최초로 사용했으며, 프로슈머와 함께 등장하는 크리슈머(Cre－sumer)는 창조(Creat)와 소비자(Consumer)의 합성어인데, 말 그대로 창조적인 소비자를 뜻한다.

생산자(producer)와 소비자(consumer)의 합성어로 생산하는 소비자, 설계하는 소비자로 번역할 수 있다, 전통경제학에서는 생산자, 유통업자, 소비자 간의 역할 구분은 정보량에 따라 결정된다고 하였다.

그러나 디지털(digital) 경제에서 상품에 대한 개념뿐만 아니라 생산자, 유통업자, 소비자 간 역할도 불분명해진다. 또한 아날로그(analogue) 경제에서 약자였던 소비자가 중심적인 역할이 수행하는데, 이것을 반영한 것이 프로슈머이다(N 뉴스통신, 2023.03.12).

프로슈머의 유형에는 아직 정형화된 유형은 없으며, 연구자별 다양한 접근방법을 활용하여, 유형화를 시도하고 있다. 예컨대, 김시월(2014)은 프로슈머 성향과 관련된 문항을 측정하여, 요인분석을 실시한 후에 묶인 문항을 중심으로, 소비자의 프로슈머 성향을 적극적 참여형, 창조적 사용형, 집단적 커뮤니티 및 의견 제시 활동형, 정보제공형 등으로 분류하였다.

일반적으로, Passive Prosumer는 아마추어로서 돈이나 그에 상응하는 보상을 바라지 않고 프로슈밍을 하는 부류로 대부분의 프로슈머가 여기에 해당된다. 주로 전업주부, 자원봉사자, DIY형 소비자, 동호회 활동가 등이 있다(손은주, 2013).

Proteur Prosumer는 준전문가 수준을 뜻하는 프로추어 소비자를 뜻하는데 이전에는 순수한 아마추어가 만든 UCC나 콘텐츠가 인기를 끌었다면 앞으로는 준전문가급 고수들이 제작한 콘텐츠가 주목 받고 있다(손은주, 2013).

Active Prosumer는 특정 기업과 고용, 또는 금전적인 관계를 맺고 신제품 개발에 필요한 의견을 제공하는 형태로 동아리와 모니터 활동에 중점을 둔다. 일반적으로 20~30대의 참여율이 높고 제품 및 서비스를 소비하고 정보를 생산하여 공유하는 역할을 담당한다.

Professional Prosumer는 기존 기업과 직접 경쟁하는 양상을 보인다. 기존 시장에서 유통되는 제품이나 서비스, 기술을 시장화하는 것으로 전문가 못지않은 실력을 갖춘 소비자들이 시장에 참여하는 것이다. 대표적으로 음반, 영화 시장, 소프트웨어와 전화 산업은 경쟁구도를 흔들 만큼 큰 충격을 가져왔다(손은주, 2013). 근간에는 SNS를 활용한 크리에이터의 역할 확대가 더욱 많은 변화를 초래하고 있다.

백혜란, 이기춘(2008)은 프로슈머라는 개념이 신상품 개발이나 개발에 직접 참여하는 생산자적인 성격을 가진 소비자라는 단편적인 개념뿐 아니라, 소비생활 전반에 걸쳐 일어나는 제 활동들을 포함하는 개념이라고 설명하며 그 생산의 대상이 정보, 재화나 서비스, 여론 혹은 자연환경이건 참여를 통해 얻은 생산물 그 자체를 소비하는 현재 소비자의 형태로 볼 수 있을 것이라고 밝히고 있다.

오창호(2004, 재인용)는 디지털시대를 기반으로 하여 나타난 신프로슈머를 기존의 프로슈머와 구분하여 정리했는데, 여기에서 신프로슈머는 이전의 프로슈머보다 더욱 적극적인 모습으로 나타난다고 하였다. 이들은 기존 프로슈머에 비해 서로 정보를 공유하고 발전시켜 나가는 과정 자체를 중요시하고 그것으로부터 만족을 얻는다고 말하였다(손은주, 2013).

이외에 프로슈머에 대해 정의한 학자로 Bill(2011)은 프로슈머를 생산자가 소비자 마음속에 자연스럽게 융화되어 '이익을 추구하는 생산자'라는 기능을 초월하는 것을 의미한다고 하였고, 소비자가 제품에 대한 아이디어를 제안하고 생산자가 타당성을 평가함으로써 신상품을 개발하는 개념이라고 정의하였으며(손은주,

2013), Tapscott & Williams(2006)는 단순히 소비활동의 일부에만 참가하는 소극적 집단이 아닌 열정적으로 제품 창조활동에 참여하는 혁신적 집단이라고 정의하였다.

최근 소비자들 역시 정보통인 기술의 발달과 함께 참여의식이 높아짐에 따라 제품에 대한 지식을 창출하고 저장하며 배포하는 과정을 통해 정보를 공유함으로서 시장에서의 소비자 힘을 강화시키고 있음을 강조하였다(손은주, 2013).

그 밖에, 고객이 다양한 의견제시를 통해 생산에 참여, 프로슈머를 활용한 기업전략, 생산자와 수요자를 시스템화한 원가절감, 온라인상의 커뮤니티를 구축하여 구매 및 소비활동, 1인 미디어에서 프로슈머들의 정보원으로서의 특성에 관한 연구, 외식상품 개발에 따른 프로슈머 마케팅 전략 등에도 적용하고 있다(손은주, 2013).

3. 프로슈머의 다양한 유형의 예

1) 복합어로서의 예

복합어로서의 확대된 예는 다음과 같다.

표 3-1 복합어로서의 예

크리슈머	• 크리슈머는 창조(creative)와 소비자(consumer)의 합성어로 소비자들의 실제 경험을 바탕으로 제품개발과 마케팅에 반영 ☞ 기업의 홈페이지와 소비자의 블로그가 결합된 형태의 '홈로그' 운영을 통해 블로그 방문자가 다양한 정보를 홈로그에서 공유하고 아이디어 제공
리뷰슈머	• 리뷰슈머는 리뷰(review)와 소비자(consumer)의 합성어로 자신의 관심을 갖는 제품에 대한 정보를 남들보다 빨리 수집하고 사용하려는 얼리어답터인 동시에 소비는 물론 제품 개발과 유통과정까지 참여하는 프로슈머
리서슈머	• 리서슈머는 연구자(researcher)와 소비자(consumer)의 합성어로 무엇인가를 연구하고 탐색하는 전문가적 소비자 ☞ 해당 제품이나 서비스에 대한 정확한 현상과 사실을 고찰하여 소비자에게 분석 결과를 제공

*출처: 민병수 외(2013), SW 프로슈머 및 커뮤니티 활용 촉진방안 연구, 정보통신산업진흥원.

2) 역할에 따른 프로슈머의 유형

역할에 따른 프로슈머의 유형은 다음과 같다.

표 3-2 역할에 따른 프로슈머의 유형

소비자형 프로슈머	생산자형 프로슈머	유통자형 프로슈머
소비자가 소비를 할 때마다 포인트를 적립하여 캐쉬백으로 돌려받아 소비자의 실질 소득을 증가시키는 소비활동을 수행하는 프로슈머	소비자이자 고객의 신분으로 기업의 생산과정에 직접 참여하여 맡은 바 역할을 수행하고 그에 상응하는 보수를 받는 프로슈머	유통과정에 참여하여 주어진 역할을 수행하고 그에 상응하는 보상을 받는 프로슈머

*출처: 한윤원(2011), 프로슈머 마케팅 활용을 위한 고객 모니터 및 패널 제도 운영 전략에 관한 연구, 서울시립대학교 경영대학원 석사학위논문.

3) 기업과의 밀착 정도에 따른 프로슈머의 유형

기업과의 밀착 정도를 기준으로 국내 프로슈머는 신제품 개발 참가형과 정보공유형, DIY형으로 분류 가능하며 현재의 프로슈머 마케팅은 신제품 개발 참가형에 초점을 두고 있다(한윤원, 2011).

정보제공자 혹은 똑똑한 소비자들은 생산자에게 영향력을 가진다. 디지털 오피니언리더(Digital Opinion Leader)의 경우 커뮤니케이션 이론 중 폴 라자스필드와 엘리후 카츠(Paul Lazarsfeld and Elihu Katz)에 의해 정립된 2단계 가설의 오피니언리더(Opinion Leader)에서 차용한 용어다(손은주, 2013).

즉, 소비자가 정보와 지식을 습득하는 과정에서 우월한 지식과 경험을 가진 사람의 의견이 중요한 길잡이가 된다는 의미다. 디지털 정보 또한 이러한 오피니언리더의 역할에 의해 최종 수용자에게 도달한다. 따라서 소비와 관련된 정보와 의견을 생산하고 수용자에게 직접적인 영향력을 미치기 때문에 프로슈머로 볼 수 있다(손은주, 2013).

얼리어답터의 경우, 신제품을 먼저 사용해 이를 평가하고 주변인에게 정보를 제공하는 사람을 말하는데 얼리어답터의 개념은 애버릿 로저스(Avertitt Rogers)

가 1957년 그의 저서 『혁신확산(Diffusion of Innovation)』에서 새로운 제품을 채택하는 소비자의 행동 양식을 그룹화하여 설명하면서 처음으로 사용하였다(손은주, 2013).

첫째, 이노베이터(Innovators)는 소비자 전체의 2.5% 정도로 대단히 도전적인 사람들이다. 모험을 즐기며, 신제품을 먼저 받아들이는 것을 즐긴다. 가격이나 외부평가에 무관심하며, 대부분 경제적으로 풍요롭고 관련 지식이 많다(허경옥 외, 2006).

둘째, 얼리어답터(Early Adopters)는 소비자 전체의 13.5% 정도로 진취적 기질을 가진 현실론자로서 주변 사람의 구매행동에 많은 영향을 미친다. 한마디로 오피니언리더이다.

셋째, 얼리매조리티(Early Majority)는 소비자 전체의 34% 정도로 신중하고 전체 소비자 평균보다 조금 빨리 신제품을 받아들인다. 모험심은 적지만, 유행에 뒤지는 편은 아니다.

넷째, 레이트매조리티(Late Majority)는 소비자 전체의 34% 정도로 의심이 많고 보수적 행동을 취한다. 환경 변화에 경계를 늦추지 않고, 신제품을 소비자의 반 이상이 받아들이기 전까지 구매하지 않는다(허경옥 외, 2006).

다섯째, 레거드(Laggards)는 소비자 전체의 16% 정도로 전통적인 사고의 소유자로, 혁신이나 새로운 사물, 사고를 완강히 거부한다.

특히 얼리어답터는 소비시장의 거대한 트렌드를 형성하며, 재빠르게 새로운 기기에 적응하면서 정착하지도 않고 끊임없는 모험의 세계로 떠난다. 이러한 디지털 노마드는 신용카드 시장의 확대, 패스트푸드와 테이크아웃 음식점의 확산, 휴대전화 판매량의 급증과 부가 서비스 이용 증가, 내비게이션 등 다양한 정보를 빠르게 제공하고 사회시스템의 영향도 크다고 볼 수 있다(허경옥 외, 2006).

이들은 관심 상품의 출시 날짜에 맞추어 선예약을 하거나 구매하고 상품의 기능을 상세히 살펴 사용한 후 인터넷을 통해 정보를 제공한다. 이러한 정보는 인터넷의 특징상 빠르게 전파되어 소비자에게 직접적인 영향을 미치기 때문에 기업은 이들의 의견에 관심을 갖는다. 따라서 이들의 의견이 생산이나 서비스에 직접적인 개입을 하게 되는 점에서 프로슈머 범주에 포함되었다(손은주, 2013).

4. 기업의 프로슈머 효과

프로슈머는 기업과 소비자의 중간 사이에 위치하여 기업의 입장과 소비자의 입장을 연결시켜주는 연결고리 역할을 하고 있다고 할 수 있다(한윤원, 2011). 기업에서는 기업의 입장과 소비자의 입장을 복합적으로 갖고 있는 프로슈머를 기업의 협력자로 인식하고, 프로슈머를 기업의 경영 활동에 적극적으로 이용한다면 기업의 상품 및 서비스 개선, 소비자 의견 수집, 새로운 상품 및 서비스 개발에 많은 도움을 얻을 수 있다고 할 수 있다(손은주, 2013). 프로슈머를 잘 활용하면 다음과 같은 효과를 기대할 수 있다(한윤원, 2011).

첫째, 고객 만족도를 높일 수 있다. 소비자가 상품 개발 등 마케팅 과정에 직접 참여함으로써 그들의 요구사항을 반영한 맞춤 상품을 공급할 수 있기 때문이다. 비록 상품 개발에 반영되지 않더라도 소비자는 의견 제시만으로도 충분히 만족감을 느낄 수 있다.

둘째, 정보 수집 및 마케팅 비용을 절감할 수 있다. 신상품을 개발할 때 필요한 정보 수집 비용과 상품 설계 미숙으로 인한 마케팅 비용의 낭비를 피할 수 있다. 생산, 유통, 홍보, 광고 단계에서 소비자의 참여는 해당 활동의 마케팅 비용을 줄여준다.

셋째, 시장과 고객을 선점할 수 있다. 얼리어답터와 시장 숙지자 등의 핵심 고객을 확보하는 경우 이들로부터 시작되는 시장을 선점할 수 있고 구전 효과 등을 통해 시장에서 지위를 확보하기가 용이하다.

기업은 프로슈머에게 활동에 상응하는 보답을 해줌으로써 프로슈머들 스스로가 성취감을 갖고 기업이나 브랜드에 대한 로열티를 높이게 하였고, 결국 이들이 재구매를 하고, 재구매를 통해 매니아 소비층으로 부상하여 구전 홍보의 선봉장 역할을 하게 되는 선순환 구조를 만들었다.

기업은 고객 모니터 및 패널 제도의 운영을 통해 프로슈머 성향의 고객을 소비자의 니즈 파악의 채널, 차별화된 상품 개발을 위한 채널, 개발된 상품에 대한 평가 채널, 판매와 서비스 등 상품의 실제 유통 및 사용에 대한 평가 채널, 충성

고객, 평생고객으로서의 긍정적인 브랜드 홍보 채널로 이용함으로써 기업의 경쟁 우위 확보에 이용하고 있다고 할 수 있다.

과거부터 현재에 이르기까지 여러 기업에서는 고객 모니터 또는 고객 패널 형태로 프로슈머 집단을 운영하여 상품 개발 및 판촉 활동에 이들의 의견을 활용하고 있다(한윤원, 2011).

5. 프로슈머가 기업에 미치는 영향

1) 긍정적 효과

첫째, 기업이 프로슈머를 활용하면 전략적 안목 증진, 비용 효과성 제고, 사회적 인식 개선의 가능성에 영향을 미친다.

둘째, 연구개발 등을 위해 내부 전문가를 확충하고 추가로 아웃소싱 하는 데 필요한 재무부담 완화에 영향을 미친다.

셋째, 외부전문가나 전문가급의 대중을 신제품 아이디어 평가 및 선정에 참여하게 함으로써 제품 개발 및 출시의 리스크와 비용 절감에 영향을 미친다.

넷째, 대중의 관심 여부에 따라 수요의 변동 폭이 큰 제품/서비스를 프로슈머를 통해 시장을 정확히 예측에 영향을 미친다.

다섯째, 기업에 대한 긍정적인 이미지 확대로 인재 채용이 유리해지고, 소비자와의 분쟁 비용도 감소에 영향을 미친다(민병수 외, 2013).

2) 부정적 효과

기업에 이로운 역할 뿐 아니라 경쟁자로서 시장을 잠식하거나 브랜드 이미지에 심각한 타격을 입히는 등 부정적 측면이 존재한다. 프로슈머의 의견과 평가를 소홀히 한 제품은 결국 시장에서 외면당하는 결과를 초래하기도 한다(민병수 외, 2013).

진정으로 소비자, 기업은 시장의 중요한 구성요소이면서 시장에서의 궁극적인 가치를 함께 구현하는 동반자라고 볼 수 있다. 소비자 중심적인 생산이 중요하고, 기업 중심적인 성장과 발전이 상호작용 효과로 작용한다. 이에 소비자의 올바른 선택은 기업에게 진정한 성장의 모티브가 되므로 소비자는 기업으로부터 전문성, 신뢰성, 진정성을 바라는 것이다 .

잠깐!

근간에 적극적인 프로슈머의 의견과 평가를 소홀히 한 기업의 사례들 찾아봅시다.

생각해 볼 거리

시장의 역사를 살펴보면서, 시장이 왜 소비자중심적으로 변해가고, 프로슈머 같은 용어가 생겼는지 개인적인 의견을 얘기해 봅시다.

QUIZ

1. 프로슈머는 어떤 단어끼리의 합성어인가요?

1) Producer + Consumer

2) product + Consumer

3) Producer + Customer

4) product + Customer

답 1번

해설

앨빈 토플러는 "미래에는 생산자(Producer)와 소비자(Consumer)대신 프로슈머(Prosumer)가 등장할 것이다"라고 예측하였다.

2. 프로슈머가 기업에 미치는 긍정적 효과가 아닌 것은 무엇인가요?

1) 기업이 프로슈머를 활용하면 전략적 안목 증진, 비용 효과성 제고, 사회적 인식 개선이 가능

2) 연구개발 등을 위해 내부 전문가를 확충하고 추가로 아웃소싱 하는 데 필요한 재무부담 완화

3) 대중의 관심 여부에 따라 수요의 변동 폭이 큰 제품/서비스를 프로슈머를 통해 시장을 정확히 예측

4) 기업에 대한 긍정적인 이미지 확대로 인재 채용이 유리해지고, 소비자와의 분쟁 비용도 증가

답 4번

해설

프로슈머가 기업에 미치는 긍정적 효과는 1) 기업이 프로슈머를 활용하면 전략적 안목 증진, 비용 효과성 제고, 사회적 인식 개선이 가능하고, 2) 연구개발 등을 위해 내부 전문가를 확충하고 추가로 아웃소싱 하는 데 필요한 재무부담 완화, 3) 외부전문가나 전문가 급의 대중을 신제품 아이디어 평가 및 선정에 참여하게 함으로써 제품 개발 및 출시의 리스크와 비용 절감, 4) 대중의 관심 여부에 따라 수요의 변동 폭이 큰 제품/서비스를 프로슈머를 통해 시장을 정확히 예측, 5) 기업에 대한 긍정적인 이미지 확대로 인재 채용이 유리해지고, 소비자와의 분쟁 비용도 감소하는 데에 기여한다.

3. 에버릿 로저스는 다음과 같은 집단을 무엇이라고 했나요?

> "소비자 전체의 2.5% 정도로 대단히 도전적인 사람들이고, 모험을 즐기며, 신제품을 먼저 받아들이는 것을 즐긴다. 가격이나 외부평가에 무관심하며, 대부분 경제적으로 풍요롭고 관련 지식이 많은 집단이다."

1) 이노베이터

2) 얼리어답터

3) 레가드

4) 얼리매조리티

답 1번

해설

에버릿 로저스는 이노베이터(Innovators)를 "소비자 전체의 2.5% 정도로 대단히 도전적인 사람들이다. 모험을 즐기며, 신제품을 먼저 받아들이는 것을 즐긴다. 가격이나 외부평가에 무관심하며, 대부분 경제적으로 풍요롭고 관련 지식이 많다"라고 설명하고 있다.

CHAPTER

04

소비자와 상품, 그리고 서비스의 생산

본 장에서의 목표는 다음과 같다.

첫째, 상품과 서비스의 생산 결정을 이해한다.
둘째, 기업의 프로슈머 마케팅에 활용되는 프로슈머를 알아본다.
셋째, 소비자와 기업의 역할 변화 및 시장 변화를 이해한다.

주요 키워드는 상품과 서비스의 생산 결정, 기업의 프로슈머 마케팅에 활용되는 프로슈머, 소비자와 기업의 역할 변화, 시장 변화 등이다.

*그림: 강정민

동화, 당나귀와 바보 부자

아버지와 아들이 당나귀 한 마리를 끌고 길을 가고 있었어요.

그 옆을 지나가던 사람이 흘끔 쳐다보며 한마디 했어요.

"당나귀를 그냥 끌고 갈 게 아니라, 타고 가지!"

아버지는 좋은 생각이라며 아들을 얼른 나귀에 태웠어요.

그리고 어느 마을 앞을 지나게 되었습니다. 할아버지, 할머니들이 못마땅한 듯 말했습니다.

"쯧쯧, 아비는 당나귀를 끌고 아들은 타고 가다니..."

듣고 보니 옳은 말이었어요. 그래서 아들을 내리게 하고 아버지가 당나귀를 탔어요. 이번에는 빨래터 옆을 지나게 되었습니다. 동네 아낙들이 수군대는 소리가 들려왔어요.

"어쩌면! 어린 아들을 걷게 하다니..."

이 말도 옳은 말이라고 생각한 아버지는 아들을 다시 나귀에 태웠어요. 그랬더니 논에서 일을 하던 농부들이 손가락질을 하며 큰 소리로 말했습니다.

"말 못하는 짐승이라고 너무하는군."

같은 상황이라도 소비자에 따라 서로 다르게 생각합니다. 상품을 고를 때도 마찬가지이지요. 그래서 우리는 내가 사고자 하는 상품을 먼저 사용해 본 소비자의 구전효과에 신경을 씁니다. 그리고 광고나 판매원의 말 등 여러 가지의 소비자정보를 알아봅니다. 광고, 정보지, 경험자의 말 등 많은 소비자정보 중에서 객관적인 정보 활용이 중요함을 잘 인식해야겠지요?

소비자의 선택은 투명한 소비자정보가 근원이며, 소비자의 선택은 소비의 시작입니다. 소비자의 선택은 시장에 많은 영향력을 끼칩니다.

*출처: 김시월 외(2008), 동화로 소비를 배워요, 천재교육 참조.
김시월(2008), 학교에서의 소비자교육을 위한 교재개발 연구 용역(공정거래위원회), 건국대학교.

1. 상품과 서비스의 생산 결정

어떤 조직이든 반드시 새로운 제품과 서비스, 그리고 새롭게 변화된 무엇인가를 산출해 내어야 한다. 기업의 관점에서 신제품의 개발은 생존을 위한 필수적인 요소 중 하나이며, 이 과정은 소비자의 기호를 선제적으로 바꾸거나 달라지는 소비자 기호에 맞추는 등 기술적 진보를 상품에 반영함으로써 경쟁사와의 무한경쟁에서 핵심적인 강점으로 활용할 수 있다(홍종숙 외, 2014).

일반적으로 코틀러(Kotler)는 신제품 개발 프로세스를 다음과 같은 단계로 제안하였다. 아이디어 도출, 아이디어 선정, 제품 콘셉트 개발 및 수용도 탐색, 마케팅 전략 수립, 사업성 분석, 제품 개발, 테스트 마케팅, 상업화 등 8단계로 나누어 제안한 것이다.

혹자는 사전분석, 아이디어 도출 및 콘셉트 개발, 내부역량 분석, 상품 개발 및 마케팅 플랜 기획 등으로 나누고 있다. 구체적으로 살펴보면 다음과 같다.

그림 4-1 상품과 서비스의 생산 결정 단계

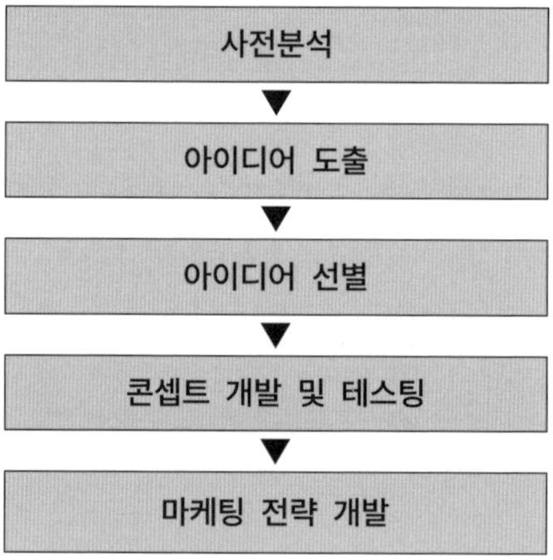

1) 사전분석

시장 내에서의 경쟁상황 및 산업의 추이 등 기업의 대내외 경영환경 분석, 소비자트렌드, 라이프스타일의 변화 등을 포괄하는 소비자분석으로 나눌 수 있다.

사전분석을 통해 알게 된 다양한 정보를 취합하여 분석한 다음에는 이를 근거로 아이디어 도출 및 콘셉트 개발과정을 시작한다.

2) 아이디어 도출

다양한 아이디어 도출, 도출된 여러 가지 아이디어 중에서 경쟁사 대비 차별화되고 소비자 기호를 자극할 만한 아이디어를 선택한다. 아이디어 도출은 소비자의 숨겨진 니즈 탐색, 기업 내부 혹은 전문가의 아이디어 도출, 브레인스토밍을 통한 방법의 다양화를 꾀하여야 한다.

3) 아이디어 선별

다양하게 도출된 아이디어는 아이디어 선별 단계를 거쳐 선정되고, 보다 상품의 콘셉트로 발전시킬 수 있는 형태로 정련화 되는 과정을 거친다.

구체적으로는 제품으로 상용화될 가능성, 소비자 관점에서 핵심편익, 부가편익으로 받아들일 가능성, 제품 개발비용 투입, 추기 비용, 마케팅 비용 등 재무적 투자 검사 등을 들수 있으며, 이때에 소비자모니터링, 소비자 평가단의 운영을 권장하고 있다.

4) 콘셉트 개발 및 테스팅

상품의 콘셉트는 상품 아이디어를 소비자들이 이해할 수 있는 의미 있는 글과 그림으로 보다 정교하게 표현한 것을 말한다. 이는 개발자의 관점이 아니라 소비자의 관점에서 매력적인 요인을 강조하고 차별화 할 수 있는 명확한 광고 홍보 활동과 커뮤니케이션 포인트로 활용할 수 있어야 하며, 이해가 쉽고 명확하며 그 아이디어가 의미하는 바를 정확히 전달할 수 있어야 한다(홍종숙 외, 2014).

시장수요의 관점에서, '소비자의 니즈를 충족시켜 줄 수 있는 특별한 가치를 제공하고 있는가?' 그리고 '다른 경쟁사에서 판매하거나 콘셉트화 하지 못한 차별화된 새로운 상품 콘셉트인가?' 등도 중요하며, 이를 통해서, 투자의사결정, 사업성, 기업의 이념이나 전략에 부합되는지 검토 등이 필요하다.

아울러 브랜드 콘셉트는 소비자 니즈를 충족시키고 차별화하는 상품 자체의 효용을 알기 쉽게 표현한 것에서 한 걸음 더 나아가 새롭게 만들어지는 상품을 소비하는 소비자에게 어떻게 심리적인 만족을 주고 신상품을 소비하는 행위 자체를 특별하게 만들어 줄 수 있는지에 대한 브랜드 퍼스널리티를 구성하고 연결시켜 주는 작업이라고 할 수 있다(홍종숙 외, 2014).

기업이 가지고 있는 브랜드 포트폴리오를 종합적으로 고려하여 브랜드 포지셔닝 맵을 작성해 보는 과정에서 상호 보완이 가능하다. 상품 콘셉트의 포지셔닝 맵은 상품 콘셉트의 소비자 니즈와 차별화된 편익을 중심으로 상대적인 위치를 그려보는 작업이다. 브랜드 포지셔닝 맵은 시장 내부 보유 브랜드 간의 상대적인 인식상의 위치를 그려보는 작업이다. 이러한 포지셔닝 맵을 통해 새롭게 개발하려는 상품의 차별화된 편익과 상대적인 위치를 명확히 할 수 있다(홍종숙 외, 2014).

잠깐!

예를 들면, 빅데이터를 통한 조사도 있습니다.
그 예로, 직장인들이 나른함을 느끼는 시간, 월요병은 월요일 몇 시일까요?
어떻게 조사할까요? 그리고 이 나른함을 이겨줄 스낵 개발은 무엇이 중요한가요?

그리고 콘셉트 도출을 위한 시장 세분화로는 상품 포지셔닝 맵 구성 등을 들 수 있다. 구체적인 상품 콘셉트의 개발과정(홍종숙 외, 2014)을 살펴보자.

① 아이디어 선별: 기업이 시장에 제공할 만한 아이디어 도출
② 상품 콘셉트 도출: 선별된 아이디어가 제공하는 편익을 소비자 언어로 표현한 명확한 효용의 정의, 제품 콘셉트의 포지셔닝 맵 작성 등을 통해 차별화 포인트 도출
③ 브랜드 콘셉트 전환: 차별화된 소비자 니즈를 표현한 상품 콘셉트를 브랜드 퍼스널리티와 연결

그리고 상품 콘셉트가 명확하게 정리가 되면, 소비자들에게 상품 콘셉트에 대한 반응을 테스트해 보는 상품 콘셉트 테스트의 과정을 거칠 필요가 있다.

- 매력점은 무엇인가?
- 보완할 점은 무엇인가?
- 시제품을 이용한 개선, 건의사항은 무엇인가?
- 수정 보완 사항은 무엇인가?

그리고 소비자 좌담회, 일대일 면접, 정성적 탐색, 정량적 접근 방법 등을 시의적절하게 고려할 수 있다.

5) 마케팅 전략 개발

사업성 분석과 소비자 중심적인 프로모션 개발이 중요하다. 특히 기업의 사회적 책임이 중요하던 시대를 지나, 공유가치창출적인 시대를 거쳐가고 있다. 따라서 소비자의 수요만 바라는 것이 아니라 소비자와 함께 시장의 가치를 공유하는 점을 중요시 여겨야 할 것이다. 앞에서 살펴본 프로슈머적인 소비자의 특성 또한 매우 중요하게 여겨야 한다. 따라서 이러한 예를 성공한 사례, 실패한 사례 등으로 면밀히 분석하며, 대상별 창의적인 개발이 필요하다.

특히 무엇보다 이러한 과정 중에서 소비자와 어떤 커뮤니케이션 방법을 사용할 것인가를 잘 고민해야 한다.

2. 기업의 프로슈머 마케팅

상품수명이 단축되고, 활발한 기술 융합으로 새로운 개념의 상품이 빈번하게 출시되고, 기업보다 더 똑똑해진 소비자들이 시장에서의 강력한 힘을 행사하고 있는 현대의 기업경영 환경에서 신상품 개발 및 상품 혁신에 있어서 내부 자원만을 이용한다는 것은 이제 한계에 다다랐으며, 적극적으로 외부자원, 특히 프로슈머(producer+consumer)적인 소비자 계층을 이용하는 것이 필요하게 되었다(한윤원, 2011).

사전적 의미로 소비자란 재화나 서비스의 구매자, 즉 제조업자나 도소매업체, 서비스 공급업체를 통해 상품이나 서비스를 구매하고 확보한 개인이나 단체를 말한다(한윤원, 2011).

소비자인 고객을 기업 입장에서 본다면, 다음 [표 4－1]과 같이 내부 소비자와 외부 소비자로 구분하여 정의할 수 있다. 모두 소비자란 의미에서는 공통점이 있다.

표 4-1 고객인 소비자의 정의

고객	정의
내부 소비자	최종 고객에게 상품 또는 서비스를 제공하기 위해 내가 한 일을 받아서 다음 작업을 수행하는 회사 내부의 구성원
외부 소비자	상품이나 서비스를 구매 · 사용하는 회사 외부의 고객

*출처: 한윤원(2011), 프로슈머 마케팅 활용을 위한 고객 모니터 및 패널 제도 운영 전략에 관한 연구, 서울시립대학교 경영대학원 석사학위논문.

오랜 역사를 자랑하는 기업에서 정의하는 소비자란 무엇인가? 역사 깊은 기업 P&G의 CEO는 “우리가 하는 사업과 업무의 궁극적 목적으로 소비자가 없다면 우리는 결코 존재할 수 없고, 고객이 우리에게 의존하는 것이 아니라 우리가 소비자에게 의존하는 것이고, 따라서 소비자는 우리에게 기회를 주는 사람으로 논쟁하거나 다투어서 이길 대상이 아니다”라고 하였다.

기업에서 프로슈머를 마케팅에 활용할 때는 소비자 중에서 특히, 기업의 상품 및 서비스를 이용한 경험이 있는(한윤원, 2011) 소비자를 대상으로 하는 경우가 대부분이다. 그 예를 들면 다음과 같다.

① 소비자 모니터

모니터란 어떤 기관이나 단체 또는 업체의 위촉을 받아 소비자나 사용자의 입장에서 위촉 주체가 행하는 일이나 작업 결과, 또는 특별히 위촉받은 사안에 대해 정기적으로 평가하고 그 의견을 제시하는 행위, 또는 그런 일에 종사하는 사람이다.

모니터가 주로 하는 일은 위촉 주체에서 생산하거나 시행한 성과물에 대한 평가와 불편하거나 미흡한 점에 대한 지적, 개선 아이디어, 경쟁사와의 장단점 비교 등이다. 모니터의 필요성과 중요성이 강조되는 이유는 소비자주권 시대를 맞아 소비자의 욕구와 취향을 수렴하지 않고는 경쟁에서 살아남을 수 없기 때문이다. 모니터는 해당 위촉 주체의 일이나 작업 결과만 평가하는 것이 아니라 경쟁 대상도 동시에 평가한다는 점에서 위촉 주체의 입장에서는 모니터가 소비자의 반응을 종합적으로 수렴할 수 있는 장치이다.

모니터는 대체로 파트 타임제로 일하기 때문에 한 사람이 여러 분야의 모니터를 겸할 수도 있다. 현재 다양한 모니터들이 여러 분야에서 활동을 하고 있다.

- 백화점의 상품이나 서비스를 평가하고 감시하는 백화점 모니터
- 언론의 편집이나 보도 기능의 잘잘못을 지적하는 언론 모니터
- 시정이나 정책에 대한 여론을 대변하는 시정 모니터
- 신상품이나 기존상품 등 각종 상품을 품평하는 상품 모니터

방송 프로그램의 질적 향상과 바람직한 방송 문화의 발전을 위해 프로그램의 내용과 진행 등을 일반 시청자의 입장에서 객관적으로 감시, 분석, 평가하여 의견을 제시하는 방송모니터 등도 있다(한윤원, 2011). 근간에는 더 다양하게 등장하고 있다.

② 소비자 패널

소비자 패널 제도는 마케팅조사 방법 중 패널 조사를 이용한 것이다. 패널조사(panel research)란 특정 조사 대상들을 선정해 놓고 반복적으로 조사를 실시하는 마케팅 조사 방식이다. 패널 조사의 장점은 다음과 같다.

첫째, 동일 샘플에서 동일 변수를 반복 측정함으로써 조사 대상의 변화를 추적하여 소비자 개개인의 행동 변화를 검증할 수 있으며 광고 · 포장 · 가격 · 유통과 같은 마케팅 변수와 소비자의 행동 변화를 연계하여 분석할 수 있다.

둘째, 패널구성원은 참여에 따른 보상을 받고 장기적으로 패널에 참여하므로 횡단조사에 비해 상대적으로 많은 정보를 획득할 수 있다.

셋째, 횡단조사의 정보보다 신뢰성 있는 정보를 얻을 수 있다는 것이라고 하였다.

단점은 운영을 잘못할 경우 대표성이 떨어진다는 점이다.

현재 기업에서 실시하고 있는 고객 패널 제도의 고객 패널은 기존 모니터와는 차별화를 두어 상품 및 서비스에 대한 단순 체험 평가와 단순 조사 활동이 아닌 상품 및 서비스에 대한 전문가 수준의 체험 평가, 다각적인 소비자 의견과 경쟁사 정보 수집, 전문성을 바탕으로 한 창조적인 아이디어 제안 활동을 지향하는 집단이라고 할 수 있다. 모니터와 패널을 같은 의미로 사용하고 있는 기업도 있지만, 일부 기업에서는 모니터와 패널에 비전문가와 전문가라는 구분되는 의미로 큰 차별성을 두어 사용하고 있다(한윤원, 2011).

③ 미스터리쇼퍼

미스터리쇼퍼(mystery shopper)란 고객을 가장해 기업의 매장에 방문하여 물리적 환경, 직원들의 서비스, 상품 지식 및 판매 기술 등을 평가하여 기업에 개선점을 제안하는 소비자를 말한다.

미스터리쇼퍼는 직접적으로 소비자의 평가를 파악하기 어려운 기업을 대신하여 기업의 매장에서 직원들의 소비자의 반응을 평가한다. 미스터리쇼퍼는 고객이 직원과 직접 대면하여 직원으로부터 서비스를 제공 받는 서비스산업 분야에서 주로 활용되고 있다. 호텔, 음식점, 판매 매장 등에서 매장 환경과 직원 서비스를 평가하는 데에 활용되고 있다(한윤원, 2011).

④ 고객 블로거

블로거(bloger)란 블로그(blog)를 소유해 관리하고 있는 사람을 말하는데, 기업에서 자사의 상품 및 서비스 홍보를 위해 블로거를 이용하는데, 이때 기업의 상품 및 서비스에 대한 내용과 사용 후기를 자신의 블로그에 올리는 소비자를 고객 블로거라고 한다.

마케팅 분야에서 고객 블로거를 활용하는 이유는 블로그 방문객에게도 홍보가 될 뿐만 아니라 인터넷 유저 및 블로거들의 소위 '퍼가기'라고 하는 스크랩(scrap) 활동을 통해서 전파 속도가 매우 빠르고, 상품 및 서비스를 이용한 후에 소비자가 올린 사용 후기, 평가, 활용 노하우가 다른 소비자에게 영향을 미치는 효과가 높기 때문이다(한윤원, 2011). 특히 근간에는 디지털 중심의 광고 등과 관련된 넓은 영향력이 SNS 등을 중심으로 광폭적인 속도로 증가하는 동향을 보면, 그 확대를 몸소 느낄 수 있다.

그러나 최근에는 이러한 확대성으로 인하여 보다 전문성, 객관성, 그리고 진정성이 요구되는 측면을 잘 고려하여야 한다.

⑤ 공모전 참가자

공모전의 사전적인 의미는 공개 모집한 작품의 전시회이다. 공모전은 처음에는 미술 공모를 통해 전시를 포함하는 것으로 사용되어왔으나, 이후 문학, 사진, 광고, 디자인, 마케팅 등 다양한 분야로 확대되면서 전시 유무를 떠나 현재 일반적으로 작품이나 아이디어를 공개적으로 모집하는 과정 자체를 가리키고 있다(한윤원, 2011). 기업에서는 소비자들의 아이디어를 경영에 반영하는 과정으로 상품 및 서비스 개발 공모전을 적극적으로 실시하고 있으며, 특히 대학생과 대학원생을 대상으로 하는 공모전이 매우 많이 실시되고 있다. 근간에는 패널자료를 활용한 데이터 분석과 관련된 공모전도 매우 증가하고 있으며 일반 시민 대상으로 정책 제언 및 다양한 공모가 증대하고 있다.

⑥ 베타테스터

베타테스트(beta test)란 회사가 상품 또는 서비스를 출시하기 이전에 고객의 만족도 평가 및 사업성을 평가하려는 목적으로 미리 사용자들에게 상품을 평가받기 위해 서비스를 공개하는 방법이다.

정식으로 상품 또는 서비스를 출시하기 전에 고객으로부터 미리 상품 또는 서비스를 평가를 받아 사업성이 없다고 판단될 때에는 곧바로 그에 대해 대처할 수 있다는 장점이 있어서 활용되고 있다.

베타테스트는 오픈 베타테스트(open beta test)와 클로즈 베타테스트(close beta test)로 나뉘는데, 오픈 베타테스트는 모두에게 공개하는 방법이며, 클로즈 베타테스트는 제한된 인원을 선정하여 행하는 공개하는 방법이다. 오픈 베타테스트는 회사에서 자체적으로 시행한 안정성 평가가 좋을 경우에 시행하는 것이며, 그리고 제한된 인원의 사용자가 행하는 클로즈 베타테스트일 경우 베타테스트를 하는 사용자들을 베타테스터라고 한다.

⑦ 얼리어답터

얼리어답터(early adopter)는 이르다는 의미의 '얼리(early)'와 받아들인다는 의미의 '어답터(adopter)'의 합성어로 남들보다 빨리 신상품을 사서 써보아야만 직성이 풀리는 소비자군을 일컫는 말이다.

얼리어답터가 늘어나면서 의미가 확대되어 상품이 출시될 때 남들보다 먼저 상품에 관한 정보를 접하고, 상품을 먼저 구입해 상품에 관한 평가를 내린 뒤 주변 사람들에게 상품의 특성을 알려주는 성향을 지닌 일련의 소비자군을 일컫는 말로 쓰이게 되었다고 하였다.

잠깐!

근간에는 디지털 중심으로, 특히 유튜브의 활용도가 증가하고 있으며, 소비자는 친밀성과 신뢰성, 전문성의 상관관계를 잘 고려하여야 합니다.

기업의 프로슈머 마케팅의 중심적인 수단으로 고객 모니터 및 패널제도가 활용되고 있다. 이러한 활용은 다음과 같은 효과를 가져온다.

첫째, 소비자만족도를 높일 수 있다. 소비자가 상품 개발 등 마케팅 과정에 직접 참여함으로써 그들의 요구사항을 반영한 맞춤 상품을 공급할 수 있기 때문이다. 그리고 비록 상품 개발에 반영되지 않더라도 소비자는 의견 제시만으로도 충분히 만족감을 느낄 수 있다.

둘째, 정보 수집 및 마케팅 비용 절감이 가능하다. 신상품을 개발할 때 필요한 정보 수집 비용과 상품 설계 미숙으로 인한 마케팅의 비용 낭비를 피할 수 있으며, 생산, 유통, 홍보, 광고 단계에서 소비자의 참여는 해당 마케팅 비용을 줄여준다.

셋째, 시장과 소비자를 선점할 수 있다. 얼리어답터와 시장 숙지자 등의 핵심 고객을 확보하는 경우 이들로부터 시작되는 시장을 선점할 수 있고, 입소문 효과 등을 통해 시장에서 지위를 확보하기가 용이하다(한윤원, 2011).

이처럼 소비자와 기업의 역할과 관계가 매우 가깝고 친밀하게 변화하였다.

3. 소비자와 기업의 역할 및 관계 변화

1) 소비자의 역할 변화

소비자의 역할은 더 이상 단순한 자신의 재화를 중심으로 상품과 서비스를 소비하는 객체가 아니라, 다양한 정보의 획득, 활용, 그리고 재가공 및 제공하는 주체로 변화하였고 또한 지속적으로 변화하고 있다.

바야흐로 오늘날 소비자주권 시대에는 소비자가 시장에서 기업의 성패를 결정하는 주권자로서, 합리적 선택을 하는 주체자로서 그 역할이 강조되고 있으나, 일부 소비자들이 제기하는 국부적인 불만 행동의 정당성에 대한 논란과 함께 소비자 권리 실현에 따른 소비자 책임과 역할이 재조명되고 있다(김영신 외, 2015).

시장의 변화에 따른 소비자의 역할은 소비자 자신의 선택이 기업경쟁력, 시장경쟁력, 환경, 에너지 소비, 지속가능한 소비, 윤리소비, 소비자의 사회적 책임

등에 중요한 영향을 어떻게 미치는지에 대해 충분히 알고 이를 실행하는 것이 중요하다(김영신 외, 2015). 즉, 사회적으로 책임 있는 선택을 하는 소비자로서의 책임과 의무, 소비자책무도 동시에 지니고 있다는 인식 제고를 통해 가능하다.

기업 측면에서는 소비자의 부적절한 행동에 대응하는 기존 접근방식의 변화가 필요하며, 자발적으로 소비자 지향성 경영을 추구하고 소비자문제 해결에 능동적으로 참여할 수 있는 시스템이 마련되어야 한다.

그리고 정부 측면에서는 소비자 정책의 방향을 사회적 책임을 다하는 소비자와 경쟁력 있는 기업의 선순환 관계를 강화하며, 소비자들이 책임 있는 소비자로의 역할 수행이 원활히 이루어질 수 있도록 정보제공, 교육 등에 중점을 두어야 한다(김영신 외, 2015).

이러한 점을 고려해 볼 때, 소비자 중심적인 기업의 인증 및 평가, 이용자 보호 중심적인 기업의 평가 등, 시장경제에서 소비자만족 증가와 소비자피해 감소를 위한 시스템 구비 등 소비자를 반영한 평가제도 및 시스템은 상당히 고무적인 측면이 있다(김영신 외, 2015). 예를 들면, CCM, 방송통신 이용자 중심의 기업 평가제도 등, 그리고 그 관련 법 등도 참고해 보자.

소비자 개개인의 행동은 전체 소비자의 복지, 문화, 그리고 후생과 관련이 있다. 이에 기업과 소비자 간 신뢰 관계를 약화시키거나, 선의의 소비자들이 도움을 받지 못하는 이른바 소비자에 의한 소비자피해라는 새로운 유형의 소비자 문제가 발생할 가능성도 존재하며, 사회비용 측면에서도 결국 다수의 소비자들이 비용을 분담하는 비용 구조로 갈 수 있다.

따라서 앞으로의 시대적 변화와 비교해 볼 때, 사회적 공유, 사회적 나눔, 소비자의 사회적 책임, 그리고 소비자의 적극적인 참여 등을 고려한다면, 소비자중심적인 시장을 위하여 다양한 평가, 규제, 지원 등이 고려되어야 할 것이며, 이와 아울러 소비자의 역량 강화가 요구된다(김영신 외, 2015).

이러한 관점에서 볼 때 개인 소비자의 단편적이고 부적절한 불만 행위, 혹은 감정노동자에 대한 불만 표출 등이 단기적으로는 자기 이익의 극대화를 가져온다 할지라도 비용 전가나 사회적 문제의 형태를 야기함으로서 결과적으로 전체 소비자복지, 후생을 감소시킬 수 있다.

이는 소비자의 비도덕적이고 역기능적 행태로 소비자 권리 실현의 일환으로 볼 수 없으며, 소비자의 책임과 의무 관점에서 윤리적 범주로 논의되어야 한다.

뿐만 아니라, 기업의 사회적 책임을 떠나, 소비자의 사회적 책임이 중요시되는 사회다. 소비자보호라는 관점에서 소비자의 자율적 주권 강화 및 역할의 강화를 동반한 소비자 참여가 증가한 이 시대에는 소비자 스스로 역량을 강화하기 위하여 노력하여야 한다(김영신 외, 2015).

바야흐로 소비자도 권리 추구에 앞서 소비자의 책임이 요구되는 사회다. 특히 소비자 정보 관련 자원은 기존 시장에서의 상품과 다른 점을 이해하여야 한다(김영신 외, 2015).

2) 생산자의 변화

일반적으로 생산자인 기업은 자본과 노동을 활용해서 상품 또는 서비스를 생산하는 조직체이다. 자본이란 생산에 사용되는 여러 가지 형태의 도구를 의미하며, 노동은 자연 상태의 물질을 인간 생활에 필요한 것으로 변화시키는 활동을 의미한다.

과거의 기업은 기업의 구성원인 내부 소비자, 기업이 생산하는 상품과 서비스를 구매 및 이용하는 내부 직원 이외의 외부 소비자에 대한 태도나 가치, 그리고 커뮤니케이션이 변화하였다(김영신 외, 2015).

즉, 과거에는 기업 중심의 일방적 정보제공 및 수여의 입장이었다면, 현대에는 상호작용적인 커뮤니케이션으로 변화하여 소비자를 생각하는 생산, 소비자중심적인 경영평가 시대로 도래하였다.

과거와 달리 현대에는 일반적인 노동 외에 능력과 지식이 축적된 노동도 매우 필요하다. 기업이 자본 확보를 위해 주식회사 형태로 등록하게 되면 많은 사람들이 이러한 기업에 투자하는 이유는 바로 생산자인 기업은 처음에 투자한 돈보다 훨씬 더 많은 수익을 안겨줄 거라는 희망 때문으로 보인다.

기업은 경영자와 노동자가 함께 기업의 원래 목표인 효율성을 추구하며 가능한 많은 이윤을 만들려고 한다. 시장에서는 소비자와 기업 모두 이득을 볼 수 있는 환경이 조성되어야 하며 특히 기업 간의 거래가 공정하게 이루어질 수 있도록 유지되어야 한다.

예컨대, 미국의 포춘지는 매년 '가장 존경받는 기업(The most admired Companies)'을 9가지의 속성에 기반하여 산업별로 순위를 정하고 있다(김영신 외, 2015).

그 내용에는 혁신성(Innovation), 인적관리(People management), 기업자산운용 효율성(Use of Corporate assets), 사회적 책임수행(Social responsibility), 경영품질(Quality of management), 재무의 건전성(Financial soundness), 장기투자 가능성(Long−term investment), 제품 및 서비스의 질(Quality of Products/services), 글로벌 경쟁력(Global competitiveness) 등을 기준으로 하고 있다.

이러한 측면을 깊이 들여다보면, 기업의 역할이 이윤추구도 중요하지만, 시장에서 생산자와 소비자와의 관계, 네트워크, 커뮤니케이션 등의 중요성을 의미한다. 또한, 그 내부에서 사회적 책임수행은 주로 상품과 서비스의 수요자인 소비자와의 관계를 더욱 중요하게 여기고 있기 때문이다.

기업은 자본과 노동을 활용하여 상품과 서비스를 생산하는 이윤추구의 효율적인 조직체이다. 자본이란 생산에 사용되는 여러 가지 형태의 도구이며 노동은 자연 상태의 물질을 인간이 필요한 것으로 만들어 내는 자원을 말한다. 기업이 성공하기 위해서는 시장에서 품질 좋은 물건을 싼 가격에 공급할 수 있어야 하며, 부단히 소비자와의 커뮤니케이션을 통해 호응과 선택을 받아야 한다.

따라서 기업은 지속적으로 노력해야 하며 경쟁 속에서 스스로 발전 및 성장해 나가야 하며, 다른 기업과의 경쟁에서 이겨 나갈 수 있는 가장 좋은 방법은 소비자의 만족(김영신 외, 2015). 혹은 불만족한 정보를 활용하여 기업이 나아갈 방향을 찾아내는 것이다.

3) 시장환경의 변화

과거 전통적인 개념의 마케팅은 '시장에서 교환을 통하여 인간의 필요와 욕구를 만족시켜 주며 기업의 생존과 성장이라는 목적으로 달성하는 것'으로 정의

되었고, 마케팅은 기업과 소비자가 각자의 욕구(한윤원, 2011)를 만족시킬 목적으로 시장에서 행하는 교환 활동으로만 제한되었다.

또한 기업의 관점에서 마케팅은 '기업이 경쟁 하에서 생존과 성장 목적을 달성하기 위하여 소비자를 만족시켜 주는 상품, 가격, 유통, 촉진 활동을 계획하고 실행하는 관리 과정'으로 정의되었다.

과거 마케팅의 정의들은 급변하는 시장 환경과 치열한 경쟁상황 속에서의 소비자인 고객의 중요성과 가치를 반영하는 데 미흡하였고, 고객을 단지 교환과 거래의 대상으로만 보았고, 마케팅의 초점을 고객이 아닌 경쟁사와의 경쟁에 집중하였다.

전통적인 마케팅의 개념은 고객의 필요가 변하지 않고 시장에서의 경쟁 상대가 적을 때에는 가능한 일이었지만, 소비자의 필요가 끊임없이 변하고, 새로운 필요가 계속해서 나타나며, 시장에서의 경쟁이 경쟁사와의 경쟁만이 아니라 경쟁의 범위가 국내에서 국제적으로, 오프라인에서 온라인으로 확대되어, 24시간 무한 경쟁화되고 있는 현실에서는 이러한 제한적인 관점에서의 마케팅의 정의는 더 이상 적합하지 않게 되었다.

이에 근간에는 '마케팅이란 조직과 이해관계자들에게 이익이 되는 방향으로 소비자 가치를 창출, 의사소통, 전달하고, 소비자와의 관계를 관리하는 조직기능이자 프로세스의 집합'으로 재정의하고 있다.

현대사회의 급변하는 환경은 기업생존을 위해 소비자의 중요성을 강조하게 되었고, 기업은 마케팅의 초점을 소비자가 원하는 가치를 이해하고 전달하는 소비자가치, Human value 창출에 맞추게 되었다.

또한 소비자의 현존하는 필요와 욕구를 이해하고, 새로운 필요와 욕구를 발굴하여 보다 적극적으로 대응함으로써 새로운 환경변화에 대처할 뿐만 아니라, 수익을 획득하고 나아가 시장에서의 경쟁우위를 점할 수 있게 되었다.

바야흐로 마케팅을 '재화나 서비스를 통해 소비자의 필요와 욕구를 충족시킬 수 있는 가치를 창출하고, 이를 소비자에게 효과적으로 전달하는 기능'으로 정의하게 되었다.

즉, 소비자에게 전달할 가치를 발견하고 창조하고 전달하는 프로세스, 그리고 이에 의하여 소비자로부터 가치를 수확하는 전사적 비즈니스 프로세스 활동 및 기능의 집합체라고 할 수 있다.

현대사회에서 마케팅은 기업 경영의 중심 활동이고, 마케팅 활동의 중심은 고객인 소비자이다. 소비자지향적인 마케팅 활동을 위해서는 다양한 소비자의 니즈와 원츠를 만족시킬 수 있는 가치를 창출하여 소비자에게 전달해야 하며, 소비자지향적 마케팅 활동에 프로슈머 성향의 소비자를 참여시키는 것은 마케팅 활동의 성과를 높이기 위해 필수적인 요소이다(한윤원, 2011).

4) 소비자와 기업의 관계 변화

우리의 삶은 소비의 연속이다. 태어나면서부터 끊임없이 기업이 공급하는 상품과 서비스에 대해서 계속하여 소비생활을 하고 있다.

소비자기본법 제2조 정의에서 "'소비자'라 함은 사업자가 제공하는 물품 또는 용역(시설물을 포함한다. 이하 같다)을 소비생활을 위하여 사용(이용을 포함한다. 이하 같다)하는 자 또는 생산활동을 위하여 사용하는 자로서 대통령령이 정하는 자를 말한다"고 규정하고 있다.

소비자기본법 제2장 소비자의 권리와 책무에서 제4조(소비자의 기본적 권리) 소비자는 다음 각 호의 기본적 권리를 가진다고 규정하고 있다.

1. 물품 또는 용역(이하 "물품등이라 한다)으로 인한 생명 · 신체 또는 재산에 대한 위해로부터 보호받을 권리
2. 물품등을 선택함에 있어서 필요한 지식 및 정보를 제공받을 권리
3. 물품등을 사용함에 있어서 거래상대방 · 구입장소 · 가격 및 거래조건 등을 자유로이 선택할 권리
4. 소비생활에 영향을 주는 국가 및 지방자치단체의 정책과 사업자의 사업활동 등에 대하여 의견을 반영시킬 권리
5. 물품등의 사용으로 인하여 입은 피해에 대하여 신속 · 공정한 절차에 따라 적절한 보상을 받을 권리
6. 합리적인 소비생활을 위하여 필요한 교육을 받을 권리

7. 소비자 스스로의 권익을 증진하기 위하여 단체를 조직하고 이를 통하여 활동할 수 있는 권리
8. 안전하고 쾌적한 소비생활 환경에서 소비할 권리

제5조(소비자의 책무)

① 소비자는 사업자 등과 더불어 자유시장경제를 구성하는 주체임을 인식하여 물품등을 올바르게 선택하고, 제4조의 규정에 따른 소비자의 기본적 권리를 정당하게 행사하여야 한다.

② 소비자는 스스로의 권익을 증진하기 위하여 필요한 지식과 정보를 습득하도록 노력하여야 한다.

③ 소비자는 자주적이고 합리적인 행동과 자원절약적이고 환경친화적인 소비생활을 함으로써 소비생활의 향상과 국민경제의 발전에 적극적인 역할을 다하여야 한다.

제19조(사업자의 책무)

① 사업자는 물품등으로 인하여 소비자에게 생명 · 신체 또는 재산에 대한 위해가 발생하지 아니하도록 필요한 조치를 강구하여야 한다.

② 사업자는 물품등을 공급함에 있어서 소비자의 합리적인 선택이나 이익을 침해할 우려가 있는 거래조건이나 거래방법을 사용하여서는 아니 된다.

③ 사업자는 소비자에게 물품등에 대한 정보를 성실하고 정확하게 제공하여야 한다.

④ 사업자는 소비자의 개인정보가 분실 · 도난 · 누출 · 변조 또는 훼손되지 아니하도록 그 개인정보를 성실하게 취급하여야 한다.

⑤ 사업자는 물품등의 하자로 인한 소비자의 불만이나 피해를 해결하거나 보상하여야 하며, 채무불이행 등으로 인한 소비자의 손해를 배상하여야 한다.

이에 소비자의 의미적인 역할을 살펴보면 다음과 같다.

첫째, 소비자는 획득자로서 어떠한 원천으로부터 어떻게 얼마나 많은 소득을 획득할 것인가 하는 문제를 해결해야 한다.

둘째, 소비자는 배분자로서 획득한 자원을 어떤 목표로 어떻게 효율적으로 배분할 것인가 하는 문제를 풀어나가야 한다.

셋째, 소비자는 구매행동자로서 어떤 재화와 서비스를 어떻게 얼마나 선택하고 구매할 것인지를 결정할 수 있어야 한다.

넷째, 소비자는 사용자로서 구매한 재화와 서비스를 어떻게 하면 가장 효율적으로 사용할 것인가의 문제를 해결해야 한다.

다섯째, 소비자는 처분자로서 사용에 따른 환경오염을 줄이고 지속가능소비로 이어질 수 있도록 책임 있는 행동을 해야 한다.

여섯째, 소비자는 기업과 정부에 대한 영향자로서 소비자의 구매의사결정이 기업의 생산활동에 영향을 미치며 또한 정부의 경제정책 수립에도 간접적으로 영향력을 발휘할 수 있게 되었다.

일곱째, 소비자는 민주시민으로서 건전한 소비의식과 단체행동을 통해 바람직한 소비문화를 형성할 수 있어야 한다.

현대사회에서 소비자는 이제 단순히 상품이나 서비스를 구매하여 사용하는 수준을 벗어나 기업과 사회에서 발생하는 전 분야의 중심에 적극적으로 개입하여 경제활동과 사회활동의 중심자적인 역할을 하는 개념으로 변화되었다(한윤원, 2011). 기업은 소비자의 참여를 적극적으로 수용하여 소비자중심적인 경영 활동을 하는데 반영해야 한다.

대부분의 정보가 기업의 주도하에 일방적으로 제공되던 시대를 지나 새로운 기술과 그로 인한 다양한 매체의 등장, 무한한 정보를 제공하는 멀티채널을 통해 소비자들은 자유롭게 정보를 교환하면서 이제 기업활동에 수동적인 구매자에 국한되지 않고 주도적인 역할을 수행하게 되었다(손은주, 2013).

기술의 발달로 인해 수요를 앞서는 공급의 증대, 인터넷의 발달로 인한 정보에 대한 접근성의 증대와 이로 인한 소비자의 지식 증가, 교육 수준 및 소득 수준 향상, 소비 선택 대안의 증가, 인터넷 커뮤니티를 통한 소비자조직의 대형화는 소비자에게 많은 변화를 야기했다(한윤원, 2011).

Prahalad et al.(2000)은 소비자는 과거의 수동적 역할자에서 적극적 참여자로 바뀌었고, 기업과 소비자의 적극적인 대화를 통한 다중적 접근과 커뮤니케이션으로 가치를 함께 강조하는 코-크리에이터(co-creator)로 발전하였다고 하였다. 이것이 바로 프로슈머라고 볼 수 있다.

생각해 볼 거리

최근에 소비자가 기업의 제품생산에 의견을 반영하여, 과거 아날로그 시대의 상품을 재생산하게 하거나, 기업의 제품에 부수적으로 딸려 나오던 것(예. 빨대 등)을 없애거나 한 사례를 찾아봅시다.

QUIZ

1. 우리나라 소비자기본법에서 명시하는 소비자의 8대 권리에 속하지 않는 것은 무엇인가요?

1) 안전할 권리
2) 정보를 제공할 권리
3) 의견을 반영할 권리
4) 적절한 보상을 받을 권리

답 2번

해설

소비자기본법 제2장 소비자의 권리와 책무에서 제4조(소비자의 기본적 권리) 소비자는 다음 각 호의 기본적 권리를 가진다고 규정하고 있다.

1. 물품 또는 용역(이하 "물품등"이라 한다)으로 인한 생명·신체 또는 재산에 대한 위해로부터 보호받을 권리
2. 물품등을 선택함에 있어서 필요한 지식 및 정보를 제공받을 권리
3. 물품등을 사용함에 있어서 거래상대방·구입장소·가격 및 거래조건 등을 자유로이 선택할 권리
4. 소비생활에 영향을 주는 국가 및 지방자치단체의 정책과 사업자의 사업활동 등에 대하여 의견을 반영시킬 권리
5. 물품등의 사용으로 인하여 입은 피해에 대하여 신속·공정한 절차에 따라 적절한 보상을 받을 권리
6. 합리적인 소비생활을 위하여 필요한 교육을 받을 권리
7. 소비자 스스로의 권익을 증진하기 위하여 단체를 조직하고 이를 통하여 활동할 수 있는 권리
8. 안전하고 쾌적한 소비생활 환경에서 소비할 권리

2. 일반적인 소비자의 역할에 속하지 않는 것은 무엇인가요?

1) 획득자

2) 배분자

3) 처분자

4) 생산자

답 4번

해설

소비자의 역할을 살펴보면,

첫째, 소비자는 획득자로서 어떠한 원천으로부터 어떻게 얼마나 많은 소득을 획득할 것인가 하는 문제를 해결해야 한다.

둘째, 소비자는 배분자로서 획득한 자원을 어떤 목표로 어떻게 효율적으로 배분할 것인가 하는 문제를 풀어나가야 한다.

셋째, 소비자는 구매행동자로서 어떤 재화와 서비스를 어떻게 얼마나 선택하고 구매할 것인지를 결정할 수 있어야 한다.

넷째, 소비자는 사용자로서 구매한 재화와 서비스를 어떻게 하면 가장 효율적으로 사용할 것인가의 문제를 해결해야 한다.

다섯째, 소비자는 처분자로서 사용에 따른 환경오염을 줄이고 지속가능소비로 이어질 수 있도록 책임 있는 행동을 해야 한다.

여섯째, 소비자는 기업과 정부에 대한 영향자로서 소비자의 구매의사결정이 기업의 생산활동에 영향을 미치며 또한 정부의 경제정책 수립에도 간접적으로 영향력을 발휘할 수 있게 된다.

일곱째, 소비자는 민주시민으로서 건전한 소비의식과 단체행동을 통해 바람직한 소비문화를 형성할 수 있어야 한다.

3. 포춘지의 가장 존경받는 기업의 항목에 포함하지 않는 항목은 무엇인가요?

1) 혁신성

2) 장기투자 가능성

3) 사회적 책임

4) 제품과 서비스의 양

답 4번

해설

미국의 포춘지는 매년 '가장 존경받는 기업(The most admired Companies)'을 9가지의 속성에 기반하여 산업별로 순위를 정하고 있는데, 그 내용에는 혁신성(Innovation), 인적관리(People management), 기업자산운용 효율성(Use of Corporate assets), 사회적 책임수행(Social responsibility), 경영품질(Quality of management), 재무의 건전성(Financial soundness), 장기투자 가능성(Long-term investment), 제품 및 서비스의 질(Quality of Products/services), 글로벌 경쟁력(Global competitive-ness) 등이 포함된다.

PART 02

소비자심리와 소비시장

Chapter 05

소비자심리와 상품의 수명주기

Chapter 06

소비시장, 소비자정책의 변화

Chapter 07

소비문화와 소비자심리

CHAPTER

05

소비자심리와 상품의 수명주기

본 장에서는 소비자심리와 상품의 수명주기에 대해 이야기한다.
주요 학습 목표는 다음과 같다.

첫째, 소비자의 욕구 관련 이론과 다양한 접근을 알아본다.
둘째, 상품수명주기를 살펴본다.
셋째, 상품수명주기 단축의 원인을 이해한다.
넷째, 상품수명주기 단축의 문제점을 알아본다.
다섯째, 신제품과 계획적 진부화를 살펴본다.

주요 키워드는 소비자의 욕구 관련 이론과 접근, 상품수명주기, 상품수명주기 단축의 원인, 상품수명주기 단축의 문제점, 그리고 신제품과 계획적 진부화를 들 수 있다.

*그림: 강정민

동화, 신데렐라

어머니가 돌아가신 후 신데렐라는 집안의 힘든 일을 맡아 하며 계모와 언니들에게 구박을 받고 살았어요.

어느 날 왕자가 무도회를 열자, 계모와 두 딸은 예쁜 드레스를 맞춰 입고 무도회에 갔어요. 신데렐라도 너무 가고 싶었지만 허름한 차림이라 갈 수 없었어요. 신데렐라가 울고 있을 때 선녀가 나타나 지팡이로 호박을 두드려 마차를 만들고, 생쥐를 말로, 쥐를 마부로, 도마뱀을 하인으로 변신시키고, 신데렐라의 지저분한 옷도 아름다운 드레스로 바꿔 놓았어요. 신데렐라는 기쁜 마음으로 무도회에 갈 수 있었어요.

하지만 신데렐라는 밤 12시 전에 집에 돌아와야만 했어요. 왜냐하면, 12시가 넘으면 선녀의 마술이 풀려 원래의 지저분한 옷을 입은 신데렐라의 모습으로 돌아가기 때문이에요. 신데렐라는 무도회에서 왕자와 춤을 추다가 12시를 알리는 종소리에 서둘러 집으로 돌아오다 유리 구두 한 짝이 벗겨졌어요.

왕자는 함께 춤추던 아름다운 아가씨를 찾기 위해 유리 구두가 맞는 처녀를 아내로 맞겠다고 했어요. 어느 누구의 발에도 맞지 않던 유리 구두는 신데렐라의 발에 딱 맞았어요. 신데렐라는 왕자와 결혼해 행복하게 살았답니다.

자, 유리로 만든 구두를 봅시다.

너무나 예쁘고 아름답지요? 특별한 날에 특별한 사람만 신는 것 같죠?

그런데 유리로 구두를 만들면,

잘 늘어나지 않고(신축성),

땀이 잘 스며들지도 않고(흡수성),

또 한번 깨지면 수선이 힘들어요(AS)...

그리고 유리로 구두를 만들면 힘차게 뛸 수 없고,

오래 걷기도 힘듭니다.

유리로 구두를 만드는 것에 대해 어떻게 생각하시나요?

많은 상품과 서비스는 효용성, 실효성, 기능성 등이 중요합니다.

*출처: 김시월 외(2008), 동화로 소비를 배워요, 천재교육 참조.
김시월(2008), 학교에서의 소비자교육을 위한 교재개발 연구 용역(공정거래위원회), 건국대학교.

1. 소비자의 욕구 관련 이론과 접근

1) 소비자의 욕구 이론

우선, 가장 기본적으로 Maslow의 욕구 이론을 들 수 있다. 그는 욕구를 첫째, 생리적 욕구, 둘째, 안전 욕구, 셋째, 사회적 욕구, 넷째, 자아 존중의 욕구, 다섯째, 자아실현의 욕구로 구분했다. 이는 단순히 물질적인 욕구뿐만 아니라 사회적이고 정신적인 소비자의 상품과 서비스의 선택 행동 등과 관련지을 수 있다.

또한, 수요와 공급 이론을 들 수 있다. 수요와 공급 이론은 시장경제에서 재화와 서비스의 가격과 거래량이 어떻게 결정되는지를 설명하는 가장 기본적인 전통경제학적 모델 중 하나이다. 이 이론은 시장이 작동하는 방식을 이해하는 데 핵심적인 역할을 하며, 경제활동의 근본적인 원리를 밝히는 데 기초가 된다.

수요는 소비자가 특정한 가격 수준에서 구입하고자 하는 재화와 서비스의 양을 말하며, 일반적으로는 가격과 역의 상관관계를 가진다. 가격이 하락하면 소비의 양이 증가하는 경향을 볼 수 있으며, 이것이 수요의 법칙이다.

그러나 소비심리, 소비문화 등의 요소로 절대적인 관계가 아닌 상황에 놓일 수도 있다. 예를 들어 소비자와 생산자가 항상 합리적으로 행동한다는 전제는 비현실적일 수 있고, 독점 시장이나 외부효과가 존재하는 경우 등에서는 시장이 반드시 효율적으로 작동하지 않을 수 있다.

그 외에 구조 갈등, 역할 이론, 그리고 기능주의 등을 들 수 있다.

2) 소비자에 대한 다양한 접근

소비자는 단순히 높은 수준의 소비를 통해 만족을 누리기보다는 '타인에 비해 얼마나 더 많은 소비를 할 수 있는가'에서 훨씬 더 큰 만족감을 누린다. 만족이라는 개념은 개개인의 기호와 선호에 따라 설정되는 자연스럽고도 자생적인 '욕구의 충족'이어야 마땅한 일이지만, 현실은 그렇지 않다. 개개인의 소비행위는 결국 타인들－즉, 사회구성원들로부터 나오는 자신에 대한 평가를 의식하고 또 사회문화의 영향을 받는다. 그런 이유로 소비는 그 자체가 그 시대의 사회를 반영하는 거울인 셈이다.

소비자는 개인적인 선호와 사회적인 평가 사이에서 끊임없이 갈등을 겪는 것은 물론, 특정 품목의 구입 여부를 두고 자신의 욕구충족방식을 다른 사람들이 어떻게 받아들일 것인가를 자문자답하는 가운데 복잡한 심리구조의 틀을 거쳐 '고독한 결정'을 내려야 한다. 그런 뜻에서 보자면 소비행위는 화폐 자원뿐만 아니라, 시간 자원까지도 함께 필요로 하는 '어려운 선택'인 것이다.

전통경제학에서는 경제활동의 최종목적이 소비이며, 소비는 궁극적으로 욕구의 충족을 가져오는 과정으로 풀이하였다. 이들 소비이론은 '물리적 효용의 극대화'와 '소비자 개개인의 합리적인 선택'을 전제로 하고 있다. 다시 말해 소비자를 합리적인 존재로, 또 소비욕구는 처음부터 주어지는 자생적인 요인으로 보는 오류를 범하고 있다고 할 수 있다.

이 정의를 확대해석하면 소비자는 재화나 서비스의 실제 소비를 통해 만족에 이를 수 있을지언정, 소비로 분류되지 않은 행위로는 근원적으로 욕구를 충족하거나 만족을 획득할 수 없다는 뜻으로도 풀이된다.

수요이론 역시 재화의 가격이 상승하면 소비자의 수요는 감소하는 것으로 간주 된다. 왜냐하면, 소비자는 소득의 많고 적음에 따라 소비를 조절하며, 소득범위 내에서만 소비행위가 이뤄지는 것으로 추정하고 있기 때문이다.

결국, 소비행위에 관한 이론은 수요-공급 간의 균형을 강조하는 신고전학파의 정신을 수용하여 수요이론이라는 일반적 원칙의 테두리 안에서 형성되고 발전되어 왔다고 볼 수 있다. 그것이 '표준적인 경제학적 사고'인 것이다.

이와 같은 사고는 분명히 소비자 개개인의 '사회심리적 만족'이나 '사회문화적 만족'의 동인에 대해서는 소홀히 하고 있음을 알 수 있다.

따라서 전통경제학의 입장은 소비자 개개인의 소득이 어떤 형태로든 소비에 영향을 미친다는 점에서만 일치할 뿐, 과시성, 충동성, 감성적 소비의 동인에 대해서는 이를 뒷받침할 만한 충분한 이론은 제시하지 못하고 있다고 할 수 있다.

잠깐!

소비자의 양면성을 생각해 봅시다.

- 군중화와 차별화
- 동질성과 차별성
- 호기심과 익숙함
- 이동성과 정착성
- 이성과 감성 추구

또 무엇이 있을까요?

3) 소비에 관한 심리적, 사회적, 문화적 접근

전통경제학이 설명하지 못한 개개인의 욕구 또는 충동을 야기시키는 구매동기에 관해서 우리는 '경제외적 관점에서의 접근'을 통해, 보다 명쾌한 해석과 답변을 구할 수 있다. 이를 '개인심리, 사회심리, 사회문화' 관점에서 설명이 가능할 것이다.

(1) 경제외적 접근의 중요성

이러한 경제외적 접근방법의 공통인식은 다음과 같다.

성숙한 경제사회에서 사람들은 단순히 상품 그 자체를 소비하는 것이 아니다. 다음과 같은 것들을 소비하는 것이다.

- 상품의 속성을 외관상으로 느낄 수 있는 제품설계와 디자인
- 그 상품을 사용할 때 느낄 수 있는 분위기, 아우라
- 상품에 부착된 브랜드 네임(상표)의 저명성
- 상품과 인적인 관계를 유지하고 상호소통하는 관계성
- 그 상품이 만들어 내는 기호와 같은 또 다른 특성

'무엇을 원하는가'는 근본적으로 개개인의 선호에 따른 문제이기도 하지만, 해를 거듭할수록 경제가 발전한 성숙사회에서는 성원 간의 상호의존성이 더욱 심화 되기 마련이다.

그래서 소비자는 자신의 선호를 중시하기보다, 다른 사람들이 어떻게 느끼는가에 따라 자신이 특정품목에 대해 느끼는 방식이 어떠해야 할 것인가를 영향받는다(오혜영, 2014; 한정란, 1998).

상품선택 시 그 상품의 기능적 성격에 의해 평가하는 전통경제학의 입장을 고수하지 않는다 하더라도 재화의 기본적인 희생으로부터 효용을 누릴 수 있어야 하건만, 정작 경제적으로 성숙한 사회를 살아가는 소비자의 행동은 그렇지가 않다. 따라서 우리는 작금의 시대를 바야흐로 기호 도구를 구입하는 시대라고 한다.

(2) 기호 도구를 구입하는 시대

오늘의 소비자는 '경제적인 합리성'이 아닌 자신의 개성표출에 적극적으로 도움이 되는 기호 도구를 구입하며, 일차적인 소비욕구를 뛰어넘어 자기표현을 위한 커뮤니케이션 수단을 구입한다고 할 수 있다.

그것은 달리 말해 소비자가 상품과 자신 사이에 만들어지는 기호나 관계, 즉 사회적으로 일정한 가치를 인정받고 있는 특정상품의 이미지나 상징성 이데올로기 또는 그 시대의 트렌드와 정신 등을 구입하게 되었다는 것이다(오혜영, 2014; 평사오쉬에, 2014).

그런 이유로 불특정 다수의 대중을 대상으로 하는 제품은 버티기 힘든 시대가 되면서 우리 주변에는 소비자의 감성에 호소하는 상품들이 갈수록 증가하고 있다. 소비자의 '심리적 · 사회적 · 문화적 효용성'을 충족시켜주는 경우에는 비싸도 잘 팔리지만, 그렇지 않으면 싸도 팔리지 않는다.

저가품은 슈퍼마켓에서도 할인판매 경쟁을 치러야 할 정도로 푸대접을 받지만, 고가품은 '주문생산, 소량판매, 한정판매' 등의 형식을 통해 고급품으로서의 명성과 가격을 높이고 있는 상황이다.

이와 같은 소비행태가 우리 사회에 보편적인 현상으로 자리 잡기 시작한 것은 지난 '1980년대 중반' 이후의 일이다. 경제가 성숙하지 못한 상황에서 사람들은 상품의 물성을 소비하지만, 경제적으로 한 단계 더 발전한 성숙사회에서는 물질적 소비에 의한 욕구충족이 아닌 '타인과의 차별화를 겨냥한 감성으로서의 기호'를 소비하는 일에 더 큰 관심을 갖게 된다는 것이다(오혜영, 2014; 한정란, 1998). 이는 소비자는 집단에 속하고자 하지만, 또한 그 속에서 차별성을 꾀한다는 것과도 같다.

이 같은 오늘날의 소비 현실은 '개인의 심리적 요인', '사회심리적 특성', '사회문화적 영향' 등으로 설명이 가능할 것이다.

(3) 개인 심리 차원의 접근

소비자는 생존, 그 자체를 위협받을 수 있는 기존 생계 차원을 넘어서면 타인들보다 우월하기를 바라는 심리에서 전적으로 개인적 동기에 의해, 그리고 원초적 본능과 2차적인 욕구에 따라 어느 정도의 낭비벽, 허영심을 발동한다. 이는 소비자의 과시 지향 소비 동인에 관한 초점이 '개인의 인성'에 맞추어져 있다고 볼 수 있다.

Marshall은 "소비를 통해 다른 사람과 차별화하고자 하는 심리는 요람에서 무덤까지 간다"고 하여 과시적 소비는 자기몰입, 자기도취적인 사람들에 의해 행해지며 사회적으로는 통제 불가능하다고 주장한다.

(4) 사회심리적 접근

소비자는 일단 충족을 획득하고 나면 '사회적 승인'을 얻기 위해 자신의 지위와 권위를 구축하고 확고히 할 필요성에서 이를 입증할 수 있는 상징을 획득하기 위해 행동한다.

Mason은 과시소비는 이처럼 사회적으로 형성된 후천적 욕구에 의해 그리고 개인의 축적된 부를 통해 타인의 인정을 받고자 하는 심리에서 유발되는 사회적 행동인 것이라고 하였다(오혜영, 2014; 한정란, 1998). 그는 경제적 효용성과는 구분되는, 물질적 소비에 내재된 '신분과시'라는 잠재적 기능을 소비의 사회적 가치로 주목을 시도하였다.

자본주의 발전으로 당초 개개인이 자신의 성공을 표현하기 위한 수단이었던 과시 지향의 소비가 근검절약을 덕목으로 하는 프로테스탄트의 윤리의 벽을 허물고 명성, 명예, 권위, 존경심을 획득하기 위한 합목적성을 띠고 '속물적 허영과 낭비'로 바뀌었다는 것이 그의 지론이다.

잠깐!

예를 들면, '파자마의 철학'을 살펴보고, 응용해 봅시다.

(5) 사회문화적 차원의 접근

"소비자가 실용성을 중시하기보다, 효용성과 동떨어진 소비에 집착하는 것은 오로지 '문화적 이유'에서 이다(Sahlins)"라는 설명도 있다. 문화라는 것은 특정 상품에 상징성을 부여함으로써 소비자가 그것을 선택하도록 유도하므로, 사람들은 상품구매 결정을 내리기까지는 그 상품이 소비문화가 규정하는 상징성을 지니고 있는가 아닌가에 전적으로 의존한다.

그런 의미에서 보면, 상품은 사회생활에서의 의미착상과 의사소통을 가능하게 해주는 물적 매체이고, 소비는 의미획득을 위한 적극적인 표현이며, 상품매매는 결국 '문화체계의 일부'일 수밖에 없다는 것이다.

그러할 경우에 소비자는 '문화라는 관점에서 설정된 의미'가 소비재를 통해 자신에게 전달된다는 관점을 받아들여, 사회문화가 요구하는 조건에 적극적으로 동참하기 위해 경제적으로 과시 지향의 소비에 가담하는 것이다(오혜영, 2014; 한정란, 1998). 결국, 부의 과시를 위해 개인적 지위 추구가 필요한 사람들이 만들어 가는 사회문화적 조건이 경제적 과시행위를 유발한다는 뜻이다.

소비는 결국 한 사회의 문화적 가치관과 제도 규범 등이 어떤 형태로든 제품의 속성, 생산방식, 사용방식과 관련되어 욕구충족형태로 나타나는 사회문화적 행위이기도 하다. 따라서 한 시대의 소비성향이 개개인이 속해 있는 사회의 가치 체계와 규범에 의해 결정된다는 점에 비추어 사회적인 비난을 걱정하지 않아도 될 정도로 사회적 여건이 성숙될 경우에 과시소비는 더욱 가속화될 것임을 알 수 있다.

잠깐!

예를 들어, Marshall의 소비차별화, Mason의 타인의 인정욕구 소비(과시소비), Sahlins의 소비문화 등을 알아봅시다.

4) 소비 관련 용어

- 과시 소비: 자신의 사회적 지위를 과시하기 위한 소비로 베블린 효과로도 볼 수 있다. 또한 과소비, 모방소비로도 볼 수 있다.
- 스놉 효과(Snob effect): 다른 사람들이 구매하기 어려운 제품에 대해 구매동기가 발생한다. 이는 백로효과로도 볼 수 있다.
- 밴드웨건 효과(Bandwagon): 소비하는 사람이 많아질수록 수요도 증가하는 것으로, 타인의 사용 여부에 따라 구매 의도가 변화하는 현상으로 편승효과로 볼 수 있다.
- 윤리적 소비: 자신보다는 공동체를 생각하는 소비로, 착한 소비라고도 볼 수 있다. 소비자의 이타적, 호혜적 소비단계는 구매, 구매+기부, 기부, 이타적 소비 등으로 단계를 볼 수 있다.
- 다운 시프트(Downshift): 적은 임금이라도 스트레스가 적고 시간적 여유가 있으며, 마음에 드는 일로 전환하는 경향으로(LG경제연구원, 2005), 지속가능소비, 로하스 등의 개념과 연결할 수 있다.
- 크리스탈리즘(Crystalism): 재무와 회계의 투명성뿐만 아니라, 제조와 유통 등 소비자들에게 제반 기업활동을 투명하게 공개하여 소비자의 알 권리, 선택할 권리, 안전할 권리, 의견을 반영할 권리 등을 충족시키려는 경향으로 볼 수 있다(LG경제연구원, 2005).

- 디지털 코쿠닝(Digital Cocooning): 안락한 보금자리에 안주하면서 화려한 엔터테인먼트를 즐기려는 경향을 들 수 있다.
- 컬덕(Cult-duct): 단순한 물리적 생산품이 아니라, 문화를 상품에 반영하여 제공하는 현상으로 문화적 융합 상품에 대한 경향을 들 수 있다.
- 데카르트(Tech-art): 감성과 예술적 요소를 강조한 신드롬으로 기술과 예술을 합성한 신조어로 첨단 가전제품에 소비자들의 오감을 만족시킬 수 있는 디자인과 기능성을 구현하는 경향을 들 수 있다.

이러한 소비 관련 용어는 무수한 시대를 거치면서 변화하고 있으며, 그 시대를 반영한 우리 소비자의 얼굴이다.

잠깐!

예를 들어, 또 근간의 소비 관련 용어로는 무엇이 있는지 알아봅시다.

2. 상품수명주기

한 제품이 시장에 소개되어서 철수될 때까지의 생애를 상품수명주기(product life cycle)라고 한다. 최근 들어 상품의 수명주기가 계속 짧아지고 있다. 이는 신기술의 변화와 시장의 변화가 매우 빠른 속도로 변화하고 있다는 것이다.

이렇게 제품의 수명이 짧아짐으로써 소요되는 신제품 개발 비용은 고스란히 소비자에게 전가되어, 소비자는 기존제품보다 더 비싼 가격의 신제품을 구입하게 되거나 기업의 판매 전략에 구분하여 기능이 퇴화되지 않은 내구재를 신제품으로 교환하게 될 가능성이 증가하게 된다.

사실 기업의 관점에서도 상품수명주기가 짧은 것이 그리 반가운 현상만은 아니다. 기업은 시장에 제품을 출시한 후, 제품이 가능하면 오랜 기간 동안 소비자에게 선택되기를 원한다. 그러나 소비자 관련 요인, 기술적 요인, 경쟁 요인 등으로 인해 신제품을 기대한 방향으로 변화하지 않을 수도 있다.

그렇다면 상품수명주기는 어떠한 단계를 거치며 이를 단축시키는 요인은 어떤 것들일까? 이에 대해 구체적으로 살펴보자.

1) 상품수명주기단계

상품수명주기는 일반적으로 도입기, 성장기, 성숙기, 쇠퇴기의 4단계로 구분할 수 있다. 일반적으로 상품수명주기는 S자형을 가진다고 한다. 그러나 모든 형태가 S자형인 것은 아니다. 어떤 제품은 시장에 도입된 후 바로 사라지지만, 매우 오랫동안 성숙기에 머물러 있는 제품도 있다. 또 어떤 제품은 새로운 용도 혹은 사용자를 개발하거나 기존 고객의 소비량을 증대시킴으로써 제품수명이 계속 연장되기도 한다.

상품수명주기의 특징을 각 단계별로 살펴보면 다음과 같다.

① 도입기

도입기에는 신제품이 시장에 출시된 후 소비자들의 반응을 얻기까지 상당한 시간이 소요되므로 판매량이 매우 적다. 일반적으로 도입기의 상품가격은 높은데 이는 적은 생산량으로 인해 규모의 경제를 실현하지 못하고, 높은 제품 개발비용, 초기 시설 투자비용, 촉진 비용 등을 조기에 회수하고자 하기 때문이다.

그러나 보다 더 핵심적인 이유는 신제품의 초기 구매자들은 가격에 대해 비탄력적이어서 높은 가격을 개의치 않기 때문이다.

② 성장기

성장기에는 도입기에 수행한 판매촉진, 유통망 확산, 소비자들 사이의 구전효과 때문에 판매량이 급격히 증가되며, 이에 따라 제품원가가 급격하게 하락한다. 그리고 이 시기에 다른 기업들이 새로운 특징을 추가한 모방 제품을 가지고 시장에 진입하게 되며, 이에 따라 약간의 제품 개선과 다양화가 이루어진다.

③ 성숙기

성숙기는 그 제품을 사용할 의향이 있었던 소비자들은 대부분 제품을 수용한 상태이므로 판매성장률이 감소하게 된다.

이에 따라 성장기에 확대된 기업들의 과잉생산 능력으로 경쟁이 치열해진다. 이 시기에 기업들은 제품을 다양화하거나, 제품의 질을 개선하거나, 제품에 새로운 특징을 더하거나, 가격을 낮추어 경쟁에 대비한다. 따라서 소비자들은 개선된 제품을 저렴한 가격으로 구입할 기회를 갖게 된다.

그러나 제품 간에 실질적인 차이는 거의 없으며 주로 광고를 통해서 제품의 이미지나 조그만 특징을 부각시켜 제품을 차별화하고자 한다. 혹은 세일이나 경품 판매 등을 이용하여 타 상표로부터의 상표전환 또는 자기 상표에 대한 상표충성을 유도하고자 노력한다.

④ 쇠퇴기

쇠퇴기에는 소비자의 소비기호 변화와 대체품의 출현으로 판매량이 감소하기 시작한다. 이 단계에서 제품가격은 낮으나 기술혁신 등에 밀려 낙후된 제품으로 변화되는 경우가 많으므로 소비자들은 구매를 신중히 고려해야 한다.

예를 들면, 상품의 수명주기 단계에서, 소비자 관점에서 가격이 가장 비쌀 때는 언제인가? 소비자 관점에서 가격이 가장 쌀 때는 언제인가?

3. 상품수명주기 단축의 원인

상품수명주기 단축의 원인은 다음과 같다.

① 소비자 욕구

소비자의 욕구는 부단히 변한다. 좋아하던 제품도 어느 기간 사용하면 싫증을 느끼며, 단순히 어떤 제품이 새것이라는 이유로 그 제품을 선호하는 경향도 있다. 새것은 새로운 경험도 안겨 주지만, 이것을 구매하고 사용하는 사람에게 자랑스러운 느낌(pride)을 갖도록 하기 때문이다.

② 기술개발

기술개발을 바탕으로 소재, 기능, 스타일 등에서 보다 나은 제품이 출현하면 이 제품은 기존제품을 대체하는 결과를 가져온다. 그렇기 때문에 경쟁을 기술개발에 크게 의존하는 현대의 기업 분위기를 감안하면 제품수명이 단축되어 가는 이유는 자명하다.

③ 정치, 법률 및 기타 환경요인의 변화

각종 제도 또는 규제가 생기거나 혹은 없어짐으로써 상품수명주기가 단축될 수 있다. 예를 들어, 환경을 오염시키는 자동차 배기가스 규제가 강화됨으로써 자동차 부품의 수명주기가 단축될 수 있다.

④ 경쟁기업들의 활동

한 기업의 시장에서의 위치는 상대적이다. 즉, 한 기업의 경쟁적 위치와 제품 판매량은 경쟁기업의 제품과 마케팅 활동이 우수할수록 저조하기 마련이고, 나아가서는 제품의 수명을 단축시킬 가능성이 커진다. 따라서 기업 간의 경쟁이 치열할수록 경쟁기업들의 상품수명주기가 단축될 가능성은 더욱 커지며 이는 기업 간의 소모적 경쟁으로 귀결되기도 한다.

⑤ 기업의 마케팅 노력

기업은 판매량을 늘리기 위해 마케팅에 노력을 기울인다. 그러나 기업이 마케팅을 하는 데에는 많은 비용이 수반되며, 모든 제품에 대한 마케팅을 무한정 할 수도 없다. 따라서 신제품 초기에는 열심히 마케팅에 힘을 기울이던 제품도 어느 정도 인식도와 인기가 상승하면 마케팅 노력의 비중을 다른 제품으로 옮겨갈 수 있다. 기업 마케팅 노력의 질과 양은 상품의 수명을 좌우한다.

4. 상품수명주기 단축의 문제점

상품수명주기의 단축이 기술개발을 바탕으로 소재, 기능, 스타일 등에서 보다 나은 제품이 출현했기 때문일 경우, 이는 곧 소비자 생활 수준의 향상을 의미하며 더 나아가서 기술 발전으로 인한 경제의 능률과 효율을 높이는 결과를 가져온다.

그러나 이 경우에도 문제는 있다. 즉, 기존제품의 수명이 얼마 되지 않을 경우, 소비자는 이 제품의 기능 수행에 아무런 문제가 없는데도 불구하고 신제품을 구입하고자 하는 욕망에 휩싸일 것이고, 기업은 신제품을 위한 마케팅 활동에 거대한 비용을 지불해야 할 것이며 이는 궁극적으로 소비자에게 모두 전가될 것이다.

상품수명주기의 단축으로 인한 문제점은 어떤 것이 있을까?

첫째, 소비를 촉진시켜 소비자의 경제적 부담이 늘어나며, 신제품 개발과 관련하여 생산설비, 판매촉진 비용, 유통망 확산비용 등 기업의 비용부담이 증가하는데 이는 고스란히 소비자에게 전가된다. 또한, 소비의 증가와 기업의 생산 활동 증가로 인해 자원의 소모 및 낭비가 심화되고 생활 쓰레기 및 산업폐기물을 증가시켜 환경에 악영향을 가져온다.

둘째, 소비자 의사결정의 어려움이 가중된다. 제품수명주기가 짧아 시장에 계속 신제품이 출시될 경우에 소비자가 알아야 할 소비자 정보량이 증가하고, 기존제품과 신제품 등 수많은 모델과 상표 중 선택해야 하는 어려움에 처하게 된다.

셋째, 소비자문제 발생의 가능성이 높다. 예를 들어, 기존제품이 단종 되었을 경우 이를 수리하고자 할 때 부품 구입이 어려워지거나 불가능해지는 경우도 있으며, AS를 비롯한 다양한 소비자문제를 초래할 수 있다. 또한 상품의 성능 테스트가 완벽하게 끝나지 않은 채 신제품을 판매하는 경우도 있고, 또 여러 차례 시험을 거쳐 신제품을 내놓는다 하더라도 미처 발견하지 못한 제품 결함이 여기저기 튀어나오는 것이 상례이기 때문에 소비자문제 발생 가능성이 크다고 볼 수 있다.

잠깐!

계획된 진부화의 예로, 몇 십년 된 구식 선풍기보다 최근에 판매되는 선풍기의 재질이 오히려 더 약한 경우를 많이 볼 수 있는데 이를 통하여 자재에 의한 계획된 진부화를 확인할 수 있습니다. 우리나라 세탁기, 냉장고, 자동차, 그리고 휴대폰 등의 평균 수명을 살펴보면 알 수 있지 않을까요? 다른 나라와 비교해 볼까요?

5. 신제품과 계획적 진부화

상품수명주기가 다한 제품을 대체하기 위해 기업들은 신제품을 개발한다.

신제품의 개발은 단순한 외형의 변화일 수 있지만, 제품의 실질적인 개선일 때가 많으며, 이는 곧 소비자 생활 수준의 향상을 의미한다. 또한 신제품은 대부분 기술의 소산이며 신제품 개발 경쟁은 곧 기술의 발전을 낳고, 이는 곧 경제의 능률과 효율을 높이는 결과를 가져온다.

그러나 이런 긍정적인 측면과 달리 기업들은 제품차별화 전략의 일환으로 신제품을 개발하게 되는데, 제품의 실질적 개선에 의한 차별화가 아닐 경우 이는 소비자의 불필요한 구매를 유도하고 국가적으로는 지원을 낭비하는 결과를 초래하게 된다.

또한 신제품을 구입한 사람과 구입할 능력이 없는 사람 간에 계층의식을 조장할 가능성 또한 내재되어 있다. 기업들은 특히 내구소비재의 경우 계획된 진부화(planned obsolescence)를 시도하는 경우가 많다(김외숙, 2018; 오혜영, 2014).

계획된 진부화란 의도적으로 제품의 물리적 수명 자체를 단축시키거나, 아니면 소비자로 하여금 물리적 수명이 다하기 전에 새로운 제품으로 교체하도록 유도하는 사용수명 단축 전략이라고 볼 수 있다.

그 구체적인 방법으로는 파손되기 쉬운 자재나 부품으로 제품을 만들어 물리적 수명 자체를 단축시키는 '자재에 의한 계획된 진부화', 제품의 스타일을 자주 바꾸어 시존 제품과 신제품을 구별되도록 만들어 구매하도록 유도하는 '기능에 의한 계획된 진부화'가 있다.

계획된 진부화를 성공시키기 위하여 기업들은 신제품을 계속 개발하고자 하며, 이는 현대 기업의 당위로 굳어져 가고 있을 뿐만 아니라, 신제품 개발을 게을리 하거나 추진할 능력이 없는 기업은 그 존립이 어렵게 되어가고 있다.

이러한 모든 것이 소비자의 역량을 강화하게끔 의도하고 있고, 그러므로 소비자의 선택이 잘 활용되어야 한다. 오늘날 소비자는 더 이상 보호받는 존재가 아니라 책임이 있고, 자립하는 소비자이어야 한다. 특히 초연결성과 연결된 근간의 기술변화는 상품의 생산주기를 빠르게 거듭나게 하고 있으므로 소비자는 투명한 정보제공에 귀를 기울이고 스스로 역량을 강화해야 한다.

이는 부단한 소비자의 몫이지만, 정부의 선행적인 소비 관련 정책 준비와 꾸준한 집행 및 감시, 그리고 생산자나 판매자도 소비자와의 부단한 커뮤니케이션이 필요한 이유라고 볼 수 있다.

생각해 볼 거리

근간에 소비한 제품 중에서, 이성적으로 정보수집 및 다양한 것을 고려하였지만, 구매 선택의 순간에 감성적으로 변화되어 의도치 않게 선택했던 경험이 있었나요? 만약에 있었다면 어떤 교훈을 얻었나요?

QUIZ

1. 상품의 수명주기의 순서가 맞는 것은 무엇일까요?

1) 도입기-성장기-성숙기-쇠퇴기
2) 도입기-성숙기-성장기-쇠퇴기
3) 성장기-성숙기-도입기-쇠퇴기
4) 성숙기-성장기-도입기 쇠퇴기

답 1번

해설

상품의 수명주기는 도입기 · 성장기 · 성숙기 · 쇠퇴기의 순서이다.

2. 상품수명주기의 단축으로 인한 문제점에 해당되지 않는 것은?

1) 소비를 촉진시켜 소비자의 경제적 부담이 늘어나는 면이 있다.
2) 소비자 의사결정의 어려움이 가중된다.
3) 소비자문제 발생의 가능성이 높다.
4) 소비자의 의사결정은 더욱 쉬워진다.

답 4번

해설

상품수명주기의 단축으로 인한 문제점에 해당되는 것은? 첫째, 소비를 촉진시켜 소비자의 경제적 부담이 늘어나는 면, 둘째, 소비자 의사결정의 어려움이 가중되는 면, 그리고 소비자문제 발생의 가능성이 높은 것을 들 수 있다.

3. 과시적 소비와 동일한 개념에 속하는 것은 무엇일까요?

1) 베블린 효과

2) 벤드웨건 효과

3) 윤리적 소비

4) 지속가능한 소비

답 1번

해설

과시적 소비는 자신의 사회적 지위를 과시하기 위한 소비로 베블린 효과, 과소비, 모방 소비 등과 유사하다.

CHAPTER

06

소비시장,
소비자정책의 변화

본 장에서의 목표는 다음과 같다.

첫째, 소비시장, 소비자정책의 변화를 에세이를 통해서 살펴본다.
둘째, 새롭게 본인의 시각에서 에세이를 작성해 본다.
셋째, 에세이에서 발견한 키워드를 중심으로 과거, 현재, 미래의 변화와 발전을 예측해 본다.

주요 키워드는 소비시장, 소비자정책 변화, 미래의 변화, 국내외의 관련 법 제정의 계기 등을 들 수 있다.

@bean_noodle_in

*그림: 강정민

동화, 헨젤과 그레텔

오빠 헨젤과 여동생 그레텔은 아버지와 함께 가난하지만 행복하게 살았어요. 그런데 아버지가 새어머니와 결혼한 후 집안에 분란이 잦았어요.

어느 날, 새어머니는 헨젤과 그레텔을 산속에 버리려고 했어요. 이를 미리 엿들은 헨젤과 그레텔은 돌멩이로 간 길을 표시하여 지혜롭게 집으로 돌아왔어요. 하지만 새어머니는 또다시 헨젤과 그레텔을 산속에 버리고 집으로 돌아갔어요. 헨젤과 그레텔은 급한 나머지 먹으려고 가져간 빵으로 길을 표시하여 집으로 돌아오려고 했어요. 하지만 새들이 빵을 모두 먹은 바람에 집으로 돌아갈 수가 없었어요. 헨젤과 그레텔은 숲속을 헤매다가 하얀 새를 만났어요.

"가엽기도 해라! 나를 따라오렴."

헨젤과 그레텔은 하얀 새를 따라갔어요. 그러자 눈앞에 사탕과 과자로 만들어진 신기한 집이 나타났어요. 헨젤과 그레텔은 너무나 배가 고파서 그 집의 여기저기를 뜯어 먹고 잠이 들었어요. 그때, 이상한 할머니가 나타났어요. 잠에서 깬 아이들은 할머니를 보고 깜짝 놀랐어요.

"얘들아, 난 나쁜 사람이 아니란다. 과자를 더 줄 테이니, 안으로 들어오렴."

그래서 헨젤과 그레텔은 할머니를 따라 집 안으로 들어갔어요.

헨젤과 그레텔이 산속에 버려져서 무척이나 배가 고팠겠지만, 그래도 어떤 면을 더 침착하게 살펴보았더라면 좋았을까요?

과자와 사탕으로 만든 집이 누구네 집인지 잘 살펴보아야 하지 않았을까요?

상품을 살 때도 열심히 살펴야 할 것들이 있습니다.

상품의 겉면에는 그 상품에 대한 여러 가지 정보가 나와 있습니다. 이런 것을 우리는 표시라고 합니다. 물론 광고도 잘 살펴야겠지요? 광고가 상품이나 서비스의 품질과는 연관성이 높지 않을 수 있습니다.

소비자의 선택은 매우 중요하며, 선택후의 책임도 소비자의 몫입니다.

*출처: 김시월 외(2008), 동화로 소비를 배워요, 천재교육 참조.
김시월(2008), 학교에서의 소비자교육을 위한 교재개발 연구 용역(공정거래위원회), 건국대학교.

1. 소비시장의 변화와 소비자교육

일반적으로 우리는 자본주의사회, 시민사회, 계급사회, 대중사회, 산업사회 등의 말을 자주 언급하고 사용하여왔다. 그 후 사회변화에 따라 탈공업사회, 정보사회, 지식사회, 관리사회, 성숙사회, 고령화 사회, 여가 사회 등의 다양한 용어도 사용하였다.

그러나 근간에는 아날로그 사회, 디지털 사회로 분화하면서 디지털 사회를 좀 더 심도 있게 세분화하기도 한다. 이는 사회 전체의 존재 방법의 변화가 소비시장의 주요 생성 변화와 관련이 있기 때문이다. 과거 갈브레이드는 1984년에 출간한 『풍요로운 사회(제4판)』의 서문에서 "소비가 문화적 기반 위에 존재한다는 것을 지금은 대부분의 경제학자들이 동의할 것이다. 좀 더 광범위하게 보는 사람은 소비자사회를 운운하고 있다. 이 단어는 본 저서가 처음 쓰였던 시기에는 일반적으로 사용되었던 것은 아니였다"고 지적하였다.

초기의 소비사회는 고도의 생산단계에 도달한 산업시스템에서 '물건＝상품' 체계의 확대와 소비자 욕구 흐름의 다양화 물결이 점차 일어나고 있는 상황이었다. 이러한 과잉 공급된 상품과 소비자의 욕구 확대로 상품의 기능적·감각적 의미를 초월하는 소비사회, 소비시장의 형성을 볼 수 있다. 특히 과잉적이고 낭비적인 소비는 소비자문제를 야기하고, 사회적 소비와 사적 소비의 불균형을 가져왔다고 지적받았다.

일반적으로 소비자문제를 해결하기 위한 소비자정책의 수단에는 소비자보호, 소비자교육, 소비자정보가 있다(Thoreli, 1983). 소비자보호란 소비자 스스로가 권리를 주장할 수 없을 때에 소비자권리를 보장하기 위해 필요한 법, 규제제도, 표준 가이드라인 등을 마련하는 것이며, 소비자교육은 소비자가 스스로 합리적이며 자유로운 선택을 할 수 있는 능력을 갖추기 위해 필요한 기본적인 기능, 지식, 태도를 제공하고 교육하는 것이다. 그리고 소비자정보는 시장에서 거래되는 개별 상품, 상표, 소비기한 등에 대한 자료들을 제공하는 것을 의미한다. 결국, 이러한 소비자정책은 시장 및 소비자의 특성에 따라 그 우선순위가 다르게 적용되는 것이 바람직하다고 할 수 있다(김시월, 2021).

Thorelli(1983)는 산업화된 국가에서 소비자정책 방향의 우선순위는 소비자정보, 소비자교육, 소비자보호의 순이라고 하였으며, 저개발 국가에서는 소비자보호, 소비자교육, 소비자정보의 순이라고 지적하였다(김시월, 2021; 유두련, 2010). 또한 산업화된 국가에서의 소비자보호 대상은 취약소비자, 일반소비자와 정보탐색자의 순으로, 소비자교육 대상은 일반소비자, 정보탐색자와 취약소비자, 그리고 소비자정보 대상은 정보탐색자, 일반소비자, 취약소비자의 순으로 우선순위가 달라져야 함을 지적하였다.

소비자교육은 소비자정보와 달리, 단순한 정보제공이 아니라 피드백을 통한 개선과 명확한 가이드라인 제공을 통한 커뮤니케이션의 효과로 인하여, 시간은 좀 걸리지만 보다 많은 효과를 볼 수 있다. 특히 기업에서의 소비자교육은 소비자와의 커뮤니케이션을 통한 기업이미지 강화 및 기업 선호와 충성고객 확보의 효과를 볼 수 있다. 이에 한국의 소비자보호법은 이미 2007년에 소비자기본법으로 개정하여 소비자 스스로 소비자 시민사회의 기초를 이루는 자립적인 주체로 소비자역량을 강화시키는 것으로 강조하고 있다(김시월, 2021; 유두련, 2010).

우리는 바야흐로 4차산업혁명의 시대에 들어섰다. 신기술과 신비즈니스의 변화는 소비자의 가치관에 영향을 미쳐 많은 변화에 적응, 기대하기도 하지만, 소비자 소외 등 양극화와 문제점이 있다(김시월, 2021). 이러한 의미에서 바야흐로 사전적, 적극적, 소비자중심의 소비자교육이 필요한 시기인 것이다. 그리고 무엇보다 코로나19 펜데믹과 같은 사회변화에서 중요한 요소인 Technology, Business, Human Value 등을 고려한다면, 다양한 외생변수의 다변화로 인하여 소비자 스스로 자립적이고 자생적인 역량 강화가 필요하고(김시월, 2021), 이를 위하여 소비자 스스로 보호받기보다는 스스로 교육에 참여하고 자각해야 하는 시기이다.

일반적으로 교육이란 모름지기 인간의 가치와 행동의 변화를 가져오는 거시적이고도 장기적인 계획, 목표, 실행, 효과검증, 피드백 등의 일련의 단계가 필요한 영역이다. 특히 소비자교육은 모든 소비자가 요람에서 무덤에 이르기까지 소비생활의 필수화란 측면에서 갖추어야 할 덕목일 뿐만 아니라, 경제적 관점에서 보면 지금까지의 생산중심 시장경제구조에서 소비중심으로의 전환을 맞이하면서 시장에서의 소비자 역할이 더욱 중요해졌기 때문이다(김시월, 2010).

시장에서 소비자 역할은 증대되었다. 과거 단순한 계획자, 구매자, 사용자, 처분자를 떠나서, 프로슈머적인 관점과 소비트렌드를 창출하는 선구자 관점에서 시장을 확대 및 축소도 할 수 있을 정도의 소비자주권 강화, 그리고 소비자가 주도하는 시장경제체제로의 전환이 눈에 띄고 있다. 이에 소비자 중심적인 소비자 교육은 더욱 중요해지고 있다(김시월, 2007, 2010).

소비자교육이라는 용어는 1924년 미국의 헨리 하랍 교수가 처음으로 사용하였다. 소비자교육의 대상은 유아부터 고령자에 이르기까지 모두이며 그 목적은 소비자가 인간답게 보다 풍요롭게 생활할 수 있는 능력을 갖게하는 데 있었다(김시월, 2021).

초기의 소비자교육은 미국을 중심으로 합리적인 자원배분 및 효용획득의 목적으로 시작되었으며, 개인이 소비자로서의 다양한 역할을 수행하기 위하여 필요로 하는 소비자 능력을 개발할 수 있도록 도와주는 것으로 정의하였다. 그리고 미국의 소비자교육위원회는 "소비자가 합리적이고 현명한 의사결정을 할 수 있도록 이해, 태도, 지식 등을 습득시켜 시장 참여는 물론 공적, 사적 자원의 사용을 포함한 상황 참여에 대한 준비를 시키는 노력"으로 정의하였다(김시월, 2021).

일반적으로 소비자교육은 올바른 소비가치관을 형성하고 자원을 효율적으로 관리 및 사용할 수 있는 능력을 키워 소비자로서의 역할을 잘 수행할 수 있도록 도와줄 뿐만 아니라, 미래의 소비환경이 소비자복지 지향적으로 조성되도록 소비자 주권의식을 높여 나가는 데에 필요하다(김시월, 2021). 또한, 소비자교육은 소비자 스스로 비합리적인 소비행태와 소비습관에서 벗어나 합리적이고도 자신과 사회의 소득수준에 맞는 건전한 소비문화를 형성해 나아가기 위해서 필요하다. 즉, 소비자는 소비생활의 질적 향상을 도모하기 위해 현명한 소비자로서의 역할을 수행할 수 있는 소비자능력을 갖추어야 한다. 이러한 소비자능력을 개발하고 양성하기 위해 필요한 것이 바로 소비자교육이다(송혜진, 2006).

따라서 소비자교육의 목표는 첫째, 소비자복지 지향적인 소비자주권 회복,

둘째, 합리적인 자산 활용 및 건전한 소비문화 형성, 셋째, 산업사회의 형성과정에서 파생된 소비자문제에 대처하기 위하여 등이다.

소비자교육에 대하여 시대적·역사적 맥락에서 살펴보면, 과거에는 금전관리와 구매 기능에 초점을 맞추어 왔으나, 1980년대에는 소비자의 합리적 의사결정을 위한 교육, 소비자 권리와 역할에 대한 교육을 포함하는 것으로 그 내용이 확대되었으며, 21세기에는 소비자의 소비생활을 통한 삶의 질 향상을 목표로 하고 있다(김시월, 2012).

소비자교육은 경제체제에서 약자인 소비자를 보호하고 개발의 가능성을 키우며 이성적인 행동을 학습할 수 있도록 도와주어, 소비자 스스로 책임있고 합리적인 선택을 하도록 하여 궁극적으로는 소비자주권의 실현이 가능하게 하는 중요한 수단이다(김시월, 2021). 이러한 의미에서 초기의 소비자교육은 소비자보호에 가까웠다고 볼 수 있으나, 점차 소비자 자립적인 측면에서의 지원과 기업과의 공유가치창출의 의미로 전환되고 있다고 볼 수 있다.

결국, 소비자교육의 궁극적인 목표는 시대에 따른 소비자의 합리적인 의사결정 향상을 통하여 소비자의 삶의 질 향상, 건전한 소비문화 형성, 그리고 소비자후생에 기여하여 소비자의 역량 강화 및 자립으로 볼 수 있다(김시월, 2021).

우리나라의 경우, 1987년부터 시행되던 소비자보호법이 2007년에 소비자기본법으로 바뀌었다. 여러 가지 목적 중에서 '종래 소비자보호 위주의 소비자정책에서 탈피하여 중장기 소비자정책의 수립, 소비자안전·교육의 강화 등으로 소비자권익을 증진함으로써 소비자의 주권을 강화하고, 시장환경의 변화에 맞게 한국소비자원의 관할 및 소비자정책에 대한 집행기능을 공정거래위원회로 이관하도록 하며, 소비자피해를 신속하고 효율적으로 구제하기 위하여 일괄적 집단분쟁조정 및 단체소송을 도입하여 소비자피해구제제도를 강화하는 등 현행 제도의 운영에서 나타난 일부 미비점을 개선·보완하려는 것'이었다(한국소비자원, 2007).

앞에서 언급하였듯이, 소비자교육은 일찍이 1920년대에 미국을 중심으로 Harap(1927)의 소비자교육 연구에서 시작되었으며, 1930년대, 1940년대에 더욱 관심이 증가하였고, 소비자교육의 절대적인 필요성을 강조한 1950년대를 거쳐 1960년대 후반부터 소비자교육 개념 정립의 필요성이 자각되었다고 했다(김시월, 2021). 이는 미국 사회에서 대량생산된 상품과 서비스의 일반화로 인한 기계화와 편의화가 소비생활에서 복리의 향상은 기여하였지만, 보다 많은 효율성을 높이기 위한 교육적 요구도 동반되었다고 볼 수 있다(김시월, 2010).

2. 소비시장과 소비자정책의 변화

우리나라의 소비자정책은 1980년 헌법에 국가의 소비자보호 기능이 명시되고 같은 해에 '소비자보호법'이 제정되면서 본격적으로 발전하기 시작하였다. 이후 1987년에 개정된 소비자보호법은 약관에 의한 거래 등 소비자를 위하여 필요한 시책을 국가가 강구하여야 한다고 교정하였고, 관련 법률을 제정하게 되었다. 소비자정책은 2006년 9월 27일 소비자보호법이 전면 개정되면서 크게 변화되었다. '소비자보호법'에서 '소비자기본법'으로 법 명칭을 변경하고, 소비자정책의 패러다임이 '소비자보호'에서 '소비자의 권익증진'으로 전환했음을 선포하였다.

전면 개정된 소비자기본법은 기존의 '소비자의 기본적 권리' 다음에 '소비자의 책무'를 신설하여 시장 경제주체로서 올바른 선택, 정당한 권리 행사, 합리적인 소비행동 등을 규정하였다. 이는 소비자의 합리적인 선택이 기업의 경쟁을 촉발하여 공정한 시장환경을 조성한다는 신념을 바탕으로 한 것으로, 국가가 소비자의 권리를 충분히 보장하되, 다른 한편으로는 소비자가 시장경제의 큰 축으로서 주체적인 역할을 다하게 한다는 소비자정책의 지향점을 잘 보여준다. 이러한 맥락에서 소비자기본법은 소비자의 능력향상을 위해 국가와 지자체에게 소비자교육, 프로그램 개발, 학교교육 평생교육과의 연계 시책 수립 등의 의무를 부과하였다.

2008년 2월 정부 조직개편과정에서 소비자정책 추진체계는 일원화되었으며, 2018년에는 소비자기본법 개정으로 소비자정책위원회 위원장을 국무총리로 격상하고, 소비자정책위원회 구성을 민간위원 중심으로 개편하였으며, 산하 실무위원회 직급을 상향하는 등 기능을 강화하였다(공정거래위원회, 2025). 가까운 일본의 경우는 1952년 생산성본부를 중심으로 상품생산 및 범람과 더불어 상품과 서비스의 올바른 활용 및 사용을 증진하기 위하여 시작되었고, 이 또한 고도의 대중소비사회를 맞아 경제 성장과 소비자문제에 소비자교육이 동반되었다(니시무라 다카오, 2002; 김시월, 2004)고 볼 수 있다. 또한 일본은 소비자청을 내각부 산하에 두고, 소비자교육추진에 관한 법률을 만들고, 로드맵을 구성하여 소비자교육에 대한 체계적인 정책을 실현하고 있다(김시월, 2024; 2021).

여기에서 중요한 것은 소비자보호에서 탈피하여 자립적인 소비자로서 소비자안전 및 소비자교육을 강화했으며, 또한 개인 소비자보다 집단적인 소비자의 협력을 지원하는 효율적인 피해구제 강화를 유도한 점이다(김시월, 2024; 2010).

사실, 소비자는 언제 어디서나, 거주 지역, 거주 시기와 무관하게 잘 갖추어진 소비자행정의 혜택을 받을 권리가 있으며, 중앙정부와 지자체는 이를 지원할 의무가 있다. 그럼에도 불구하고 지역 간의 극심한 불균형이 높아지며, 취약자(고령자, 장애인, 외국인 등)가 증가하고, 이로 인하여 인구이동이 편향적으로 증가하고 있는 것이 현실이다.

우리나라의 지방소비자행정은 '소비자기본법'과 '지방자치법'에 근거하며, 지방소비자행정은 소비자 측면에서는 소비자권리의 확장과 삶의 질을 증대시키고, 기업 측면에서는 소비자의 불만과 요구사항을 전달하고 소비자 위주의 경영방식을 권장하고, 궁극적으로는 기업의 경쟁력 향상과 지역경제의 활성화를 도모할 수 있다(김시월, 2024; 김시월, 이현진, 2018).

구체적으로 소비자행정은 소비자주권 보호를 달성하기 위한 구체적인 관리과정으로, 정책과 행정의 관계는 매우 중요하다. 모든 국민은 어디서나 삶의 영위를 위하여 소비자로서의 기본적인 권리를 지니고 있고 사회에 대한 책무가 있으므로, 지역소비자정책과 행정의 주체가 되고 있다(김시월, 2024; 김시월, 이현진, 2018). 이러한 소비자행정은 소비자정책, 소비자교육, 소비자상담 등이 대표적인 영역이다. 아울러, 소비자정책은 소비자의 권익 증진과 소비생활의 향상을 목적으로 하고, 정보제공 및 교육을 통해 소비자의 선택권을 확보하며, 소비자의 능력을 향상시키고, 소비생활의 합리화를 도모한다. 또한 시장에서 부당거래 행위와 위해한 물품 및 서비스를 규제하고, 소비자피해를 예방 및 구제하며, 소비자의 자주적 활동을 지원함으로써(강성진, 고형석, 2007) 소비자주권의 실현을 추구한다. 소비자교육은 효과 측면에서는 보다 많은 시간이 소요되지만 소비자문제의 사전적 예방을 구현하며, 소비자상담은 소비자문제의 사후해결을 도모한다.

참고로 공정거래위원회 소관 법령 중에서 특히 소비자와 관련된 법령은 소비자기본법, 약관법, 표시광고법, 할부거래법, 방문판매법, 전자상거래법 등이 있다.

근간 우리 사회는 초고령사회로의 진입 단축, 노인연령의 상향, 지방소멸 속도의 증가, 생산연령층 인구의 감소, 외국인 인구의 지역 유입 확대, 지역 일거리 감소 등 여러 가지 사회 환경변화가 예상되는 만큼, 이에 맞는 지방소비자행정 체계를 구축할 필요가 있음을 지적할 수 있다(김시월, 2024). 2026년으로 예측된 초고령화 사회로의 진입이 2025년으로 앞당겨졌고, 이미 지역별 초고령화 사회로 진입된 곳도 있으며, 지역의 배려가 필요한 취약소비자의 다양한 소비자문제로 인한 불만과 피해를 예방하고 해결하는 시스템이 필요하기 때문이다. 이와 관련하여, 지방소비자행정의 활성화를 위해 중앙정부 차원에서 정책과 재원 마련 등에 앞장선 일본의 사례가 참고될 수 있다. 구체적인 사항을 살펴보면 다음과 같다.

① 조직과 역할 차원에서의 변화와 지원, 그리고 연결: 정부의 소비자정책을 통합하고, 실효성 있는 소비자 중심의 지방소비자행정을 실행하기 위하여 횡적인 구조화가 필요하며, 주무 부처와 소비자정책위원회의 공조 및 의견 반영 체계의 연결이 필요하다.

② 목표와 내용에서의 재정립: 지방소비자행정의 명확한 방향과 목표가 필요하며, 지역의 특성을 반영한 지방소비자행정체제의 궁극적 목표 내용의 확립과 정비가 요구된다.

③ 평가의 확대와 지원의 변화: 객관적이고 타당한 평가의 확대가 요구된다. 지방자치단체 소비자행정 및 소비생활센터, 관련 단체 및 기관 평가를 확대해 지역의 자립과 활성화를 지속적으로 실현하도록 해야 한다.

④ 자립능력의 함양과 강화: 주기적인 평가는 물적자원의 확대화를 위한 노력뿐만 아니라, 궁극적으로는 자립적인 능력 함양을 도모한다. 그리고 연령별 인적자원의 확대를 도모하여, 지역 거주인의 관심도, 참여도, 만족도를 높이고 궁극적으로는 지방소비자행정의 실효성을 확보할 수 있다.

⑤ 지방소비자행정 네트워크 구축: 일원화 및 다변화할 수 있는 지방소비자행정, 정책, 교육, 상담은 근거리 지역별 · 목적별 지방소비자행정 네트워크의 구축이 필요하며, 이를 통해 보다 효과적이고 효율적이고 포용적인 소비자정책, 소비자교육, 소비자상담 등을 실행할 수 있다.

⑥ 협업과 단합, 그리고 융합의 확대: 관련 기관 간, 단체 간, 지역 간, 세대 간, 다양한 유형의 네트워크는 협업과 단합, 그리고 융합을 통해 소비자보호, 소비자자립의 근거가 될 것으로 보이며, 아울러 다양한 협업과 단합은 소비자보호, 소비자자립의 근간이 될 것이다.

⑦ 소비생활상담체계의 디지털화 대비: 소비생활상담은 지속적인 소비자지원체계이며, 상담의 수요가 증가하고, 상담 방법도 다양화를 요구하고 있으며, 아울러 상담 건수가 확대되고 있으므로 상담원의 규모를 고려하여 디지털화를 대비하여야 한다.

⑧ 소비생활상담원 지원 체계 및 조직화의 변화: 소비생활상담원 지원체계의 상향, 보수교육의 확대, 상담 후의 분석을 통한 기여도 확대 등이 고려되어야 하며 이러한 측면에서 기본적으로 자격증화를 고려할 필요가 있고 인력양성의 조직화가 요구된다.

⑨ 소비자교육의 방법과 내용의 변화: 소비자의 거주지와 관계없이 어디에서나 질 높은 소비생활을 지원할 수 있는 소비자교육이 선행되어야 하며, 기본

적으로는 통일된 교재를 중심으로 선제적인 소비자교육이 이루어지고, 지역적인 특성을 고려한 소비자교육이 요구된다.

⑩ 지방소비자행정 수요조사 및 만족도 조사: 지방소비자행정의 지역별 소비자 수요조사 및 만족도 조사의 정례화가 필요하며, 이러한 조사를 통해 새로운 소비자문제의 예측, 새로운 소비자정책 확립, 변화를 대비한 선행적 소비자교육, 그리고 사후 해결을 위한 대처가 요구된다(김시월, 2024).

잠깐!

다음의 경우를 알아봅시다.

- 미국의 랄프 네이더, 자동차 관련 법 계기
- 일본의 파리 통조림, 표시광고 관련 법 계기
- 한국의 소비자단체, 소비자보호법 계기
- 한국의 소비자보호법이 소비자기본법으로 바뀐 계기

다음의 소비자 에세이를 읽고 소비자 관련 정책, 법률 등의 변화를 함께 살펴보자.

잠깐!

에세이를 읽고 나만의 체크 리스트를 만들어 볼까요?
첫째, 키워드를 골라주세요.
둘째, 키워드를 중심으로 시대적 변화를 알아보세요.
셋째, 이러한 키워드가 앞으로 10년 후에는 어떻게 변화할지 상상해 보세요.
넷째, 현재의 생활에서 필요한 소비자정책, 제도 등을 제안해 보세요.

소비자 에세이

소비양은 어느 때보다 늦게 일어났다. 간밤에 개강파티를 하느라 친구들과 밤을 지새우고, 집으로 새벽에 왔음에도 불구하고 '미래소비사회와 상품' 강의를 들으러 학교에 갈 준비를 한다. 출석 체크가 빠른지라 알람을 연속적으로 켜 놓고 몇 번 눌러 가면서 겨우 일어났다. 최근 구매한 알람시계의 기능에 문제가 있어서 A/S 센터에 문의를 했지만 아무런 해결책을 제시해주지 못하였다. 그래서 이제는 알람이 주목적도 아닌 휴대폰으로 완벽하게 기상을 해결하고 있다.

소비양은 욕실로 들어가 샤워를 하면서 천연 샴푸, 린스, 트리트먼트, 에센스, 그리고 비누 등 모두 인체에 무해한 제품을 사용했다. 이것들은 K-컨슈머 리포트(미국은 Consumer Report임)에서 발표한 상품 비교 결과표 내용을 참고로 알뜰하게 구매한 것이다.

그런데 소비양 집 욕실은 윗집, 아랫집의 물 내리는 소리, 이 닦는 소리, 그리고 간혹 이웃집 부부간에 싸우는 소리까지 들린다. 층간소음으로 인한 고충 때문에 주민 대표가 개선을 요구했지만 아무런 조치가 취해지지 않아 분쟁조정으로까지 번지곤 한다.

샤워를 한 후에 소비양은 발암성 석면을 사용하지 않은 모발건조기로 머리를 말렸다. 하지만 정확한 품질 보증서가 없는 제품이라 사실인지는 확실치 않다. 그리고 정부에서 보증한 보습제를 바르고 옷을 입었다. 그 옷은 천연섬유로 만든 고급 옷으로 재료의 구성, 제조국, 세탁 시의 처리와 보관에 관한 표시가 상세하게 부착되어 있다. 하지만 그에 따라 세탁을 했음에도 세탁 후 옷이 좀 작아졌다.

부모님은 모두 출근하신 뒤이기 때문에, 혼자서라도 뭘 먹어야겠다고 생각한 소비양은 부엌으로 갔다. 일단 커피를 마시고자 열탕기에 물을 올리고, 냉장고로 갔다. 냉장고 밖에는 냉장고 안에 있는 음식이 디지털 계기판에 그림으로 나오면서 요리한 날짜, 보관 가능한 날짜, 처리권장 날짜 등이 열량과 더불어 나오고 있다. 냉장고 안에는 처리권장 날짜가 지난 음식이 많음에도 어머니는 오늘도 가족들을 위해 요리 후 냉장고에 음식을 또 넣어 두셨다. 이렇게 계속 냉장고에 아무도 먹지 않는 음식이 쌓이다 보면 엄청난 양의 음식물 쓰레기가 발생하여 환경파괴를 일으킬 것 같다.

간밤에 한잔하여 입맛이 없는 소비양은 씨리얼이나 한 그릇 먹기로 했다. 결국 열탕기에 올린 물은 무용지물이 되었고 애꿎은 전기만 소비하였다. 해서, 냉장고 디지털 계기판에 우유를 보니, 소비기간이 아직 많이 남아있고, 신선하기까지 하여 다행이었다. 씨리얼 봉지는 정부의 규정에 따라 상세한 성분, 영양가에 관한 정보, 열량도 표시도 되어있지만 글씨가 작아 읽기가 불편했을 뿐더러 구매할 때 타 상품과의 기준이 달라 비교 구매하기가 힘들었다.

소비양은 욕실로 들어가 잇몸에 도움이 되는 액정 양치약과 치약을 섞어서 진동칫솔로 양치를 한 후, 워터픽도 하는 것을 잊지 않았다. 그리고 방으로 가서, 세탁할 옷들과 수건을 분류해서 세탁 가방에 넣고, 세탁소에서 처리할 옷은 들고 나왔다.

이전에 비싼 무스탕을 세탁소에 맡겼으나, 세탁 후 옷이 줄어들고 문제가 생겨 생산자, 판매자, 세탁자, 소비자 간의 분쟁조정으로까지 간 그 세탁소가 생각났다. 그래서 요즈음은 상가에 새로 생긴 믿을 만한 세탁소로 바꿨으며, 한번 시도해 보았지만, 집으로 수거하러 오는 세탁서비스는 가격이 더 비쌌다. 이러한 정보를 소비양이 사전에 제공받지 못하였기 때문에 굉장히 당황스러웠다. 그러므로 이번에는 직접 들고 세탁소로 갔다. 인기가 많은지라, 벌써 많은 사람들이 줄을 서 있다. 순서를 기다려 옷을 맡긴 후, 선불로 지급하고 영수증을 받아들고 걸음을 학교로 향했다.

버스를 탄 소비양은 도도하게 이어폰을 귀에 꽂았다. 버스의 라디오에서는 광고 소리가 들려왔다. 라디오에서 흘러나오는 상업광고, 공익광고 등을 잘 구분할 수 있었다. 또한 상업광고는 어느 정도 과장적이고 상품의 질과는 상관관계가 없다는 것쯤은 알람시계의 경험을 통해 이미 잘 알고 있었다. 광고에 거짓이 포함되어서는 안 되고, 만약 그러하면 과징금 등 법적인 제약을 받는다는 것도 잘 알고 있지만 소비양의 알람시계의 경우를 보면 이는 잘 지켜지지 않고 있는 것 같다. 그리고 공익광고도 어떤 상품이나 서비스 품목은 광고해서는 안 된다는 것도 알고 있다. 난동을 부리는 승객(취객)으로부터 다른 승객의 안전을 지키기 위하여 칸막이가 있다는 것쯤은 당연히 알고 있다.

만약 일찍 일어나서 아빠 차를 얻어 탔다면, 안전벨트를 했겠지만 버스에는 안전벨트가 설치되어있지 않아서 위험한 것 같다. 또한 아빠 차는 사고가 나도 설탕처럼 부수어지지 않는 강화안전유리, 에어백 장착, 그리고 탄탄한 범퍼, 곳곳에 보호패드 등이 부착되어 있지만 버스의 경우에는 그러한 안전장치들이 구축되어있는지 잘 모르겠다. 서울시내 도로 곳곳에는 과속방지턱, 과속단속카메라, 불법주차감시 카메라 등이 즐비하지만 제대로 관리가 되지 않고, 고장이 난 것들도 있어서 제대로 역할을 하고 있는지가 의문이다. 이제는 신호등이 보행자들이 다 지나고 난 후까지도 유지되어 건널목에서 뛰는 사람들이 적어졌다.

학교 근처 버스정거장에 내려서 학교로 걸어오면서, 거리가 과거와 참 많이 바뀌었다는 것을 느꼈다. 주변 가게의 간판은 얼마 전 간판에 의한 사고 후, 주민들의 민원 덕분에 개선되어 이제는 보행자들의 머리에 무기가 될 정도의 돌출물이 없고, 또한 옥외광고물도 보행자들에게 장애가 되지 않는다.

그뿐만이 아니다. 옥외가격표시도 갖가지 방법으로 해서 어떤 것을 어느 정도의 가격으로 팔고 있다는 것을 보다 편리하게 안내하고 있다. 하지만 시각적으로 통일성도 없고 산만하여 또다시 민원이 들어가고 있다.

아직은 좀 쌀쌀한 초봄의 꽃샘추위이지만, 어떤 친구는 아직 롱패딩을 입고 있고, 어떤 친구는 롱부츠에 반팔 차림으로 와서 춥다며 계속 히터를 틀고 있고, 어떤 친구는 하늘하늘한 원피스 차림이다. 정말 개성시대다.

요즘에는 새롭게 성장하는 중고거래, 가성비를 중심으로 없는 게 없는 다이소, 구독경제, 다양한 상품과 편의점과의 콜라보레이션 등이 있고, 또한 성장의 한 시대를 누볐던 다양한 매체들도 있다.

소비양은 상상했다. 10년 후에는 우리의 삶(소비트렌드, 신상품, 신서비스, 소비자정책 등)이 어떻게 변화할까?

잠깐!

당근을 아시나요?

당근마켓 · 번개장터 등 플랫폼 직거래가 늘면서 사기 피해도 덩달아 증가한 것으로 나타났다. 늘어나는 중고 직거래 사기 피해로 전국 경찰청과 경찰서는 밀려드는 중고사기 피해로 거의 포화상태다. 한 경찰관은 "말 그대로 숨 쉴 틈이없다"며 "조직화한 중고사기도 많아 피해자가 다수이거나 피해 규모가 큰 사건을 우선 처리할 수밖에 없다. 그러면 소액 피해자들이 '왜 수사를 안 하느냐'고 또 항의한다"고 하소연했다. 중고사기가 소액 피해에 그쳤던 이전과 다르게 최근엔 명품시계, 자동차, 아파트, 상품권 등 고가 품목까지 거래가 이뤄지며 사기 피해액 역시 커지고 있다. 지난해 당근마켓 거래량은 6,400만 건, 거래량은 5조1,000억 원 수준이다.

*출처: 다음뉴스, 2024.12.03

그리고 당근은 당신 근처의 줄임말 이었는데 일상 속에서 '당근이세요?', 혹은 '버리지 말고 당근해'처럼 중고거래를 뜻하는 말로 자리를 잡았다. 캐나다와 미국, 일본, 영국까지 4개국에 진출했다. 당근마켓 서비스의 시작은 2015년 '판교 장터'였으며, 네이버와 카카오에서 근무했던 대표이사가 처음에 '판교인'들끼리 중고 거래를 할 수 있는 모바일 앱을 내놓은 게 시작했고, 얼리어답터 성향의 판교인들 사이에서 반응이 좋았고, 당근마켓으로 발전했다. 이후에 송금과 결제 기능을 담은 '당근 페이'를 출시했고 중고차 직거래, 또 당근 모임이나 알바 등으로 서비스 영역을 확장해 왔다. '당근'이란 브랜드 인지도가 커지면서 서비스의 형태도 확장될 수 있었다.

*출처: 다음뉴스, 2024.08.21.

근간에는 기술변화 중심의 시장은 주기가 빨라지면서 날마다 새로운 소비시장이 도래하고 있으며, 젊은 세대를 중심으로 윤리소비에 대한 관심이 증대되고 있다. 예를 들면, 중고품, 리세일, 공유경제확산, 긱이코노미, 당근결혼 등을 통해 의식 있는 소비, 신념을 드러내는 소비, 환경을 고려한 소비에 대한 관심증대를 읽을 수 있다.

생각해 볼 거리

10년 후의 우리의 생활 변화를 키워드로 작성해 보세요.

10년 후의 가치관: (, ,)
10년 후의 가족: (, ,)
10년 후의 일: (, ,)
10년 후의 여가: (, ,)
10년 후의 히트 상품: (, ,)

QUIZ

1. 다음은 소비자교육의 목표입니다. 해당되지 않는 것은 무엇인가요?

1) 소비자복지 지향적인 소비자주권 회복
2) 합리적인 자산 활용 및 건전한 소비문화 형성
3) 산업사회의 형성과정에서 파생된 소비자문제에 대처하기 위하여
4) 무조건적인 소비자보호를 위하여

답 4번

해설

소비자교육의 목표는 첫째, 소비자복지 지향적인 소비자주권 회복, 둘째, 합리적인 자산 활용 및 건전한 소비문화 형성, 셋째, 산업사회의 형성과정에서 파생된 소비자문제에 대처하기 위하여 등이다.

2. 소비자교육추진에 관한 법률이 제정되어 시행하고 있는 국가는 어디인가요?

1) 대한민국
2) 일본
3) 중국
4) 베트남

답 2번

해설

일본은 '소비자교육추진에 과한 법'(시행일 2012년 12월 13일)을 시행하고 있으며, 그

목적은 소비자교육의 종합적 · 통합적인 추진과 국민의 소비생활 안정 및 향상이다.

3. 소비자의 관점에서 영업소에 들어가기 전에 그 영업소 판매상품의 가격을 밖에서 참고로 하여 소비자의 선택권을 보장하고 안내하는 관련 제도는 무엇일까요?

1) 옥외가격표시제

2) 가격표시제

3) 옥외광고물표시제

4) 표시광고제

답 1번

해설

소비자의 관점에서 영업소에 들어가기 전에 그 영업소의 판매상품의 가격을 밖에서 참고로 안내받고자 하는 관련 제도는 '옥외가격표시제'이다.

CHAPTER

07

소비문화와 소비자심리

본 장에서의 목표는 다음과 같다.

첫째, 소비의 변화를 이해한다.
둘째, 소비문화의 의미를 이해한다.
셋째, 소비문화의 역할을 이해한다.
넷째, 소비문화의 형성 및 변화를 살펴본다.
다섯째, 소비자심리와 관련된 요인들을 살펴본다.
여섯째, 소비자의 환경적 관련 요인들을 살펴본다.

주요 키워드는 소비의 변화, 소비문화의 의미, 소비문화의 역할, 소비문화의 형성 및 변화, 소비자 심리와 관련된 요인, 소비자의 환경적 관련 요인 등이다.

*그림: 강정민

동화, 피리 부는 사나이

깊고 넓은 베저강이 흐르는 아름다운 도시가 있었어요. 그러나 이 도시 사람들은 작고 해로운 짐승 때문에 고생을 했어요. 바로 쥐 때문이었어요. 쥐들은 커다란 통에 든 치즈를 먹어치우고, 주방장 국자에 담긴 수프를 핥아 먹고, 절인 생선이 든 통을 갉아먹고, 남자들이 아끼는 모자에 들어가 살았어요.

시장과 시의원들은 회의하고 또 했어요. 그러나 해답을 찾을 수 없었어요. 그때 이상야릇한 사람이 나타났어요.

“존경하는 시장님과 의원님들, 나는 비밀스러운 마법으로 태양 아래 살아 있는 모든 동물, 기든 헤엄치든 날든 달리든, 모든 동물을 꾀어내 여러분 눈앞에서 사라지게 할 수 있습니다! 사람들은 나를 피리 부는 사나이라 부른답니다. 만일 내가 이 도시에서 쥐를 몽땅 없애 준다면 나한테 천 길더를 주시겠습니까?"

시장과 의원들은 반색하며 소리쳤어요.

"천? 무슨 소리, 오만 길더라도 주지!"

피리 부는 사나이가 피리를 입에 갖다 대자, 집집마다 쥐들이 와르르 쏟아져 나오기 시작했어요. 큰 쥐, 작은 쥐, 홀쭉한 쥐, 뚱뚱한 쥐, 검은색 쥐, 회색 쥐, 갈색 쥐, 황갈색 쥐, 죄다 죽어라 피리 부는 사나이를 쫓아갔어요. 그러다 베저강이 나타나자 쥐들은 모두 그곳으로 풍덩 빠져 죽어 버렸어요!

쥐의 입장에서 따라가는 것을 생각해 볼까요?
마법에 걸린 쥐들을 살리기 위해서 어떤 말을 해줄 수 있을까요?
우리 주변 사람들이 우르르 쫓아가는 피리 소리는 없나요?
요즘엔 '유행'이라는 마법에 걸린 소비자를 많이 볼 수 있지요.

영혼까지 끌어모아(영끌) 내집 마련에 나서고, 빚을 내서 주식과 암호화폐 투자(빚투)에 뛰어든 2030들이 위험에 빠지고 있다는 경고 신호가 나오고 있습니다. 인플레이션(지속적인 물가 상승) 우려로 금리는 치솟는데...

기성세대와의 격차를 한 번에 메우려는 조급증이 2030세대 스스로를 부채 증가와 투자 실패의 악순환으로 밀어 넣고 있다는 지적도 있습니다.

한국은행에 따르면 2020년 말부터 2030세대의 부채(금융권 대출 등) 잔액이 점차 늘어난 것으로 집계됐습니다. 사상 최대 규모에 증가폭도 역대 최대입니다. 청년층 부채 증가율은 같은 기간 전체 세대의 부채 증가율보다 두 배 이상 높았습니다.

무조건 유행을 따르는 것의 위험성은 무엇일까요?

유행을 유발하는 요인에 대한 정확한 인식과 판단이 필요합니다.

일시적인 패드, 유행과 장기적인 트렌드를 잘 구분할 필요가 있으며, 유행을 스스로 창조하는 것은 어떨까요?

*출처: 김시월 외(2008), 동화로 소비를 배워요, 천재교육 참조.
김시월(2008), 학교에서의 소비자교육을 위한 교재개발 연구 용역(공정거래위원회), 건국대학교.

1. 소비의 변화

현대의 상품소비는 물질적 소비욕구의 일차적 만족을 벗어나 정신적 소비와 서비스 소비를 포함하여 상징 소비, 기호 소비로 변화했다. 소비 자체가 의식과 행동방식을 규정하는 요인이 된다(허경옥 외, 2006).

잠깐!

예컨대, 공간소비를 생각해 봅시다.

한국인이 연평균 마시는 커피는 1인당 몇 잔?
커피숍의 증가 및 유형 변화는?
커피숍을 가는 이유는?
커피숍에 머무르는 시간은?
선호하는 커피숍의 스타일은?
커피숍이 집안으로 이동하는 경향의 요인은?
커피숍 관련 시장의 앞으로의 예측은?

그리고 문화콘텐츠도 연결해서 생각해 봅시다.

소비재를 생산하는 디자인이나 생산체계는 전적으로 문화적 소산이며 소비자가 시간, 관심, 소득을 사용해서 얻게 되는 소비재는 문화적인 의미를 갖는다.

그리고 소비자는 소비재의 의미를 사용하여 문화적 범주, 원리를 사용하고 라이프스타일을 창조, 유지하며 자아개념을 형성하고 사회적 변화를 창조 혹은 유지하는 것이다(백경미, 2005; 허경옥 외, 2006).

따라서 소비란 그 특성에 있어서 문화적인 특성이 있다. 특히 현대의 소비와 문화는 매우 밀접한 관계가 있을 뿐만 아니라 문화형성의 주된 구성요인으로서의 소비문화를 형성하게 된다(허경옥 외, 2006).

일반적으로 문화는 특수성을 띠며 독자적인 형태로 발전되기도 하고 다양한 양식이 서로의 경계를 허물고 상호 용해되어 또 다른 융합적인 양식을 토해내기도 한다. 분명한 사실은 문화는 인류가 살아온 발자취를 고스란히 담고 있으며 현재 공생하며 살아가고 있는 다양한 삶의 방식을 집약해 패턴화시킨 일종의 시스템이란 사실이다(양희영, 2012).

즉, 문화는 특정 집단이 삶을 일정한 방식으로 가공하는 패턴이며 이들의 독특하고 차등적인 삶의 방식이며, 다양한 대상과 상이한 관계들 사이의 의미를 만들고 공유하는 과정이자 소통하는 실천행위로서 대상에 대한 전 경험을 포함하는 능동적인 과정이다(Jhon Story, 2003). 다양한 분야를 포함하고 이들의 복합적 관계를 문화로 정의하는 것 때문에 종종 문화는 단일 구조나 동일 구조로 오해되어 인식된다.

그러나 특정 사회나 집단의 문화는 여러 겹의 상이한 문화적 복합체로 구성되어 있고 특정 상황에 따른 구성원들과의 관계나 지배구조에 의해서 보다 다층적으로 구현된다. 즉, 상황이나 권력, 지배구조에 의해 일부 문화 형식이 보다 두드러져 나타나는 것이지 단일 구조로 획일화된 것이 아니라는 것이다(양희영, 2012). 문화는 힘과 지배력에서 차이가 나는 상이한 여러 문화의 복합체로 구성되어 있으며 이들 간의 관계, 투쟁, 타협, 침투의 지속적인 변화가 생성되는 거대한 문화들(cultures)의 집합체이다(Baldwin, 2008).

문화는 본래의 복합적인 요소들뿐만 아니라 다른 문화 집합체와의 지속적인 관련을 통해 확장되기도 하고 폐기되기도 한다(양희영, 2012). 문화들은 다양한 밈(meme, 일명 문화적 유전자)들이 끊임없이 상보적으로 접촉하며 새로운 관계나 형태, 구조를 형성하기 때문에 항상 새로운 문화로 거듭나는 가변체이다(Dawkins, 2006). 이러한 특성은 정체성이라는 용어가 문화에는 부적합하며, 단수 형태의 문화는 특정 시점에서 가장 일반적이고 추상적인 방식으로 사회에서 작동중인 광범위한 문화 전체를 지시한다는 것을 알려준다(양희영, 2012).

문화적 형태는 개인이나 집단적 상징을 만들면서 발생하며 이것이 다른 사람들에게 소통되고 보다 많은 개인 간의 상호작용을 통해 확산된다(Baldwin, 2008). 프랑스 사회학자인 피에르 브르디외(Bourdieu)는 문화를 자본주의의 결정체인 자본과 결합시켜 '문화자본'의 개념을 고안해 냈는데, 이는 인간사회의 통찰에 있어 높아진 현대 문화의 위상을 짐작하게 해주고 있다. 문화자본의 개념은 문화적 특성을 파악하는 중요한 요소로 소비를 인지하고 있으며, 더불어 권력을 추구할 때 동원되는 자원으로 설명한다. 브르디외의 이러한 문화자본 개념이 가지는 분명한 함의는 다양한 집단의 차이가 곧 자본의 차이에 근거할 수 있음을 보여준다(양희영, 2012).

대중과의 직접적인 관련성을 바탕으로 성장해 온 20세기 이후의 대중문화는 자본과 밀접히 관련되어 있다. 자본과 결합된 문화는 다양한 소비자의 욕망과 가치, 감성을 만족시키기 위해 예술성, 희소성, 공익적 가치와 결합된 상품을 문화상품으로 미화시켜 소비를 촉진시킨다. 이제 대중은 소비자가 되고 그들이 경험하고 느끼는 모든 과정이 상품과 연계되어 일상을 예술적 경험으로 승화시킨다.

즉, 현대의 상품은 욕망추구를 위한 단순 대상이 아니라 특정 자아나 집단을 반영하는 대리물이거나 그 자체로 격상되어, 거대 메가트렌드를 반영하거나 마이크로 트렌드를 생성시키는 직접적인 요인으로 작용한다(양희영, 2012). 따라서 소비의 분석에 있어서 문화는 매우 중요한 카테고리이다. 이는 문화가 다음과 같은 특성이 있기 때문이다.

문화는 기본적으로 학습되며, 문화는 다양한 방법으로 공유된다. 그리고 문화는 축적되어 영향을 끼치며, 여러 분야가 통합되어 있어 하나의 시스템을 구성하기도 한다. 또한 대부분의 소비자는 문화에 대해 적응적이며, 특정한 분야에서는 전문화되어 있다. 그리고 문화는 많은 하위문화(subculture)를 갖고 있으며, 경우에 따라서는 개인적인 차이가 있을 수 있으며, 문화에는 이상과 실재의 차이가 있을 수 있다. 이러한 특성 중에서 가장 주요한 특징은, 문화는 변화한다는 점이다.

소비자는 긴 유아기, 아동기에 부모에게 의존하여 자연적으로 문화를 습득하게 된다. 거기에 인간은 생물학적으로 문화를 배울 수 있는 능력을 타고나며, 이러한 지적능력과 육아 방법 등을 통해 문화의 공통된 경험 등을 통해서 문화를 배운다. 예를 들면, 성역할(Sex Role)의 경우는 모방, 동일시, 기대감 등을 배우게 된다.

문화라는 것이 사람을 어떻게 그 문화의 한 구성원으로 만들어 가는가? 이는 결국 인간이 태어나 자라는 문화적 배경에서 학습, 동일시, 모방, 경험 등을 통해 긴 유아기 동안 배움의 기초를 쌓으며, 얻게 되는 것이다. 여기에는 넓게는 정치, 경제, 종교, 사회의 모습도 포함되지만 좁게는 소비양식, 가치관 등이 포함된다.

소비의 사회화도 이와 관련이 있다. 인간이 문화를 습득할 수 있는 것은 학습 지능도 있지만, 이를 전달하고 계승할 수 있는 언어가 있기 때문이다. 모든 동물은 어떤 형식이든 커뮤니케이션 수단이 있다. 예를 들면, 소리, 몸짓, 냄새 등 유인원도 하나의 신호로 하나의 의사전달을 하지만 단순한 제스처를 넘어서서 복합이 불가능하다. 즉, 추상적인 개념을 만들지는 못한다. 언어와 유사한 상징을 사용하는 것은 인간뿐이기 때문이다.

2. 소비문화의 의미

소비자는 상징할 수 있는 능력이 있는 사회적 존재다. 그러므로 문화를 생성하고 문화와 더불어 살고 있다. 우리는 문화를 통해 한 사회의 구성원이 되며, 문화는 사회구성원들에게 사회활동의 토대가 되고 행동의 준거 맥락이 된다(허경옥 외, 2006).

즉, 문화에는 개인의 모든 가능한 욕구들과 행위의 상징성이 투사되어 있다. 따라서 문화는 개인에게 어떤 상태를 다른 상태보다 더 선호하게 만들며, 바람직한 것 혹은 바라는 것의 판단 기준이 될 수 있다(허경옥 외, 2006).

우리는 소비생활 과정에서 우리가 소비하는 재화나 서비스에 의미를 부여하는 동시에 소비행위와 소비생활 자체에도 의미를 부여하고 있다. 뿐만 아니라 우리는 우리가 속해 있는 사회에서 이러한 소비생활의 상징적 의미를 포착하고 이해하며 상호 간에 서로 그 의미를 교환한다. 이는 인간이 사고할 수 있고 상징할 수 있는 능력이 있으며, 인간의 소비행위나 소비생활을 하나의 상징행위로 간주할 수 있기 때문이다(허경옥 외, 2006; 황송미, 2007). 그러나 이러한 소비에서의 상징행위는 개인마다 다를 수 있다.

또한, 한 부류의 현상이 나타날 수 있다. 이러한 한 부류의 현상들은 그 사회의 철학, 사상, 종교 등의 사고방식, 그리고 경제화 사회의 발전 정도, 생활양식 등 넓은 의미의 문화의 맥락에서 평가되고 이해될 수 있다(허경옥 외, 2006; 한정란, 1998).

따라서 소비문화란 소비생활 과정에서 나타난 한 부류의 현상으로, 넓은 의미의 문화의 관점에서 평가되고 이해된 재화나 서비스의 유형, 소비행위 유형, 소비에 대한 사고방식 그리고 이들로 이루어진 소비생활 양식 등을 의미한다(허경옥 외, 2006).

Lury는 소비문화를 물질문화의 구체적인 형태로 보고 있으며 소비라는 개념을 기존의 사용개념 이상으로 확장시키는 것이라는 점(황송미, 2007)을 강조하였다. 즉, 현대소비는 기능적인 것 이상의 상징적 의미로 이루어지는데, 현대의 상품 소비는 상징의 소비, 기호의 소비로 소비 자체가 의식과 행동방식을 규정하는 요인이 되며, 물질문화의 상징적인 속성은 여러 사물이 세트로 어울려서 의미를 전한다(허경옥 외, 2006).

3. 소비문화의 역할

문화는 인간의 욕구를 만족시키고, 사회에서 인간 생존을 안전하게 해주며 지속시키는 역할을 담당한다(허경옥 외, 2006; 황송미 2007). 소비문화도 문화의 한 일환이므로 이와 동일한 속성이 있다. 즉, 소비문화는 우리의 욕구를 만족시키고, 생존을 보장하고 영속시켜주는 역할을 한다. 소비문화가 이러한 기능을 상실해 갈 때 소비문화는 우리의 욕구를 만족시켜주지 못할 뿐만 아니라 우리의 생존도 안전하게 해줄 수 없을 것이다.

소비만을 중시하는 소비문화는 미래를 위한 투자를 감소시키고 경제성장을 저하시켜 경제 사회 발전의 정체를 초래함으로써 궁극적으로는 우리의 욕구를 지속적으로 충족시켜 주지 못할 뿐만 아니라 향후 우리의 생존도 안전하게 유지 시키지 못하게 된다(허경옥 외, 2006; 한정란, 1998). 지나치게 과시적인 소비행위 유형을 지닌 소비문화 역시 사회적으로 불필요한 경쟁적 소비를 촉발시켜 '필요하지 않은' 사회적 욕구들을 창조하고 자원의 비효율적 배분 및 낭비를 초래할 수 있다(허경옥 외, 2009).

사회구성원 간의 소비불균형을 초래하는 소비문화는 구성원 간의 갈등을 심화시켜 사회의 안정을 저해할 것이다. 예컨대 극단의 개인주의적 소비문화는 이기주의적인 사고방식을 잉태하여 사회적 의무감이나 공동체의식을 약화시킨다. 물질 만능주의적 소비문화는 우리의 일상생활 중 물질소비를 통해 욕구를 충족시키려는 영역을 크게 부각시키기 때문에 정신적 가치를 쇠퇴시키고 사회의 조화나 융화를 파괴할 수 있다(허경옥 외, 2009).

요컨대 소비문화는 구성원의 욕망을 만족시켜줄 뿐만 아니라 그 사회를 유지하고 존속시키고 발전시키는 데 지대한 영향을 미친다(황송미, 2007).

4. 소비문화의 형성 및 변화

재화가 갖는 상징적인 의미는 재화가 갖는 의미를 전달하고자 하는 송신자, 재화의 의미를 전달받는 수신자 간에 재화의 의미를 해석하는 코드가 동일하게 인식될 것을 요구한다. 이러한 해석은 시대에 따라 달라지며 계속 새로운 의미가 만들어지고 변화된다.

개별적인 소비 의미의 변화는 이와 관련된 다른 소비의 변화를 가져오게 됨으로써 전체 소비문화의 계속적인 변화를 이끌어 낸다. 현대사회에서 사회 전반에 영향을 미치는 소비현상의 총체라고 할 수 있는 소비문화의 변화는 개별 소비자의 소비변화로부터 출발한다. 이러한 변화의 수단은 다양한데, 이 중에서 중요한 수단은 광고와 유행이라고 할 수 있다(허경옥 외, 2006).

메크레켄은 디자이너, 생산자, 광고업자, 소비자의 개인적 혹은 집합적인 노력에 의해 소비재의 의미가 사회에서 계속 전이한다고 하였다. 여기에는 일반적 궤도가 있는데 문화적으로 설정된 세계에서 소비재로 그리고 소비재에서 개인 소비자에게로 전이한다는 것이다.

또한 메크레켄은 문화적으로 구성된 세계에서 소비재의 의미를 소비재로 이동시키는 것은 광고와 유행이고, 소비재에서 소비자로 이동시키는 것은 소비의식이라고 주장하였다. 그는 현대 소비문화를 형성하고 변화시키는 수단은 사회에서 소비재의 의미를 만들어 내고 변화시키는 광고, 유행, 소비의식이라고 본 것이다(허경옥 외, 2006). 또 소비문화의 변화는 시대의 변화에 순응하는 당연한 귀결이며, 변화의 관점에서 본다면, 우리의 소비트렌드는 다음과 같다고 언급하고 있다.

첫째, 즐거움과 행복추구의 확대
둘째, 웰빙트렌드와 로하스의 지속
셋째, 복잡한 것은 거절, 단순한 것은 수락
넷째, 멀티 컬처 트렌드의 확대
다섯째, 체험 추구형 소비의 확산

5. 소비자와 소비심리

소비자의 심리적 영향 요인을 살펴보면 다음과 같다. 식생활과 관련된 예시이다.

- 동기(motivation): 배가 고프며 뭔가 먹을 것이 필요하다.
- 성격(personality): 적극적인 행동의 경향인가?

- 학습(learning): 스테이크와 햄버거 모두 배고픔을 채워주는가?
- 태도(attitude): 햄버거보다는 스테이크를 더 좋아하는가?
- 관여(involvement): 가격과 내가 지닌 재원의 정도, 고관여 / 저관여인가?
- 라이프스타일(life style): 평소의 생각과 스타일은 어떠한가?
- 가치(value): 햄버거는 패스트푸드이므로 건강에 안 좋지 않을까?
  환경 관련 위해 요소가 있는가?

소비자의 라이프스타일과 소비가치에 관심을 가질 필요가 있다.

라이프스타일은 무엇을 살펴보는가에 따라 문항 내용의 변화가 가능하며, 척도 또한 다양하게 활용할 수 있다. 라이프스타일 문항을 만들어서 측정해 보자.

표 7-1 라이프스타일 문항의 예

문항	문항별 내용	척도
1	나는 특정한 취미활동을 꾸준히 한다.	5점 리커트 척도
2	나는 취미활동을 위해 시간과 돈을 투자한다.	5점 리커트 척도
3	나의 행복한 삶을 위해서 취미활동은 필수적이다.	5점 리커트 척도
4	나는 여가시간에 확실한 취미 생활을 즐긴다.	5점 리커트 척도
5	나는 바쁜 하루 중에서도 자신만의 시간을 갖는다.	5점 리커트 척도
6	나는 건강을 위해서 운동을 규칙적으로 한다.	5점 리커트 척도
7	나는 음식을 먹을 때 영양가를 고려하며 먹는다.	5점 리커트 척도
8	나는 음식을 먹을 때 항상 칼로리를 계산하며 먹는다.	5점 리커트 척도
9	나는 가능하면 일회용품의 사용을 자제한다.	5점 리커트 척도
10	나는 재활용 제품을 적극적으로 사용한다.	5점 리커트 척도
11	나는 상품을 구입할 때에 언제나 환경을 생각한다.	5점 리커트 척도
12	나는 재활용품 분리수거에 적극적으로 동참한다.	5점 리커트 척도
13	나는 외모나 미용에 관심이 많다.	5점 리커트 척도
14	나는 새로운 패션이나 유행을 빨리 받아들인다.	5점 리커트 척도
15	나는 SNS나 잡지 등의 패션 정보에 관심이 많다.	5점 리커트 척도
16	나는 스스로 유행에 맞춰가는 것에 뒤처지지 않는다고 생각한다.	5점 리커트 척도
17	나는 유행이 지난 옷은 잘 입지 않는 편이다.	5점 리커트 척도
18	나는 가격이 비싸더라도 유명제품을 선택하는 편이다.	5점 리커트 척도
19	나는 가격이 부담되어도 유명 브랜드 제품을 구입하는 편이다.	5점 리커트 척도
20	나는 유명 상표에 더 신뢰감이 간다.	5점 리커트 척도
21	나는 제품은 비쌀수록 품질도 좋다고 생각한다.	5점 리커트 척도
22	나는 외출 시에는 꼭 색조 화장을 한다.	5점 리커트 척도
23	나는 개성을 표현하는 화장이 좋다.	5점 리커트 척도
24	나는 스킨케어 보다는 색조 화장에 더 많은 신경을 쓴다.	5점 리커트 척도
	총합	

*출처: 허경옥, 이은희, 김시월, 김경자, 차경욱(2006) 소비자트렌드와 시장, 교문사.

그 외에 소비에 대한 보다 가치적인 내용, 태도, 의미 등을 알아보는 것으로 관련 문항을 만들어서 조사 후 요인분석과 군집분석으로 유형화하는 데에 의의가 있으며, 근간의 조사 중에서 SNS(유튜브, 인스타그램, 카카오톡 등)에 대한 소비자의 소비가치도 주목하여야 한다.

6. 소비환경의 영향요인

소비환경의 영향 요인을 살펴보면 다음과 같다.

- 마케팅 믹스(marketing mix): 가격, 제품, 유통, 촉진, 정치, 공중관계 등
- 문화(culture): 습관과 관습, 익숙함 등
- 사회계층(social class): 소득, 학력, 소비 규모 등
- 준거집단(reference group): 기준 집단 등
- 가족(family): 가족원 성향, 가족수, 가족의 상태, 고령화 등
- 커뮤니케이션(communication)(설득, 구전): 관계망 등

소비자의 가치, 심리, 행동은 소비자를 둘러싼 환경, 규범과 가치관, 법과 정책, 시장, 그리고 새로운 기술변화에 영향을 받는다.

그림 7-1 소비자 가치, 심리, 행동에 영향을 미치는 요소

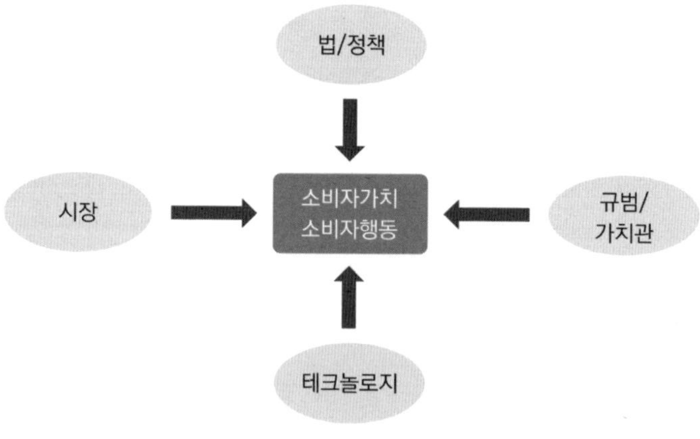

잠깐!

앞에서도 살펴본, 소비자의 신제품 채택 유형을 살펴봅시다.

기업은 신제품을 개발한 후 누구를 먼저 공략할까요?
그리고 누가 신제품을 먼저 채택할까요?

신제품은 혁신물의 일종이므로 혁신적인 소비자가 새로운 것에 대해 보다 호의적입니다. 농어촌보다는 도시가, 저소득층 소비자보다는 고소득층 소비자가 보다 혁신적입니다. 또한 구성원들이 서로 같거나 비슷한 이웃끼리는 사회적인 교섭(social interactions)이 빈번하여, 이러한 교섭망(network)을 따라 신제품에 관한 정보가 자연스럽게 번져나갑니다.

그러나 보다 중요한 것은 형편이나 배경이 같은 사람 사이에는 경쟁의식이 강하며, 모방 구매할 가능성이 높다는 것입니다. 비교적 동질성이 높은 아파트 단지에서 아파트 평형에 따라 특정 수준의 자동차 구입이 확산되는 것은 이 때문일 수 있습니다.

한편 신제품을 포함한 혁신물을 채택하는 속도에 따라 소비자를 다섯 카테고리로 구분하고 이를 채택자 카테고리(adopter categories)라고 부르는데, 이 중 누구의 영향을 받지 않고 자발적으로 신제품을 채택할 성향을 가지고 있는 사람은 혁신자와 조기채택자입니다.

- 혁신자(innovators): 신제품을 맨 먼저 받아들이는 시장구성원으로서 통상 시장의 2.5%를 점유한다. 이들의 가장 중요한 심리적 특성은 모험적이고 새로운 경험을 계속 추구한다는 것이다. 이들은 사교적이고 활동영역이 넓으며 다중매체도 폭넓게 접하므로 정보망이 활달하다. 뿐만 아니라 재정적으로 여유가 있어 신제품 초기의 높은 가격에 대해서 별로 부담을 느끼지 않는다. 전문성이 높고 나이가 젊다는 것도 혁신자들의 특징 중 하나이다.
- 조기채택자(early adopters): 한 사회나 시장의 구성원 중 13.5%를 점유한다. 이들의 가장 중요한 특징은 그 사회의 존경을 받는 지도층 인사들이라는 점이다. 조기채택자가 신제품을 비교적 쉽게 채택하는 것은 그들의 활발한 정보활동과 비교적 넉넉한 경제 형편 때문이기도 하지만, 지도자 또는 의견선도자(opinion leader)의 지위에서 제품 소비를 포함해서 많은 일에 남들, 특히 그를 따르는 사람들에게 뒤져서는 안 된다고 생각하기 때문이다. 그렇다고 해서 너무 빨리 새것을 받아들인다면 자칫 그 사회의 규범을 어길 가능성이 있다. 따라서 혁신자에 앞서서 혁신물을 채택하지는 않는다. 이를 통하여 우리 사회의 소비생활을 바람직한 방향으로 이끌어 나아가는 데 있어 중요한 역할을 하는 사람이 어떤 사람들

인지를 확인할 수 있다.
- 조기다수자(Early Majority): 소비자 전체의 34% 정도로 신중하고 전체 소비자 평균보다 조금 빨리 신제품을 받아들인다. 모험심은 적지만, 유행에 뒤지는 편은 아니다.
- 지연다수자(Late Majority): 소비자 전체의 34% 정도로 의심이 많고 보수적 행동을 취한다. 환경변화에 경계를 늦추지 않고, 신제품을 소비자의 반 이상이 받아들이기 전까지 구매하지 않는다.
- 지참자(Laggards): 소비자 전체의 16% 정도로 전통적인 사고의 소유자로, 혁신이나 새로운 사물, 사고를 완강히 거부한다.

특히 얼리어답터는 소비시장의 거대한 트렌드를 형성하며, 재빠르게 새로운 기기에 적응하면서 정착하지도 않고 끊임없는 모험의 세계로 떠납니다. 이러한 디지털 노마드는 신용카드 시장의 확대, 패스트푸드와 테이크아웃 음식점의 확산, 휴대전화 판매량의 급증과 부가 서비스 이용 증가, 내비게이션 등 다양한 정보를 빠르게 제공하고 사회시스템의 영향도 크다고 볼 수 있습니다.

여러분은 어디에 속하나요?

그 외에 소비심리에 미치는 요소로서는 소비문화를 활용한 생산, 소비, 마케팅도 관련이 있다. 대표적인 예로, 상징, 색, 숫자, 음식, 브랜드 네임, 조리법, 지역, 관광, 공간 등에도 활용되고 영향을 받는다. 이러한 모든 것이 소비심리와 소비문화적 요소의 영향이라고 볼 수 있다.

잠깐!

소비심리와 소비문화적 영향을 활용한 상징, 색, 숫자, 음식, 브랜드 네임, 조리법, 지역, 관광, 공간 등의 예를 찾아볼까요? 문화권별, 국가별, 그리고 세대별 차이도 함께 고려해 봅시다.

생각해 볼 거리

소비 측면에서 각 국가별로 떠오르는 한 단어를 적어 보고 설명해 봅시다.

"한국" 하면 떠오르는 단어는 무엇인가요? (   )
"중국" 하면 떠오르는 단어는 무엇인가요? (   )
"미국" 하면 떠오르는 단어는 무엇인가요? (   )

QUIZ

1. 다음은 소비자 심리적 영향요인에 대한 설명입니다. 틀린 것은 무엇인가요?

1) 동기(motivation): 배가 고프므로 먹을 것이 필요하다.

2) 성격(personality): 배를 부르게 하기 위한 적극적인 행동 경향

3) 학습(learning): 스테이크와 햄버거 모두 배고픔을 채워준다.

4) 관여(involment): 햄버거보다는 스테이크를 더 좋아한다.

답 4번

해설

관여(involvement)는 가격과 내가 지닌 자원의 정도, 고관여, 저관여 등이 있다.

2. 다음은 소비문화의 흔적을 열거한 것입니다. 틀린 것은 무엇인가요?

1) 젓가락을 잘 사용한다.

2) 어른을 보면 고개를 숙이며 인사한다.

3) 세대별로 차이는 있지만, 이름을 쓸 때에는 붉은 색을 지양한다.

4) 음식에는 소비문화의 흔적이 전혀 없다.

답 4번

해설

의식주 등 모든 면에서 소비문화의 흔적이 많다.

3. 다음은 소비행동에 대한 소비(자) 환경적 영향 요인입니다. 틀린 것은 무엇인가요?

1) 마케팅 믹스(marketing mix): 가격, 제품, 유통, 촉진, 정치, 공중관계

2) 문화(culture): 가족원 성향, 가족수, 가족의 상태, 고령화

3) 준거집단(reference group): 기준 집단

4) 커뮤니케이션(communication)(설득, 구전): 관계망

답 2번

해설

문화(culture)는 습관과 관습, 익숙함 등이 해당된다.

PART 03

소비자의 삶의 질과 신기술

CHAPTER

08

소비자의 삶의 질

본 장에서는 소비자와 삶의 질을 들여다본다.
주요 목표는 다음과 같다.

첫째, 포스트 코로나 시대의 소비변화를 이해한다.
둘째, 삶의 질에 대한 재인식이 필요함을 이해한다.

주요 키워드는 포스트 코로나 시대의 소비변화, 삶의 질에 대한 재인식 등이다.

*그림: 강정민

동화, 햇살 한 줌

엘자라는 조그만 여자아이가 있었어요.

엘자한테는 머리카락이 하얗고 얼굴이 온통 쪼글쪼글 주름살투성이인 나이 많은 할머니가 계셨지요. 엘자는 언덕 위의 커다란 집에서 살았어요. 날마다 남쪽 창으로 햇살이 드는 집이었지요. 햇빛이 비치면 모든 것이 밝고 아름다워 보였어요. 할머니의 방은 그 집의 북쪽에 있었어요. 그래서 그 방에는 햇빛이 조금도 들지 않았지요. 엘자는 어떻게 하면 할머니에게 햇빛을 가져다 드릴 수 있을지 궁리하고 또 궁리했지요.

어느 날 아침, 따스한 햇살이 마당에서 노는 엘자의 금빛 머리칼로 스며들었어요. 엘자가 땅에 앉자 햇살은 엘자의 무릎에 내려앉았지요.

'이 햇빛을 치마에 담아서 할머니께 갖다 드려야겠다.'

엘자는 벌떡 일어나 집으로 달려갔어요.

"할머니, 할머니! 제가 할머니께 드리려고 햇빛을 조금 가져왔어요."

그러고서 엘자는 치마를 활짝 펼쳤어요.

하지만 햇빛은 한 줌도 보이지 않았어요.

할머니는 햇살 한 줌도 볼 수 없었지만 엘자의 따뜻한 마음에 기쁨을 느꼈어요. 이런 따뜻한 마음은 그 어떤 선물과도 바꿀 수 없을 만큼 소중한 것이기 때문이지요.

비싼 선물보다 더 값진 것은 소중한 마음이 담긴 선물이에요.

물질을 넘어선 가치와 좋은 선물이 개념을 다시 생각해 봐요.

모든 소비에는 가치를 담을 필요가 있습니다. 물질적인 소비보다는 경험소비가 보다 지속적이며, 긍정적인 가치를 담고 있습니다.

*출처: 김시월 외 2인(2008), 동화로 소비를 배워요, 천재교육.
김시월(2008), 학교에서의 소비자교육을 위한 교재개발 연구 용역 계획(안), 공정거래위원회.

1. 포스트 코로나 시대의 소비변화

우리는 현재 저성장, 저출산·초고령사회, 지구온난화와 환경오염 등에 따른 사회문제를 직면한 채 살아가고 있다. 또 4차산업혁명의 신기술 도입은 산업구조를 빠르게 개편하고, 초고속·초저지연·초연결시대의 시작은 관련 산업뿐만 아니라 우리 일상에도 다양한 변화를 가져오고 있다(김시월 외, 2021).

아울러 전 세계를 휩쓴 코로나19 장기화는 경기침체와 생산성 저하, 소득감소와 실업률 상승, 여가생활과 인적 교류활동의 제한 등으로 신체적, 물질적, 정서적 삶의 위기를 경험하게 하였고, 이로 인해 미래 불확실성은 더 커지고, 사회적 불안과 우울감이 사회 곳곳에서 나타나게 되었다(김시월 외, 2021).

그로 인해 우리는 이러한 사회 환경의 변화에 직간접 영향을 받으며 안정성에 대한 추구와 삶의 질에 대해 관심은 더욱 증가하고 있다.

즉, 코로나 팬데믹은 사회구성원들이 깨끗한 환경에서 건강하고 안전하게 살아가는 삶의 질이 무엇보다 중요하다고 다시금 인식하는 계기가 되었다(김시월 외, 2021). 아울러 언택트 소비로 인한 배달서비스와 일회용품 사용 증가가 야기한 환경문제, 배송 업무 관련 종사자와 감정노동자에 대한 사회적 논의, 그리고 외부활동 규제에 따른 소비 선택과 행동의 제한 등은 소비자의 행복과 삶의 질에 대한 의식을 크게 증폭시켰다.

신기술과 신산업의 변화는 소비자의 가치관에 영향을 미쳤다. 많은 변화를 불러오기도 하지만, 소비자 소외, 양극화 등 많은 문제점이 있다. 이러한 의미에서 바야흐로 노인소비자의 삶의 질 향상을 위한 다양한 연구가 필요한 시기이다. 그리고 새로운 유형의 소비 방식, 비즈니스가 시장에 등장하면서 이용 시 주의사항과 소비자 분쟁 또한 자주 발생할 것으로 예측되지만, 다수의 측면에서 보면 고령 소비자가 가장 심각할 것으로 사료된다. 왜냐하면, 우리는 이미 초고령화사회로 접어들었기 때문이다.

코로나19로 인한 극심한 스트레스 정도는 노인소비자의 세 가지 고충인 심리적·신체적·경제적 문제와 결합되어 더욱 삶의 질에 영향을 미칠 것이다. 무엇보다 코로나 팬데믹과 같은 상황에서, 사회변화의 중요한 요소인 Technology, Business, Human Value 등을 고려한다면, 다양한 외생변수의 다변화로 인하여 노인소비자의 삶의 질 분석이 필요하다(김시월 외, 2021). 특히 신체적 정신적 건강상태와 스트레스 정도 등 다양한 변수의 고려가 요구된다. 노인소비자의 삶의 질에 영향을 미치는 변수를 분석하는 것은 노인소비자도 스스로 자립적이고 자생적인 역량 강화가 필요하기 때문이다.

한국사회는 산업화와 민주화 달성에도 불구하고 사람들의 삶에 대한 만족도나 행복 수준은 그리 높지 않으며, 다양한 사회문제에 직면해 있다. 낮은 출산율과 급속한 고령화, 높은 자살률 등 사회 전반의 활력이 약화되고 있으며, 이념적 갈등, 상대적 빈곤, 노사갈등 등 다양한 갈등이 첨예하게 대립하고 있다(김시월 외, 2021). 이에 기존 경제성장 중심의 정책에서 삶의 질 제고로의 정책적 관심 전환이 필요한 상황이다(김태욱, 윤선미, 2018).

삶의 질을 통한 통합적인 목표는 역량 있는 개인으로서의 삶의 영위, 서로를 돌보는 활기찬 공동체로서의 시민참여, 그리고 안전하고 지속가능한 환경으로 위험에서 자유롭고 환경이 보호되어 지속가능한 삶이 보장되는 환경이다.

특히 한국은 OECD 38개 회원국 중에서 삶의 질 지수가 낮다. 주거, 소득, 일자리, 교육, 공동체, 환경, 시민참여, 건강, 삶의 만족도, 안전, 일과 삶의 조화 등 11개의 개별지수로 평가되는 영역 중에서 공동체, 환경, 삶의 만족도, 일과 삶의 조화 분야는 최하위 수준이다. 특히 공동체 영역은 만년 꼴찌이다. 과거 2008년 글로벌 금융 위기 이후 1인당 국민소득의 경제적 가치에 대한 반성이 일어나면서 경제적 가치와 사회적 가치를 동시에 고려하는 삶의 질이 주요한 국가적 의제로 등장했다(임채원, 2019).

이에 OECD는 과거 2011년부터 삶의 질 지수로 경제적 가치 중심에서 균형 잡힌 삶의 질을 강조하고 있다. 이런 점에서 한국은 전형적으로 경제성장 위주의 정책으로 압축 성장을 이룬 나라이며, 다음 시대의 과제는 사회적 가치를 고려하는 삶의 질로 정책 전환을 해야 함을 시사하고 있다(김시월, 2021; 임채원, 2019). 지금의 시대정신은 경제성장과 사회 정책의 선순환을 넘어서 사회적 가치와 삶의 질을 우선하는 정책 전환이 필요함을 드러내고 있다(김시월 외, 2021).

잠깐!

다음의 뉴스를 함께 보실까요?

…… 한국인의 전반적인 삶의 만족도가 소폭 악화되었으며, 경제협력개발기구(OECD) 회원국 중에서 여전히 하위권에 머물고 있었다. 소득수준에 따라 삶의 만족도가 비례

하는 경향은 여전했고, 나이가 많을수록 삶의 만족도는 하락하는 경향을 보였다. 통계청은 24일 이런 내용이 담긴 '국민 삶의 질 2024' 보고서를 발간했다. 한국인 삶의 만족도는 2023년 기준 6.4점으로 전년보다 0.1점 낮아졌다. 삶의 만족도는 객관적 삶의 조건에 대한 주관적인 만족 정도를 보여주는 지표로 0~10점으로 측정한다.

삶의 만족도는 소득수준별로 뚜렷한 차이를 보였다. 가구소득이 증가할수록 삶의 만족도가 높았다. 월 소득이 100만 원 미만 저소득층 가구의 삶의 만족도는 5.7점으로 전년(6.0점) 대비 0.3점 낮아졌다. 100만~200만 원 미만인 가구는 6.1점으로 이 역시 전년(6.4점)보다 0.3점 낮았다. 반면 월 소득이 500만 원 이상인 가구의 삶의 만족도는 6.6점으로 전년과 같은 수준의 만족도를 보였으며 100만 원 미만보다 0.9점 높았다. 적게 벌수록 삶의 만족도가 낮고, 많이 벌수록 삶의 만족도 높다는 의미다.

*출처: 다음뉴스, 2025.02.24

2. 삶의 질에 대한 재인식

앞에서도 강조하고 다뤘던 세계 각국의 고령사회, 초고령사회 도달 속도가 한국이 매우 빠른 점, 빠른 경제성장으로 인하여 세대별 차이가 많은 점을 감안하여, 노인소비자의 삶의 질에 대한 분석을 살펴보자(김시월 외, 2021). 특히 65세 이상 노인소비자를 세부적으로 유형화하고, 그들의 삶의 질의 차이를 분석해 보았다. 구체적인 내용은 다음과 같이 설정했다.

첫째, 노인소비자의 삶의 질 상태를 살펴본다.

둘째, 노인소비자의 건강상태(신체적, 심리적 건강상태), 가구원수(단독가구와 다인가구), 경제활동상태(취업, 비취업) 등으로 유형화한다.

셋째, 노인소비자의 유형별 삶의 질 차이를 살펴본다.

1) 조사대상 및 자료수집

노인소비자의 유형 분류별 삶의 질 수준과 및 삶의 질에 미치는 영향요인들을 살펴보고자, 국민연금연구원에서 가장 최근 패널자료인 국민노후보장패널조사(KReIS, Korean Retirement and Income Study) 자료를 분석대상으로 하였다.

공신력 있는 패널조사 자료인 국민연금연구원의 8차 개인자료(KReiSP08) 11,862명 중 무응답자와 64세 이하의 예비노인을 제외하고, 65세 이상의 노인 대상자 4,303명을 분석대상자로 도출하였다(김시월 외, 2021).

2) 분석 도구 및 변수

노인소비자의 개인 특성과 가구 특성, 신체적·심리적 건강 특성과 삶의 질을 파악하기 위해 [표 8-1]과 같이 분석 도구를 구성하였다.

표 8-1 분석 도구의 구성

변수	하위 척도	문항 수	척도	참고자료
노인소비자의 개인 특성	성별, 교육수준, 손자녀 돌봄 여부, 경제활동 상태, 거주 지역	5문항	명목 서열	국민연금연구원의 조사
노인소비자의 가구 특성	가구원 수, 세대구성, 가계 총소득, 가계 총지출	4문항	명목 등간 비율	국민연금연구원의 조사
노인소비자의 건강 특성	신체적 건강 특성: 한국형 도구적 일상생활활동 (K-IADL) 척도 심리적 건강 특성: 우울증 자가진단 CES-D척도	10문항 20문항	5점 리커트 척도	국민연금연구원의 조사
노인소비자의 삶의 질	관계 및 환경 등 삶의 질 관련 문항	9문항	5점 리커트 척도	국민연금연구원의 조사
전 체		48문항		

3) 분석방법

구체적인 분석을 위해 SPSS 26.0 통계프로그램을 활용하였고, 노인소비자의 유형 도출을 위해 빈도, 평균 등 기초통계 후 노인소비자의 특징을 파악한 후 군집분석, 요인분석 등으로 유형화하고, 유형별 삶의 질의 차이를 살펴보기 위하여 교차분석, t-검정, 일원분산분석 등을 활용하였다(김시월 외, 2021).

4) 결과

① 분석대상자의 일반적 특성

표 8-2 분석대상자의 일반적 특성(개인 및 가구 특성)

N(%)＝4,303(100)

<table>
<tr><th colspan="3">문항</th><th>빈도(%)</th><th>평균</th></tr>
<tr><td rowspan="12">가구 특성</td><td rowspan="3">가구원 수 (단위: 명)</td><td>1명</td><td>1,153(26.8)</td><td rowspan="3">2.14</td></tr>
<tr><td>2명</td><td>2,278(52.9)</td></tr>
<tr><td>3명 이상</td><td>872(20.3)</td></tr>
<tr><td rowspan="3">세대구성</td><td>1인 가구</td><td>1,153(26.8)</td><td rowspan="3">-</td></tr>
<tr><td>부부</td><td>2,053(47.7)</td></tr>
<tr><td>기타</td><td>721(16.8)</td></tr>
<tr><td rowspan="3">가계 총소득 (단위: 천 원)</td><td>25%</td><td>9,425.00</td><td rowspan="3">38,534.71</td></tr>
<tr><td>50%</td><td>18,320.00</td></tr>
<tr><td>75%</td><td>34,268.00</td></tr>
<tr><td rowspan="3">가계 총지출 (단위: 천 원)</td><td>25%</td><td>9,509.50</td><td rowspan="3">20,334.90</td></tr>
<tr><td>50%</td><td>15,570.00</td></tr>
<tr><td>75%</td><td>25,585.00</td></tr>
</table>

② 건강 특성

노인소비자의 신체적 건강상태를 측정하기 위하여 한국형 도구적 일상생활 활동(K－IADL) 척도를 이용하였으며, 분석 결과는 다음과 같다. 전체 대상자의 평균은 11.0으로 나타나 30.0이 일상생활이 혼자서 할 수 없는 것을 고려한다면, 1/3 정도의 신체적 건강상태로 보인다.

표 8-3 분석대상자의 신체적 건강상태: 한국형 도구적 일상생활활동(K-IADL)

영역	혼자서 할 수 있음 빈도(%)	부분적 도움이 필요함 빈도(%)	혼자서 전혀 할 수 없음 빈도(%)
몸단장하기	4,161(96.7)	109(2.5)	33(0.8)
집안일 하기	3,921(91.1)	262(6.1)	120(2.8)
식사 준비하기	3,906(90.8)	247(5.7)	150(3.5)
빨래하기	3,874(90.0)	268(6.2)	161(3.7)
근거리 외출	3,886(90.3)	277(6.4)	140(3.3)

교통수단 이용하기	3,863(89.8)	269(6.3)	171(4.0)
물건 사기(쇼핑하기)	3,860(89.7)	284(6.6)	159(3.7)
금전관리	4,033(93.7)	178(4.1)	92(2.1)
전화사용	4,168(96.9)	89(2.1)	46(1.1)
약 챙겨 먹기	4,177(97.1)	78(1.8)	48(1.1)
평균 a)	11.0/30.0		

a) 한국형 도구적 일상생활활동(K-IADL)은 '1. 혼자서 할 수 있음', '2. 부분적으로 도움이 필요함', '3. 혼자서 전혀 할 수 없음'으로 측정되었으며, 몸단장하기 등 총 10개의 영역으로 10점~30점까지의 점수분포를 가짐. 점수가 30점에 가까울수록 도구적 일상생활활동이 어려운 것을 의미함(재인용, 국민연금연구원 국민노후보장패널 8차 본 조사 유저가이드_ver.8.0, 2021).

분석대상자인 노인소비자의 심리적 건강상태를 측정하기 위하여 우울증 자가진단 척도인 CES-D를 조맹제 등이 한국어로 번안한 한국형 CES-D를 사용하였다(재인용, 국민연금연구원 국민노후보장패널 본조사 유저가이드_ver.8.0 참조).

우울증 자가진단 척도는 분포가 0점에서 60점까지이며, 점수가 높을수록 우울한 상태인 것을 고려한다면, 조사대상자 전체의 수준은 10.91로 나타나 그리 높지 않았다.

표 8-4 분석대상자의 심리적 건강상태: 우울증 자가진단 척도(한국형 CES-D)

문항	평균	표준편차
귀찮다.	.56	.699
식욕 없다.	.58	.742
울적하다.	.48	.702
집중하기 힘들다.	.56	.744
잘 지냈다(역코딩).	.70	.765
우울했다.	.51	.713
힘들게 느껴졌다.	.57	.736
암담하게 느껴졌다.	.47	.701
내 인생은 실패했다.	.43	.665
보통의 능력은 있었다(역코딩).	1.40	1.01

잠을 설쳤다.	.68	.783
두려움을 느꼈다.	.39	.649
말수가 적어졌다.	.39	.645
외로움을 느꼈다.	.54	.728
큰불만 없다(역코딩).	.89	.892
사람들이 차갑게 대한다.	.33	.624
울음이 나왔다.	.32	.617
마음이 슬펐다.	.40	.649
사람들이 나를 싫어한다.	.29	.570
뭘 할 엄두가 안 난다.	.43	.661
계(CES_D) a)	10.91	9.708

a) 우울증 자가진단 척도인 CES－D는 '0. 극히 드물다', '1. 가끔 있다'. '2. 종종 있다'. '3. 대부분 그랬다'로 측정되었으며, 긍정적인 문항은 역으로 점수를 주었다. 점수 분포는 0점에서 60점까지이며, 점수가 높을수록 우울한 상태인 것을 의미한다(재인용, 국민연금연구원 국민노후보장패널 본조사 유저가이드_ver.8.0 참조).

③ 노인소비자의 유형화

노인소비자의 유형별 특성의 차이와 군집의 특성은 다음과 같다.

표 8-5 노인소비자의 유형별 특성의 차이

구분	변수		군집1 (N=320)	군집2 (N=2,413)	군집3 (N=1,312)	군집4 (N=210)	F비/χ^2
건강상태	신체적 건강상태		10.79 c	10.13 a	10.17 b	21.38 d	4,528.00***
	심리적 건강상태		9.79 b	5.13 a	20.31 c	20.20 c	1,639.27***
개인특성	성별	남성	108 (6.4%)	1,105 (65.4%)	406 (24.0%)	71 (4.2%)	87.20(3)***
		여성	212 (8.3%)	1,308 (51.0%)	906 (35.3%)	139 (5.4%)	
	연령		76.40 b	73.92 a	76.32 b	81.30 c	111.78***
	교육수준	초졸 이하	201 (8.7%)	1,164 (50.6%)	798 (34.7%)	138 (6.0%)	83.02(9)***

		중학교	52 (6.5%)	499 (62.6%)	217 (27.2%)	29 (3.6%)	
		고등학교	51 (6.0%)	539 (63.3%)	230 (27.0%)	31 (3.6%)	
		대학 이상	16 (5.3%)	208 (69.1%)	66 (21.9%)	11 (3.7%)	
	손자녀 돌봄 여부	유	21 (35.6%)	29 (49.2%)	8 (13.6%)	1 (1.7%)	66.67(3)***
		무	85 (6.6%)	826 (64.0%)	337 (26.1%)	43 (3.3%)	
	경제활동 상태	취업	68 (5.2%)	1,107 (85.3%)	122 (9.4%)	1 (0.1%)	649.51(3)***
		비취업	252 (8.5%)	1,306 (44.2%)	1,190 (40.2%)	209 (7.1%)	
	거주 지역	서울	68 (9.6%)	459 (64.9%)	140 (19.8%)	40 (5.7%)	85.70(6)***
		광역시	102 (9.2%)	534 (48.3%)	421 (38.1%)	49 (4.4%)	
		도	150 (6.1%)	1,420 (58.1%)	751 (30.8%)	121 (5.0%)	
가구 특성	가구원 수 (단위: 명)		4.87 d	1.93 b	1.65 a	2.16 c	2,007.393***
	세대구성	1인 가구	0 (0.0%)	519 (45.1%0	577 (50.1%)	55 (4.8%)	1,597(9)***
		부부	0 (0.0%)	1,419 (69.8%)	535 (26.3%)	80 (3.9%)	
		기타	46 (12.3%)	256 (68.6%)	58 (15.5%)	13 (3.5%)	
	가계 총소득 (단위: 천 원)		58,374.90 c	26,598.67 b	17,385.71 a	26,578.99 b	188.213***
	가계 총지출 (단위: 천 원)		44,855.10 c	20,495.86 b	14,468.51 a	19,888.03 b	247.113***

무응답으로 인하여 군집 수와 전체 분석자 수에 차이가 있음.

*** P<.001

군집1: 마음도 아프지만, 몸이 더 아픈 노인소비자

군집2: 건강한 노인소비자

군집3: 몸도 아프지만, 마음이 더 아픈 노인소비자

군집4: 몸도 마음도 아픈 노인소비자

④ 노인소비자의 유형별 삶의 질과 차이 분석

4-1. 노인소비자의 삶의 질 분석

노인가구의 삶의 질 요인을 분류하고, 타당성을 알아보기 위하여 탐색적 요인분석을 실시하였다. 그 결과, 표본의 적절성을 측정하는 KMO 값이 .859로 적정하게 나타났고, 변인들 간의 상관이 0인지를 검정하는 Bartlett의 구형성 검정 통계값이 13,765.193(df=36, p=.000)로서 유의수준 .001에서 유의하므로, 상관행렬이 요인분석하기에 적합한 것으로 나타났다.

주성분 분석방법과 베리멕스(Varimax) 직각회전방법을 이용하여 탐색적 요인분석을 실시한 결과, 2개의 요인으로 분류되었다. 초기에 가족관계 등 11개의 문항을 투입하였으나, 직업(일)과 부부생활 문항이 적절하지 않은 것으로 나타나 제외하였다. 이는 분석대상이 65세 이상 고연령으로 비취업 상태인 경우가 많고 사별 등으로 1인 가구가 적지 않아서 이러한 결과가 나온 것으로 보인다.

표 8-6 노인소비자의 삶의 질 요인분석 결과

N(%)=4,303(100)

항목	삶의 질		공통성
	요인Ⅰ: 심리적 네트워크의 질	요인Ⅱ: 물리적 네트워크의 질	
가족관계	.816	.165	.693
자녀관계	.780	.098	.618
친구관계	.674	.348	.523
이웃관계	.660	.297	.523
형제/자매관계	.611	.236	.429
건강	.098	.832	.702
여가활동	.286	.793	.711
경제적 상태	.253	.732	.600
집(주거상태나 주거환경)	.422	.495	.423
고유값	2.870	2.406	
분산	31.887	26.728	
누적분산	31.887	58.615	

Cronbach's α	.790	.773	
평균	3.551	3.112	
KMO	.859		
Bartlett의 구형성 검정	13,765.193***		

*** P<.001

요인은 문항을 고려하여, 요인Ⅰ은 심리적 네트워크의 질, 요인Ⅱ는 물리적 네트워크의 질로 명명하였고, 삶의 질 각 요인의 평균은 5점 만점에 요인Ⅰ은 3.551, 요인Ⅱ는 3.112로 나타났다. 그리고 각 요인의 신뢰도를 알아보기 위하여 Cronbach's α값을 분석한 결과, 요인Ⅰ은 .790, 요인Ⅱ는 .773으로 적정한 것으로 나타났다.

4-2. 노인소비자의 유형별 삶의 질 차이

노인소비자의 유형별 삶의 질 차이를 살펴본 결과는 [표 8-7]과 같다.

군집1(마음도 아프지만, 몸이 더 아픈 노인소비자)은 심리적 네트워크의 질, 물리적 네트워크의 질 모두 높으며, 심리적 네트워크가 훨씬 높았다. 군집2(건강한 노인소비자) 또한 심리적 네트워크의 질, 물리적 네트워크의 질 모두 높았으며, 특히 물리적 네트워크의 질이 타 군집보다 가장 높았다. 군집3(몸도 아프지만, 마음이 더 아픈 노인소비자)은 심리적 네트워크의 질도 낮았지만, 물리적 네트워크의 질도 낮은 집단으로 나타났다. 그리고 군집4(몸도 마음도 아픈 노인소비자)은 심리적 네트워크의 질이 가장 낮았으며, 물리적 네트워크의 질 또한 가장 낮았다.

즉, 심리적 네트워크의 질은 군집1, 2 > 군집3 > 군집4의 순이었고, 물리적 네트워크의 질은 군집2 > 군집1 > 군집3 > 군집4의 순이었다. 군집4의 몸도 마음도 모두 아픈 노인소비자는 삶의 질이 모든 요인에서 가장 낮아서 가장 주목해야 할 집단으로 보인다.

표 8-7 노인소비자 유형별 삶의 질 차이

	변수	노인소비자 유형				F비
		군집1 (N=320)	군집2 (N=2,413)	군집3 (N=1,312)	군집4 (N=210)	
삶의 질	요인I	3.60 c	3.66 c	3.43 b	2.99 a	101.55***
	요인II	3.13 c	3.28 d	2.94 b	2.46 a	206.03***

군집 1: 마음도 아프지만, 몸이 더 아픈 노인소비자
군집 2: 건강한 노인소비자
군집 3: 몸도 아프지만, 마음이 더 아픈 노인소비자
군집 4: 몸도 마음도 아픈 노인소비자
요인 I: 심리적 네트워크의 질
요인 II: 물질적 네트워크의 질
*** P<.001

5) 결론 및 제언

이와 같은 분석 결과를 고려한 제언은 다음과 같다.

첫째, 노인소비자의 세분화를 위하여 유형화한 결과, 특히 군집4의 몸도 마음도 모두 아픈 노인소비자는 삶의 질이 모든 요인에서 가장 낮아서 가장 주목해야 할 집단으로 보였다. 특히 이 집단은 고연령의 비취업 집단으로 가구원 수는 2명 정도의 특성을 보였다. 이에 초고령화 사회를 대비하여 노인가구의 특성을 고려한 소비자정책 측면에서 명확한 지원체계(김시월 외, 2021) 및 가이드라인의 명확화가 요구되며, 소비자후생적 차원에서 심리적 건강상태도 중요한 요인이 된다고 볼 수 있다.

둘째, 삶의 질에 대한 재인식 및 중요성이 필요하다. 그간 삶의 질에 대한 객관적 요소로서 물리적, 경제적 요소들이 필수적이라면, 행복한 소비, 행복한 소비자와 관련된 삶의 질을 고려한 재인식이 필요하다(김시월 외, 2021). 이에 경제적, 심리적, 사회문화적 소비자후생을 고려해야 할 것이다.

셋째, 궁극적으로는 노인소비자를 다양하게 세분화하여, 소비자후생 증진을 위한 가이드라인 구성과 지원 등이 필요하며, 또한 피드백을 고려하여야 할 것이다.

초고령사회를 맞이하여 노인소비자의 소비자지식 및 소비자역량 제고의 필요성을 인지할 필요가 있으며, 노인소비자의 소비사회 변화에서 소비－생산의 융합을 통한 프로슈머로서 소비자행동 변화의 필요성을 인지해야 한다.

또한, 노인소비자의 소비사회 변화에서 소비자의 특성 및 소비자지식 정도에 맞는 맞춤형 소비자교육의 필요성을 인지하고, 적극적인 참여를 유도할 수 있다(김시월 외, 2021).

그리고 사회적 불안요소로 인한 소비의미의 변화, 스마트한 소비생활, 개인 맞춤형 소비, 소비자중심적 소비트렌드의 변화 등의 긍정적 변화(경제적 혜택, 사회적 혜택, 심리적 혜택)를 고려한 소비만족도를 제고해야 할 것이다.

뿐만 아니라, 시장은 노인소비자에게 노인 관련 제품과 서비스의 신제품 제공에 대비할 수 있어야 하며, 또한 신제품 제공에 있어서 소비자의 특성을 파악하여 맞춤형 복지정책 및 지원 방안을 마련해야 한다. 관련 규제정책 또한 마련 및 시행이 필요하다. 뿐만 아니라 전반적으로 다양하고 세분화되어 있는 관련 서비스 이용 소비자를 대상으로 한 연구의 필요성을 인식하고, 정부 차원의 다각적인 관심과 지원 노력을 이끌어낼 수 있다.

궁극적으로는 삶의 질 향상, 삶의 질에 대한 재인식, 그리고 삶의 질을 통한 행복증진을 위한 다양한 가이드라인을 만들고(김시월 외, 2021) 지원하는 정책이 필요하다.

생각해 볼 거리

현재 귀하의 행복도를 점수로 나타내면 100점 만점에 몇 점입니까?
(점)

그리고 행복도를 적을 때에 어떤 것을 주로 고려하는지 적어 보세요.
첫째( ), 둘째( ), 셋째( )

여러분이 60대가 되었을 때에는 어떠할까요? 귀하의 60대의 행복도를 점수로 나타내면 100점 만점에 몇 점일 것으로 예측합니까?
(점)

그리고 행복도를 적을 때에 어떤 것을 주로 고려할지 적어주세요.
첫째( ), 둘째( ), 셋째( )

QUIZ

1. 노인의 3대 특징이 아닌 것은 무엇인가요?

1) 신체적 약화
2) 심리적 소외
3) 경제적 약화
4) 정보탐색 능력의 강화

답 4번

해설

노인소비자의 원래의 세 가지 고충은 심리적 · 신체적 · 경제적 문제와 관련이 있다.

2. 삶의 질을 통한 통합적인 목표가 아닌 것은 무엇인가요?

1) 역량 있는 개인으로서의 삶의 영위.
2) 서로를 돌보는 활기찬 공동체로서의 시민참여.
3) 안전하고 지속가능한 환경으로 위험에서 자유롭고 환경이 보호되어 지속가능한 삶이 보장되는 환경
4) 안일한 개인주의적 의식

답 4번

해설

삶의 질을 통한 통합적인 목표는 역량 있는 개인으로서의 삶의 영위, 서로를 돌보는 활

기찬 공동체로서의 시민참여, 그리고 안전하고 지속가능한 환경으로 위험에서 자유롭고 환경이 보호되어 지속가능한 삶이 보장되는 환경이다.

3. 현재 우리나라의 노인소비자는 몇 세부터인가요?

1) 60세 이상

2) 65세 이상

3) 70세 이상

4) 80세 이상

답 2번

해설

현재 우리나라는 노인을 65세 이상으로 하고 있으나, 70세 이상으로의 개선안을 논의 중이다.

CHAPTER

09

신기술 시대와 소비자

본 장에서의 목표는 다음과 같다.

첫째, 4차산업혁명과 소비자와의 관계를 이해한다.
둘째, 신기술과 소비자와의 관계를 이해한다.
셋째, 4차산업혁명 관련 실증 연구의 결과를 살펴본다.

주요 키워드는 4차산업혁명과 소비자, 초연결기술과 소비자, 4차산업혁명 관련 실증 연구 등의 키워드를 들 수 있다.

*그림: 강정민

동화, 혹부리 할아버지

어느 마을에 가난하지만, 마음씨가 착한 혹부리 할아버지가 살았어요.

어느 날 할아버지는 흥얼흥얼 콧노래를 부르며 깊은 산으로 나무를 하러 갔어요. 할아버지는 나무를 지게에 지고 산에서 내려오다가 길을 잃었어요. 길을 헤매던 할아버지는 아무도 살지 않는 오두막집을 발견하고 하룻밤 자고 가기로 했어요. 할아버지는 무서움을 떨쳐 버리려고 노래를 부르기 시작했어요.

"달아 달아 밝은 달아 이태백이 놀던 달아"

구수한 할아버지의 노랫소리가 멀리멀리 퍼져 나갔어요. 그런데 갑자기 한 무리의 도깨비들이 덩실덩실 춤을 추며 할아버지를 둘러쌌어요. 대장 도깨비가 할아버지에게 물었어요.

"할아버지, 그렇게 멋진 노래가 대체 어디서 나와요?"

"그야 입에서 나오지요."

"거짓말! 우리도 입이 있는데 그런 멋진 노래가 안 나와요. 신기한 노래 주머니를 숨기고 있죠?"

"저거다! 할아버지, 그 혹에서 노래가 나오는 거 맞죠?"

파란 도깨비가 방망이를 들어 혹부리 할아버지의 혹을 툭 쳤어요. 그러자 할아버지의 혹이 뚝 떨어졌어요. 도깨비들은 할아버지에게 노래 주머니값으로 보물을 한 아름 안겨주고 사라졌습니다. 이웃 마을에 사는 욕심쟁이 혹부리 할아버지가 이 이야기를 듣게 되었어요.

"나도 혹 떼고, 금덩어리 은덩어리라도 얻어야지"

욕심쟁이 혹부리 할아버지는 산속 오두막집을 찾아가 밤이 오기를 기다렸어요. 드디어 도깨비들이 나타났어요. 도깨비들은 욕심쟁이 혹부리 할아버지가 거짓말을 하여 혹을 하나 더 붙여주었어요.

'혹 떼러 갔다 혹 붙이고 왔다'라는 속담이 바로 이 이야기에서 나왔습니다.

욕심쟁이 혹부리 할아버지는 어떻게 되었을까요?

도깨비들이 욕심쟁이 혹부리 할아버지에게 혹을 하나 더 붙여 준 이유는 무엇인가요?

욕심이 많아지면 기쁨보다 불만이 더 커집니다.

욕심쟁이 혹부리 할아버지는 괜히 욕심을 부려, 가지고 싶었던 보물은 구경도 못 하고 떼고 싶었던 혹만 두 개가 되었네요.

적게 가지고 내가 가진 것에 감사하면 행복이 가득 채워지죠.

경제적 이득만 꾀하려는 소비자도 있지만, 사회에 베풀고, 기여하고, 호혜적 관계를 가지는 이타적인 소비자들도 너무 많습니다.

*출처: 김시월 외 2인(2008), 동화로 소비를 배워요, 천재교육.
김시월(2008), 학교에서의 소비자교육을 위한 교재개발 연구 용역 계획(안), 공정거래위원회.

1. 4차산업혁명과 소비자

바야흐로 4차산업혁명이 빠른 속도로 전개되고 있다. 일반적으로 4차산업혁명의 일상화는 2030년에서 2050년으로 예측하였지만, 실제로는 좀 더 앞설 것으로 보인다. 왜냐하면, 근간의 이슈들을 살펴보면, 테크놀로지에서는 단연 AI로 집중되고 있기 때문이다.

소비자단체인 '소비자시민의모임'은 2024년 10월 28일부터 11월 8일까지 온라인으로 서울, 경기지역에 거주하는 남녀 20－60세 이하 소비자 500명 대상 소비자의 일상생활에 활용되고 있는 인공지능 관련 설문조사를 실시하였다(소비자시민의모임, 2024).

그 결과 인공지능에 대해 80% 이상이 알고 있으며, 전혀 모른다는 0.8%에 불과하였다. 그리고 인공지능에 대한 관심도 매우 높은 것으로 나타나, 관심 없는 편 5.0%를 제외하고 나머지 95%가 관심이 있는 편이었다. '인공지능에 대한 관심의 계기' 항목에서는 AI 기반 상품/서비스를 이용해 본 소비자가 22.5%였으며, 그 외에는 미디어/매체/방송 등을 통해(24.0%), 인터넷/SNS 등을 통해(17.3%), 업무 또는 직업과 관련이 있어서(12.0%), 인적 관계, 영화, 세미나, 교육, 도서, 알파고 등을 통해서 접하였다고 응답하였다.

인공지능이 일상에서 활동되는 정도에 대한 인식은 우리 생활 전반에서 다양하게 사용되고 있다(47.8%), 우리 생활에 사용되기 시작한 단계이다(31.0%)가 높았으며, 그 외에 매우 제한적인 분야에서만 사용되고 있다(16.3%), 기술개발 단계 중으로 아직은 일상에 도입되지 않고 있다(2.8%), 그리고 잘 모르겠다(2.2%) 순으로 나타났다.

그러나 인공지능이 기술 생활의 편리함을 가져다 줌에도, 인공지능에 대한 신뢰는 낮았다. 예를 들면, 인공지능이 편리함에 미치는 영향을 질문한 결과, 긍정적인 편(매우 긍정적이다+긍정적이다: 83.8%)은 높았지만, 인공지능 기술에 대한 신뢰를 질문한 결과(보통: 55.2%), 신뢰하는 편(매우 신뢰함+신뢰함: 36.4%), 신뢰하지 않는 편(신뢰 안 함+전혀 신뢰 안 함: 8.4%)의 순으로 나타났다.

지금까지 가장 많이 사용해 본 AI 서비스로는 AI 번역기에 관한 응답이 가장 높았다. 반면, 챗봇(고객 상담)에 대한 AI 서비스 만족도가 가장 낮게 나타났다. 인공지능 제품이 나에게 도움이 된다는 응답이 높았으며 많은 이들이 정보에 쉽게 접근할 수 있고, 업무수행 시간을 절약할 수 있다고 평가하였다.

그렇지만 인공지능 기술 우려 사항과 관련된 응답도 있었다. AI가 잘못된 결정을 내렸을 때 책임 소재의 모호함, 개인의 프라이버시 침해 문제, AI 가짜 정보나 가짜 뉴스 등으로 인한 피해 발생, 일자리와 양극화 문제 등 AI 미래에 대한 부정적 인식, 특정 집단 위주의 알고리즘 편향, AI 활용에 대한 사용자의 능력(교육) 부족, 기술의 안정성 문제 등 AI 기술에 대한 신뢰 부족 등이다.

안전한 인공지능 활용을 위해 필요한 정책은 AI 피해예방 및 피해 구제 관련 정책, 딥페이크, 가짜뉴스 등에 대한 관리 및 처벌 기준 마련, AI 윤리 및 안전한 AI 서비스에 대한 객관적 평가 기관 필요, 글로벌 AI 윤리 기준 마련, 이용자의 올바른 사용을 위한 AI 활용 교육 지원, AI 산업 육성 및 기술 개발을 위한 정책적 제도 필요 등의 순으로 나타났다.

결론적으로 AI와 소비자의 일상화 확대를 앞두고, AI 시대 소비자보호의 도전과 권리장정 등이 필요하며, 인공지능 소비자 피해구제를 위한 법제도 마련이 필요함을 알 수 있다.

그러나 이러한 보호장치가 완전히 마련되기도 전에 AI 관련 상품과 서비스 변화는 우리의 일상생활에 알게 모르게 너무나 빨리 다가왔다.

스마트폰 등 휴대용 개인 미디어의 등장으로 금융, 쇼핑, 길 찾기, SNS 등 우리의 일상생활이 데이터로 기록될 뿐 아니라 전자제품은 물론 생산 기계와 가로등, 자동차 등 사물에 부착된 IoT 기기에서 생성되는 데이터의 양은 가히 폭발적이다. 특히 초고속, 초저지연, 초연결을 지향하는 5G 환경에서는 사물인터넷(IoT)을 통한 데이터 전송과 클라우드 기반의 빅데이터 분석을 통해 언제 어디서나 맞춤형 서비스의 제공이 가능하다. 이러한 데이터 기반 환경은 스마트 팩토리 등 산업 영역은 물론 재난, 응급, 안전, 보안 등 공공서비스 영역으로 확산되고 있다(정용찬, 2018).

이에 미국, 독일, 일본 등 주요국의 4차산업혁명 전략도 데이터 활용의 관점에서 자국의 강점을 극대화하기 위한 데이터 경쟁력 강화 전략으로 가능하게끔 선점하고 있다(정용찬, 2018).

일찍이 미국은 인공지능, 로봇, 전기자동차 등 첨단 산업의 강점을 활용하여 첨단기술과 융합된 첨단 제조업을 지향하는 '산업 인터넷(Industrial Internet)' 전략을 표방, 산업인터넷 컨소시엄(IIC, Industrial Internet Consortium)을 통해 업체 간의 데이터 연계 모델(IIOT Connectivity Model)을 적용하는 등 민간 차원의 다양한 데이터 공유를 시도하고 있다(정용찬, 2018).

독일은 폭발적으로 성장하는 구글 등 인터넷 기반기업에 대항하기 위한 생존전략 차원에서 자국의 강점인 제조업에 인터넷을 결합한 '인더스트리 4.0' 전략을 선택했다. 독일 정부가 제시한 '스마트 서비스 세상(Smart Service Welt)'은 생산과정에서 양산되는 데이터와 소비자의 구매 이력과 행동 데이터, 위치 정보 등을 활용하여 소비자 맞춤형 제품과 서비스를 제공하고 있다(정용찬, 2018).

일본 경제산업성은 일찍이 2016년 '신산업구조비전'을 통해 제4차산업혁명에 대응하기 위한 7대 대응 전략을 발표했다, '데이터 활용 촉진을 위한 환경 정비'를 제1대응 전략으로 선정하고 데이터 플랫폼 구축, 데이터 유통시장 신설, 개인 데이터 활용 촉진, 기술과 인력 양성이 가능한 생태계 조성을 구체적 대응 정책으로 제시하였다. 특히 데이터 취득, 데이터 유통, 실용화, AI 등을 이용한 분석, 산업화 등 데이터 사이클별로 자국의 강점과 약점을 분석하여 대응 방안을 모색하였다(정용찬, 2018).

중국 국무원은 일찍이 2015년 '중국제조 2025'를 선포하고 정보화, 지능화를 통한 공업혁명을 강국 전략으로 채택했다. 소강 사회의 전면 건설이라는 중국의 꿈을 이루기 위한 현실적 추진 방향으로 신사화(공업화, 정보화, 도시화, 농업현대화)의 동시 발전을 선언하였다. 중국은 전 세계에서 스마트 시티 건설에 가장 적극적인 나라로 딜로이트(Deloitte)에서 2018년 3월 발표한 '슈퍼 스마트 시티 보고서'에 따르면 전 세계에 건설된 스마트 시티는 1,000여 개에 달하며 중국이 가장 많은 것으로 나타났다(정용찬, 2018).

특히 알리바바 본사가 있는 항저우(杭州)시는 '도시 데이터 빅브레인' 구축으로 시내 교통량과 돌발 상황 등 교통상황 데이터를 실시간으로 처리, 시내 신호등을 조정하여 교통흐름이 15%나 향상되었다. 대중교통 앱에서 승객들이 출발지와 종착지를 선택하면 데이터센터에서 승객 맞춤형 운행 노선을 정하는 '빅데이터 버스'를 운영 중에 있다(정용찬, 2018).

데이터 경제 체계 안에서 구글, 아마존과 같은 선도 기업은 검색 자료나 구매 상품을 쉽게 찾아주는 플랫폼을 제공하며, 플랫폼 이용자 데이터를 활용하여 플랫폼을 최적화할 뿐 아니라 데이터 생산자와 통찰력 제공자와 같은 다른 영역으로 확장이 가능하다(정용찬, 2018).

구글이나 아마존, 넷플릭스 등 데이터 기반기업이 실시간 이용자의 행동 데이터 분석을 통해 소비자 기호에 맞는 상품과 서비스를 추천하는 등 다양한 마케팅활동을 벌이고 있는 반면, 공공 영역이 가지고 있는 정보는 수집 주기, 포괄 범위, 신뢰도 관점에서 점점 약화되고 있는 추세로 데이터 생태계의 공공성 강화를 통해 데이터 격차 완화는 물론 균형 있는 발전 모색이 필요하다(정용찬, 2018).

로봇과 AI, 빅데이터 등 ICT의 활용은 농업의 생산방식에도 변화를 가져오고 있다. AI의 농업 활용은 농업 로봇, 작물 및 토양 모니터링, 예측 분석의 세 가지 영역에서 주로 이루어질 것이라 예상하였다. 그리고 작물 수확의 효율성을 제고 하기 위한 로봇, 잡초를 제거하는 로봇을 개발하였으며, 수확하고 포장하는 것을 도와주는 로봇을 개발하였다. 작물과 토양 모니터링은 드론에 의해 얻어진 데이터를 인공지능을 통해 분석하거나, 작물과 토양의 건강상태를 모니터링하는 소프트웨어 제공이 늘어나고 있다(과학기술정보통신부, 정보통신기술진흥센터, 2018).

토양의 잠재적 결함과 토양의 영양 상태 부족을 발견할 수 있고, 이용자의 스마트폰 카메라를 통해 얻어진 이미지 데이터를 통해 가능한 결함을 발견하고 이용자는 이 결함을 극복하기 위한 솔루션을 제공 받는 어플리케이션도 있다(과학기술정보통신부, 정보통신기술진흥센터, 2018). 아울러 환경변화에 따라 작물의 최적 수확 시기를 예측하는 것이 가능하다.

그 외에 엔터테인먼트 산업의 생산방식도 ICT 활용으로 변화가 일어나서, 이용자 데이터 분석을 통해 이용자들의 기호에 맞는 콘텐츠를 제작함으로써 불확실성이 높은 특성을 가진 엔터테인먼트 산업에서의 위험도를 낮추는 시도들이 계속되고 있다(과학기술정보통신부, 정보통신기술진흥센터, 2018).

예컨대, 이용자들의 콘텐츠 선호 데이터 분석을 통해 제작된 특정 OTT의 프로그램은 드라마, 감독, 배우 등은 모두 데이터 분석에 의해 결정되었다고 한다(과학기술정보통신부, 정보통신기술진흥센터, 2018).

인공지능은 콘텐츠 선호에 대한 예측력을 더욱 높일 것이라 예상되는데 예를 들어 디즈니(Diseney)가 개발한 영화 관객 반응 측정 기술은 컴퓨터 비전을 통해 관객의 표정 변화 데이터를 수집하고 이를 인공지능을 통해 분석하여 영화에 대한 관객의 반응을 측정한다. 이는 과거의 설문 조사를 통한 관객의 반응을 파악하는 것을 훨씬 뛰어넘어 어떤 장면에서 관객의 호응이 가장 좋았는지 등 영화 전반의 모든 장면에 대한 관객의 반응을 측정할 수 있다(과학기술정보통신부, 정보통신기술진흥센터, 2018).

인간의 고유한 영역으로 여겨지던 창작, 기사작성 등에도 인공지능이 도입되고 있다.

지금까지 언급했던 서비스의 제공 대상은 대부분 사람이다. 인공지능과 로봇의 진화와 함께 사람이 아닌 '기계'에 의한 서비스 제공의 증가도 서비스 제공방식의 중요한 변화 중 하나다(과학기술정보통신부, 정보통신기술진흥센터, 2018).

그 외에, 아마존의 무인매장 Amazon go는 2018년 1월 시애틀에서 처음으로 대중에게 공개됐다. Amazon go에는 컴퓨터 비전, 딥러닝 알고리즘, 자율주행차 기술, 센서 퓨전 등 최첨단의 ICT 기술이 적용되었다. 자율주행 센서가 부착된 카메라는 고객의 쇼핑 동선을 따라다니면서 구매한 제품을 인식하고, 앱에 등록된 결제수단을 통해 고객은 계산대에서 줄을 서서 지불하는 과정 없이 제품을 구매할 수 있다(과학기술정보통신부, 정보통신기술진흥센터, 2018).

잠깐!

예를 들어, 단순한 영수증을 분석한 테이터 마이닝을 통한 디스플레이(맥주와 기저귀)에서 유통업에서의 (빅)데이터 분석을 통한 소비자 분석까지. Target의 영수증의 변화를 통한 소비자별 관련 상품 안내 및 할인권 증정 예, 금융관련 기업의 인센티브, 성적과 성과 등 의 사례를 볼 수 있습니다.

데이터 안에서 우리는 과거, 현재, 그리고 미래의 비즈니스를 찾고 응용할 수 있다.

물론 4차산업혁명과 관련된 긍정적인 측면도 있지만, 문제점 해결을 요구하는 측면 또한 있다. 예를 들면, 제품이나 서비스 이용 시 발생하는 데이터가 이용자의 것인지, 제품이나 서비스개발자의 것인지 등 데이터의 소유권이 누구에게 있는지가 불분명한 것도 데이터가 시장에서 거래되기 위해 해결되어야 할 이슈이다(과학기술정보통신부, 정보통신기술진흥센터, 2018).

그리고 커넥티드카나 자율주행 자동차와 같이 한 제품이나 서비스의 제공을 위해 네트워크사업자, 자동차 제조업체, 커넥티드 서비스 제공업체, 센서 등 부품 제공업체 등 여러 이해관계자가 얽혀 있는 경우 데이터의 소유권 문제는 더욱 복잡해질 것이다(과학기술정보통신부, 정보통신기술진흥센터, 2018).

의료 데이터의 경우에도 소유권이 환자에게 있는지, 아니면 진료행위를 한 의사에게 있는지도 불분명하고, 향후 데이터의 경제적 가치가 증대함에 따라 데이터 소유권 이슈는 더욱 첨예해질 것이라 예상된다(과학기술정보통신부, 정보통신기술진흥센터, 2018).

많은 사업자와 이용자들이 복잡하게 연결되어 있는 플랫폼 생태계 경쟁의 경우 경쟁을 저해한다는 근거를 찾는 것이 쉽지 않기 때문에 주요국에서는 인터넷 플랫폼 경쟁에 대해 전통적인 경쟁법 외에 별도의 제재를 가하고 있지 않는 상황이다(과학기술정보통신부, 정보통신기술진흥센터, 2018).

구글, Uber, 페이스북, 아마존 등 미국의 인터넷 플랫폼 기업들의 글로벌 영향력이 증대하면서 EU에서는 인터넷 플랫폼 경쟁에 대한 지속적인 연구를 진행하고 있으며, 경쟁법을 통해 유럽 시장에서의 공정한 플랫폼 경쟁 환경을 구축하려 한다. 구글은 자사 부가 서비스 결과를 검색에서 우선 노출했다는 이유로 EU의 경쟁 당국에 의해 약 3조 2천억 원에 달하는 벌금을 부과받았다(과학기술정보통신부, 정보통신기술진흥센터, 2018).

특히 4차산업혁명은 긍정적 측면, 부정적 측면 모두 인식되고 있어, 그에 대한 선제적 정책적 대비도 필요하지만, 무엇보다 이에 대한 소비자교육도 필요하다. 미래의 소비시장을 뒤흔들 인구 관련 현상으로 살펴보면, 초저출산, 만혼, 비혼, 도시 집중, 가구축소, 수명 연장, 질병 부담 급증, 외국인 유입 규모 등을 들 수 있어 다양성을 보이기 때문이다.

우리는 인구 관련 데이터에서 소비시장을 읽어야 하며, 시장이 어디로 가고 있는지 파악해야 한다. 왜냐하면, 인구시장은 미래 시장의 변화 및 트렌드 예측과 관련이 있기 때문이다.

2. 신기술과 소비자

시대는 변화하고, 시장도 변화하고, 그에 따른 소비자 가치도 변화하고 있다(김시월, 2019). 특히 새로운 변화는 소비자역량에 따라 양극화가 심할 것으로 예측되어 더욱 소비자교육 등이 중요해지고 있다(김시월, 2021). 사물인터넷을 이용한 스마트홈 기술과 AI 기술의 초기 버전이 가정에 도입되고, 온라인 소매 유통기업들이 빅데이터를 활용한 알고리즘 마케팅 기술을 적극적으로 활용하기 시작함에 따라 소비자 정보의 프라이버시가 새로운 소비자 이슈로 부상하고 있다.

이에 소비자가 자주 이용하는 유통채널의 중심이 온라인으로 이동함에 따라

스마트폰과 PC 이용에 능숙하지 못한 소비자, 스마트폰이 없는 소비자, 그리고 신용카드가 없는 소비자가 소비생활의 기본적 구매 활동인 쇼핑/뱅킹 서비스 이용에서 소외당하는 상황도 발생한다(김시월, 2019).

이는 비단 특정한 소비자만의 문제가 아니라, 우리 사회 내의 인구구성이 예전보다 다양해지고 있어, 다양한 배경을 지닌 소비자와 관련된 문제의 확대 소지가 생겼다. 또한 공유경제 등 새로운 유형의 소비 방식, 비즈니스가 시장에 등장하면서 이용 시 주의사항과 소비자 분쟁 또한 자주 발생할 것으로 예측된다(김시월, 2021).

결국, 소외되는 소비자가 없는 소비자 포용적인 정책과 서비스에 주목해야 한다. 변화하는 사회에서는 경제적, 사회적, 심리적 혜택에 대한 기대감도 높지만, 사회경제활동 참여 제한, 심리적 소외, 그리고 양극화 등의 소비자 소외(김시월, 2021)를 예측해 볼 수 있는데, 이러한 간극을 줄이는 데에는 소비자교육이 기여할 것으로 보인다.

4차산업혁명의 핵심주제 중 하나인 초연결(Hyper-connected)이란 인간과 인간을 둘러싼 환경적 요소들이 시공간의 제약을 극복하고 서로 유기적으로 연결되어 소통하고 상호작용하는 인프라를 의미한다. 기술로 연결된 소비자(Connected Consumer)는 다른 사람뿐만 아니라 다른 사물이나 물리적 환경과도 언제 어디서나 연결할 수 있게 되었다(Verhoef et al., 2017). 코로나19 팬데믹이 이러한 현상을 좀 더 가깝게 하였다고 볼 수 있다.

인터넷과 스마트폰 등의 IoT를 바탕으로 한 4차산업혁명을 기반으로 최근 현대사회의 소비는 '플랫폼 경제'가 트렌드로 떠올랐다(김시월, 2021). 플랫폼 경제의 정의는 기차역(플랫폼)이 사람, 물건이 오가는 도시의 기본 인프라인 것처럼 융복합을 핵심으로 하는 4차산업혁명 시대에 빅데이터, 인공지능 등 핵심 인프라와 산업 생태계를 갖추고 활용하는 경제를 뜻한다.

실제로 현대사회의 메가 기업은 직접적인 소비자의 Needs를 제공하는 것이 아닌 생산자와 소비자를 연결시켜주는 역할을 하는 기업이다. 플랫폼 경제는 생산자가 소비자에게 직접적인 상품을 제공하는 것이 아닌 소비자의 소비행위를 위한 기반(플랫폼)을 제공하는 형태다. 플랫폼 경제 형태 안에서 현대사회 트렌드에 따른 새로운 소비경제 형태는 생산자와 소비자가 대면하지 않고 소비행위가 일어나는 '언택트 소비'다. 언택트 소비의 배경에는 플랫폼 경제와 4차산업혁명을 통한 네트워크의 발전, Kiosk 등을 통한 인건비 절감, 대면 서비스보다 비대면 서비스에 호의적인 밀레니얼 세대 등을 들 수 있다.

이와 아울러 다양한 변수는 언택트 소비와 플랫폼 경제에 지대한 영향을 미쳐, 소비자들이 집에 머무는 시간이 길어지면서 사람들을 달래주는 온라인 콘텐츠가 매우 가까이 다가왔다.

실제로 특정 브랜드 OTT 가입자 수를 분석해 보면 1년 단위로 증감을 반복한 규칙성을 고려하더라도 코로나 팬데믹이 시작된 2019년 말과 2020년 초에 1600만 명의 가입자를 끌어들이며 유례없는 폭발적인 가입자 수의 증가를 보여주었다(김시월, 2021). 소비자가 이에 적응하고 편리함과 효율성을 깨닫게 되면서 언택트 형태의 시스템은 어느 정도 유지될 것으로 보여, 소비자 스스로의 정보 및 관련 교육이 필요하다.

특히 20대는 정보혜택자로 볼 수 있으며, 이들을 대상으로 4차산업혁명에 대한 관심과 교육의 필요성을 살펴보는 것은 매우 중요할 것으로 보인다. 왜냐하면, 4차산업혁명의 일반화 및 보편화의 주역이 될 것으로 보이기 때문이다. 이에, 대학생들을 대상으로 4차산업혁명 관련 실증적인 조사를 해봤다.

3. 4차산업혁명 관련 실증 연구

1) 측정도구

4차산업혁명 관련 실증 연구를 위하여, 구조화된 설문지로 수도권 7대 대학교에 재학 중인 472명을 대상으로 온라인 및 오프라인으로 조사하였다. 질문 내용은 4차산업혁명 관련 표현 용어, 4차산업혁명 관련 긍정적 기대와 위험 인지 요인, 수용의도, 신제품채택유형, 라이프스타일, 그리고 관련 교육의 필요성을 유의적 표집으로 조사하였다(김시월, 2021).

측정 도구 및 변수는 다음과 같다. 우선 사회경제적 변수는 성별, 연령, 월평균 용돈, 4차산업혁명에 대한 주관적 지식으로 구성하였다. 그 외 4차산업혁명 관련 소비자의 긍정적, 부정적 요인, 신제품 채택유형(소비성향), 라이프스타일, 4차산업혁명 수용의도와 제4차산업혁명 관련 소비자교육 요구도 등으로 구성하였으며, 이는 선행연구(윤덕환, 2016; 정주원, 2017; 김시월, 2019 등)를 참고하여 전체 57문항으로 구성하였다.

표 9-1 조사도구의 구성

변수	하위 척도	문항 수	척도	참고자료
사회경제적 변수	성별, 연령, 월평균 용돈, 제4차산업혁명에 대한 주관적 지식	4문항	명목척도, 비율척도, 등간척도	—
라이프스타일	소비자의 라이프스타일	17문항	리커트 5점 척도	김시월 외(2019)
신제품 채택양식 (소비성향)	신제품이나 신서비스에 대한 소비자의 채택 관련 행동 유형 및 소비성향	21문항	리커트 5점 척도	Rogers(2007), 윤덕환(2016), 정주원(2017) 외
4차산업혁명에 대한 부정적 요인	4차산업혁명에 대한 지각된 소비자 위험	13문항	리커트 5점 척도	윤덕환(2016), 정주원(2017) 외
4차산업혁명 관련 수용의도	4차산업혁명 관련 수용의도	6문항	리커트 5점 척도	윤덕환(2016), 정주원(2017) 외
4차산업혁명에 대한 긍정적 요인	4차산업혁명 관련 경제적 혜택	5문항	리커트 5점 척도	윤덕환(2016), 정주원(2017) 외
	4차산업혁명 관련 사회적 혜택	5문항	리커트 5점 척도	
	4차산업혁명 관련 심리적 혜택	5문항	리커트 5점 척도	

<table>
<tr><th>변수</th><th>하위 척도</th><th>문항 수</th><th>척도</th><th>참고자료</th></tr>
<tr><td rowspan="2">4차산업혁명
관련
소비자교육
요구도</td><td>4차산업혁명 관련
정부 교육의 필요성</td><td>7문항</td><td rowspan="2">리커트
5점 척도</td><td rowspan="2">윤덕환(2016),
정주원(2017) 외</td></tr>
<tr><td>4차산업혁명 관련
기업 교육의 필요성</td><td>7문항</td></tr>
<tr><td colspan="3">전 체</td><td colspan="2">57문항</td></tr>
</table>

2) 분석방법

이러한 연구를 위하여 구조적인 설문지를 통하여 조사대상으로부터 응답을 얻은 후, SPSS 26.0을 활용하여 4차산업혁명에 대한 긍정적, 부정적 인지, 신제품 채택 유형(소비성향), 라이프스타일, 그리고 4차산업혁명 관련 소비자교육 요구도 등은 요인분석(Factor analysis)을 실시하였다. 4차산업혁명에 대한 긍정적, 부정적 요인, 신제품 채택 유형(소비성향), 라이프스타일 등은 4차산업혁명 수요의도를 매개로 하여 4차산업혁명 관련 소비자교육 요구도에 미치는 인과관계를 살펴보기 위하여 변수 간의 상관관계(Correlation)를 살펴본 후에 경로분석(Path analysis)과 회귀분석을 실시하였다. 그 외에 사회경제적 변수별 차이를 살펴보기 위해서는 t-test, One-Way ANOVA 등을 활용하였다.

3) 연구 분석

(1) 조사대상자의 사회경제적 특성

조사대상자의 사회경제적 변수는 성별, 연령, 월평균 용돈, 4차산업혁명에 대한 주관적 지식 등으로 살펴보았다. 여학생이 53.3%, 평균 연령 21.8세, 월평균 용돈 52만 원 정도, 4차산업혁명에 대한 주관적 지식이 상(42.4%), 중(37.4%), 하(30.2%)의 순으로 나타났다.

(2) 4차산업혁명 관련 결과

① 4차산업혁명 관련 표현 용어

우선, 4차산업혁명 관련 표현 용어를 질문하였고, 그 결과는 다음과 같다.

그림 9-1 4차산업혁명 관련 표현 용어

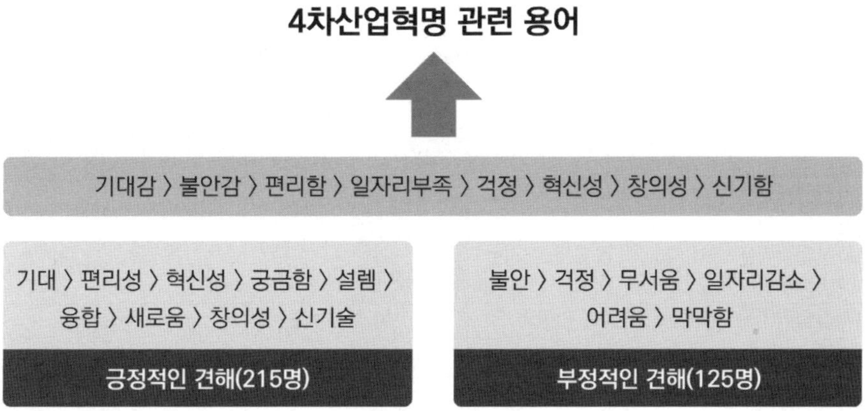

20대 대학생 소비자를 대상으로 4차산업혁명 관련 변화에 대한 심리적인 표현으로 3가지 단어를 순서대로 기록하도록 하였고, 첫 번째로 지적한 단어(명사, 형용사, 동사)를 중심으로 분석하였다.

첫 번째로 지적한 단어는 34개로, 응답 빈도수로 단어를 다시 묶었다. 응답한 빈도수가 높은 순서는 기대감, 불안감, 편리함, 일자리부족, 걱정, 혁신성, 창의성, 신기함 등의 순으로 나타났다.

이를 다시 긍정적, 부정적 견해로 나누어서 구체적으로 살펴보았다. 그 결과, 긍정적 견해가 가장 많았으며, 부정적 견해, 그리고 중간적 견해 등의 순서로 나타났다(무응답 제외). 긍정적인 견해 관련 용어는 기대된다, 기대감, 기다려진다 등의 기대감이 52명으로 가장 많았으며, 다음은 편리성, 혁신성, 궁금함, 설레임, 융합, 새로움, 창의성, 신기술 등의 순이었다.

부정적인 견해와 관련된 표현 용어는 불안, 걱정, 무서움 등이 가장 많았으며, 일자리 감소와 관련하여, 그리고 어려움, 정보격차, 막막함 등으로 표현하였다. 예비조사에서는 막연히 미래에 대한 긍정적인 반응이 매우 많았지만, 구체적인 용어로 표현하는 본 조사에서는 긍정적인 표현이 감소하였으며, 불안 요소에서도 일자리 감소 및 사회진출에 대한 불안감이 더욱 크게 나타났다.

② 4차산업혁명에 대한 긍정적 요인

4차산업혁명에 대한 긍정적 요인을 알아보기 위하여 탐색적 요인분석을 실시한 결과는 다음과 같다.

표 9-2 4차산업혁명에 대한 긍정적 요인분석

문항	4차산업혁명에 대한 긍정적 요인				
	요인 1	요인 2	요인 3	$h2$	평균
4차산업혁명으로 인해 소비자들은 이익을 창출할 것이다.	.774	.176	.099	.639	3.79
4차산업혁명은 소비자에게 경제적 이익을 제공할 것이다.	.766	-.084	.215	.575	3.71
4차산업혁명은 생산성 향상에 기여할 것이다.	.666	.360	.052	.640	4.28
4차산업혁명은 생산과 소비의 간격이 좁아질 것이다.	.546	.133	.132	.702	3.69
4차산업혁명은 모든 면에서 안전할 것이다.	-.013	.804	.187	.712	2.37
4차산업혁명 관련 사회적 비용은 신뢰할 수 있다.	.207	.750	.145	.492	3.04
4차산업혁명은 신뢰성이 있다.	.249	.731	.160	.626	3.12
4차산업혁명은 무엇이건 쉽게 찾을 수 있을 것이다.	.042	.120	.828	.682	3.56
4차산업혁명은 어려운 문제를 쉽게 해결할 수 있게 만든다.	.249	.127	.796	.622	3.63
4차산업혁명은 모든 자원을 효율적으로 활용할 수 있게 한다.	.202	.310	.596	.333	3.32
고윳값	3.60	1.30	1.13		
분산	21.37	20.55	18.33		
누적분산	21.37	41.92	60.24		
요인별 평균	3.87	2.84	3.50		
Cronbach's α	0.84	0.82	0.88		

점수분포: 1점 전혀 그렇지 않다. 2점 어느 정도 그렇지 않은 편이다. 3점 보통이다.
4점 그런 편이다. 5점 매우 그렇다.

요인 1: 경제적 이익창출

요인 2: 신뢰성과 안전성

요인 3: 효율성과 편이성

타당성을 저해하는 것으로 보이는 공통성이 낮은 문항을 제외하고 나머지 10개 항목을 분석에 사용하였다. 그 결과, 고유치가 1.0 이상인 요인 3개로 추출되었으며, 전체 설명력은 59.33%로 나타났다. 또한, KMO 값이 0.816, Bartlett의 구형성 검정이 886.2072로 p<.001수준에서 유의미하여 타당성이 검증되었다(김시월, 2019).

각 요인이 포함된 문항을 참고하여 '요인 1: 경제적 이익창출', '요인 2: 신뢰성과 안전성', '요인 3: 효율성과 편이성'으로 명명하였다. 탐색적 요인분석의 결과 변수의 신뢰성을 검증하기 위하여 Cronbach's α 계수를 사용하였는데, 모두 0.8 이상으로 높게 나타났다. 4차산업혁명 관련 긍정적 기대 요인은 경제적 이익창출, 효율성과 편이성, 신뢰성과 안전성 등의 순으로 평균값이 높게 나타났다.

③ 4차산업혁명에 대한 부정적 요인

4차산업혁명에 대한 부정적 요인을 알아보기 위하여 탐색적 요인분석을 실시하였고, 타당성을 저해하는 것으로 보이는 공통성이 낮은 문항을 제외하고 나머지 12개 항목을 분석에서 사용하였다. 그 결과, 고유치가 1.0 이상인 요인 3개로 추출되었으며, 전체 설명력은 60% 정도로 나타났다. 또한, KMO 값이 0.814로, Bartlett의 구형성 검정은 1427.705로 p<.001수준에서 유의미하여 타당성이 검증되었다.

표 9-3 4차산업혁명 관련 부정적 요인

문항	4차산업혁명에 대한 부정적 요인				
	요인 1	요인 2	요인 3	$h2$	평균
4차산업혁명은 지능정보기술 및 권력에서 불평등을 양산할 것으로 보인다.	.784	.154	.140	.533	3.98
4차산업혁명은 소비자의 적응 능력에 따라 양극화가 더욱 커질 것으로 보인다.	.767	.045	.180	.606	4.19
4차산업혁명은 윤리적 문제의 대두 및 증가할 것으로 보인다.	.675	.059	.286	.685	3.91
4차산업혁명은 개인정보의 활용문제가 급증할 것으로 보인다.	.637	-.037	.389	.486	4.14

4차산업혁명으로 인해 일자리가 줄어들 것으로 보인다.	.581	.157	-.027	.749	3.84
4차산업혁명으로 인한 신기술 관련 서비스 사용법을 특정한 소비자는 이해에서 배제될 것으로 보인다.	.060	.898	.038	.624	2.83
4차산업혁명으로 인한 신기술이나 서비스에 대한 정보는 특정한 소비자들이 이해하기 매우 어려울 것으로 보인다.	.060	.862	.045	.811	2.95
4차산업혁명 관련 신기술이나 서비스는 특정 소비자의 효율적인 사용을 고려하지 않는 면이 있을 것으로 보인다.	.174	.741	.210	.363	3.12
4차산업혁명으로 인한 개인정보 노출 및 사생활 침해 등이 우려된다.	.200	.066	.800	.623	4.19
4차산업혁명의 전자지불 시스템의 안전성에 대한 우려가 있다.	.034	.277	.726	.657	3.59
4차산업혁명과 관련된 여러 기술이나 서비스를 이용할 때에 불법적인 접근이 우려된다.	.321	-.136	.642	.541	4.01
4차산업혁명 관련 서비스를 이용하거나, 신기술 및 서비스 관련 기술지원을 받을 때, 자신이 이용당하는 것 같은 느낌이 들 것이다.	.201	.393	.540	.558	3.36
고윳값	4.07	2.01	1.17		
분산	23.899	16.698	9.712		
누적분산	33.899	50.596	60.309		
요인별 평균	4.01	2.97	3.78		
Cronbach's α	0.89	0.82	0.80		

점수분포: 1점 전혀 그렇지 않다. 2점 어느 정도 그렇지 않은 편이다. 3점 보통이다.
4점 그런 편이다. 5점 매우 그렇다.

요인 1: 일자리 감소 및 양극화

요인 2: 소비자 소외

요인 3: 시스템 불안정 및 사생활 침해

각 요인이 포함된 문항을 참고하여 '요인 1: 일자리 감소 및 양극화', '요인 2: 소비자의 소외', '요인 3: 시스템 불안정 및 사생활 침해' 등으로 명명하였다. 탐색적 요인분석의 결과 변수의 신뢰성을 검증하기 위하여 Cronbach's α 계수를 사용하였는데, 모두 0.8 이상으로 높게 나타났다. 4차산업혁명 관련 부정적 요인은 일자리 감소 및 양극화, 시스템 불안정 및 사생활 침해, 소비자 소외 등의 순으로 평균값이 높게 나타났다.

④ 4차산업혁명 수용 의도

4차산업혁명의 수용 의도를 질문한 결과, 평균 3.69(5점 만점)로 나타나 어느 정도 수용 의도의 긍정적인 측면을 볼 수 있다.

표 9-4 4차산업혁명 수용 의도

문항	평균(SD)
나는 4차산업혁명에 관심이 있다.	3.85(.848)
나는 4차산업혁명을 수반하는 기술이나 서비스를 타인에게 긍정적으로 추천할 의향이 있다.	3.64(.847)
나는 4차산업혁명과 관련된 전반적인 것을 타인에게 긍정적으로 추천할 의향이 있다.	3.57(.796)
전체	3.69

점수분포: 1점 전혀 그렇지 않다. 2점 어느 정도 그렇지 않은 편이다. 3점 보통이다.
4점 그런 편이다. 5점 매우 그렇다.

⑤ 4차산업혁명 관련 소비자교육 요구도

4차산업혁명 관련 소비자교육에 대한 기대를 정부, 기업 등을 중심으로 실시하는 내용 및 주체 관련 요인을 알아보기 위하여 탐색적 요인분석을 실시하였다.

그 결과, 고유치가 1.0 이상인 요인 2개로 추출되었으며, 전체 설명력은 70% 정도로 나타났다. 또한, KMO 값이 0.867로, Bartlett의 구형성 검정은 1584.380으로 $p<.001$ 수준에서 유의미하여 타당성이 검증되었다.

각 요인이 포함된 문항을 참고하여 '요인 1: 정부 교육 기대', '요인 2: 기업 교육 기대'로 명명하였다. 탐색적 요인분석의 결과 변수의 신뢰성을 검증하기 위하여 Cronbach's α 계수를 사용하였는데, 모두 0.7 이상으로 높게 나타났다. 4차산업혁명 관련 소비자교육 기대는 정부 교육 기대, 기업교육 기대의 순으로 나타나 소비자는 정부의 정책, 교육 등을 기대하는 것으로 나타났다. 특히 문항 중에서 기업이 4차산업혁명으로 인해 발생할 수 있는 위험에 관해 소비자주권 보호와 환경보존을 위해 기술을 개발하고 교육해야 한다고 생각하는 문항이 가장 점수가 높았다.

표 9-5 4차산업혁명 관련 소비자교육에 대한 요구도 요인

문항	4차산업혁명 관련 소비자교육 요구도			
	요인 1	요인 2	$h2$	평균
나는 정부가 4차산업혁명에 관한 기술 및 지식에 대해 소비자교육을 실시하길 바란다.	.865	.279	.827	4.13
나는 정부가 국민에게 4차산업혁명에 관한 사회적인 교육을 제공하길 바란다.	.886	.284	.866	4.16
나는 정부가 국민에게 4차산업혁명의 기술이나 서비스 등을 제공하길 바란다.	.797	.345	.754	4.10
나는 정부가 기업이 4차산업혁명에 대한 지식이나 기술을 우선적으로 잘 익히는 데에 개입해야 한다고 생각한다.	.357	.746	.684	4.15
나는 기업이 소비자에게 4차산업혁명에 대한 교육을 제공해야 한다고 생각한다.	.456	.657	.639	4.15
나는 기업이 4차산업혁명으로 인해 발생할 수 있는 위험에 관해 소비자주권 보호와 환경보존을 위해 기술을 개발하고 교육해야 한다고 생각한다.	.356	.704	.623	4.36
나는 기업이 4차산업혁명으로 인한 기업의 새로운 변화를 기대하고 관련 교육도 기대한다.	.130	.816	.683	4.10
고윳값	4.232	1.000		
분산	37.817	34.696		
누적분산	37.817	72.513		
요인별 평균	4.135	4.201		
Cronbach's α	.869	.742		

점수분포: 1점 전혀 그렇지 않다. 2점 어느 정도 그렇지 않은 편이다. 3점 보통이다.
4점 그런 편이다. 5점 매우 그렇다.
요인 1: 정부 교육의 기대
요인 2: 기업 교육의 기대

이를 성별, 연령, 용돈 규모, 4차산업혁명에 대한 주관적 견해에 따라 어떤 차이가 있는지를 살펴본 결과, 4차산업혁명에 대한 주관적 견해에 따라 차이가 있었다. 스스로 4차산업혁명에 대해 잘 안다고 한 경우에 4차산업혁명 관련 소비자교육 요구도가 높게 나타났다. 오히려 이러한 결과는 정보혜택자 연령에서도 개인적인 관심에 따라 요구도가 높은 편이라고 할 수 있다.

표 9-6 4차산업혁명 관련 소비자교육 요구도 요인의 차이

변수	구분	4차산업혁명 관련 소비자교육 요구도 요인			
		요인1: 정부 교육 기대		요인2: 기업 교육 기대	
		M	D	M	D
성별	남	4.14		4.22	
	여	4.11		4.16	
	t 값	.52		1.67	
연령	10대	4.10		4.17	
	20-24세	4.13		4.20	
	25세 이상	4.16		4.16	
	F 비	.09		.11	
용돈	35만 원 이하	4.07		4.17	
	36-50만 원 이하	4.12		4.14	
	51만 원 이상	4.17		4.28	
	F 비	.45		1.57	
4차산업혁명에 대한 주관적 견해	모르겠다	3.88	a	3.94	a
	보통이다	4.05	a	4.11	b
	(잘)안다	4.32	b	4.38	c
	F 비	12.456***		16.887***	

점수분포: 1점 전혀 그렇지 않다. 2점 어느 정도 그렇지 않은 편이다. 3점 보통이다.
4점 그런 편이다. 5점 매우 그렇다.

4) 결론 및 제언

OECD 소비자정책위원회는 일찍이 2009년 '소비자교육정책에 대한 권고안'에서 소비자교육의 5대 장애 요인으로 다음을 언급하였다.

첫째, 전략의 부족

둘째, 교육의 질 문제

셋째, 공교육 분야의 제한된 협조로 인한 문제

넷째, 소비자교육 전문가와 참여자의 학습동기 부족의 문제

다섯째, 자원제약의 문제

이를 위한 국가적 차원에서의 해결책으로는 소비자교육의 목표와 전략을 명확히 할 것, 소비자교육 시 가장 적절한 방식의 선택에 노력할 것, 소비자교육 이해관계자들 사이의 협력 및 협업체계를 발전시킬 것을 제시하였다.

실제로 OECD 소비자정책위원회는 권고안 제시 후 3년간 각국의 권고 이행을 검토하게 되는데, 이 과정에서 권고안 마련에 주도적인 역할을 한 일본이 2012년에 '소비자교육추진법'을 제정함으로써 큰 성과를 거두었다고 볼 수 있다. 일본의 경우는 2012년 '소비자교육추진에 관한 법률'이 제정되어 소비자교육추진체계를 정비하였으며, 이러한 일본의 소비자교육추진법은 소비자교육을 통하여 소비자가 소비자시민사회의 형성에 참가하는 것의 중요성을 이해하고 관심을 높이기 위한 교육으로 정의하고 있다(김시월 2017).

소비자에 대한 교육은 부단히 필요하고, 적극적인 소비자 스스로의 자립을 위한 수단이라고 강조하고자 하여, 급변하는 테코놀로지, 비즈니스, 그리고 휴먼밸류의 정착을 위한 소비자교육의 필요성을 들여다 보았다.

특히 실증적인 연구를 첨가하여, 젊은 세대들도 소비자 유형에 따라 수용 의도 및 4차산업혁명 관련 소비자교육 요구를 높여야 한다. 시대를 살아가는 자립적인 소비자시민이 되기 위해 기업, 정부에서의 교육만이 아니라, 소비자 스스로 교육에 참여해야 함을 강조하고 싶다.

첫째, 젊은 세대인 정보혜택자도 소비자교육의 필요성을 인지하고 있다.
둘째, 정보혜택자만이 아니라 정보소외자에 관심을 두어야 한다.
셋째, 1인가구, 특히 노인1인가구에 주목할 필요가 있다.
넷째, 플렛폼 경제의 언택트 소비에 주목하면, 온라인/오프라인 교육의 양식도 주목해야 한다.
다섯째, 소비자는 아날로그적인 경험소비를 통한 행복을 원하므로 소비자중심적인 맞춤교육이 요구된다.
여섯째, 주거공간에서의 머무르는 시간의 증가를 고려하여야 한다.
일곱째, 교육서비스도 중요한 시대적 상품임을 명심해야 한다.

특히 소비자별 맞춤소비의 형태로 기술적, 비즈니스적인 변화는 소비자에게 보다 심리적인 가치를 제공할 것이다. 소비자의 소비에 대한 가치관은 축적, 소유, 이용, 경험, 상징적인 측면에서 행복으로 변화하고 있다. 이는 물질적인 측면에서 경험적인 소비를 통한 아날로그적인 기쁨과 행복이 중요하다는 것이다. 따라서 소비자에게 보다 많은 지역적 특성을 고려한 아날로그의 경험소비를 통하여 행복을 전파하는 것이 필요하다. 시장에서 생산과 소비에 가치를 심어야 하기 때문이다.

생각해 볼 거리

새로운 상품이나 서비스 개발을 위한 사업기획서를 작성해 보고,
빅데이터를 활용하여 사업의 근거를 시각화해 보세요.

QUIZ

1. 소비자교육추진에 관한 법률은 어느 나라 법인가요?

1) 대한민국

2) 일본

3) 미국

4) 중국

답 2번

해설

일본은 2009년부터 소비자교육추진에 관한 법률을 시행중에 있다.

2. 4차산업혁명과 관련된 변화를 표현한 것이 아닌 것은 무엇인가요?

1) 빅데이터

2) 초연결

3) 데이터 마이닝

4) 로봇과 AI

답 3번

해설

4차산업혁명은 로봇과 AI, 빅데이터 등 ICT의 활용의 초연결 사회를 보인다.

3. 신기술(초연결기술)이 새로운 형태의 혁신과 개발을 가능하게 하면서 소비자에게 제공하지 않는 것은 무엇인가요?

1) 지금까지 볼 수 없었던 새로운 제품과 서비스, 비즈니스

2) 소비자끼리 초연결을 통해 협력하고 공유하며 서로의 생각과 정보를 교환

3) 새로운 문화의 이해를 통한 소비자의 라이프스타일에 커다란 변화를 야기

4) 아날로그적인 기술과 감성 전달

답 4번

해설

연결기술은 새로운 형태의 혁신과 개발을 가능하게 하여 지금까지 볼 수 없었던 새로운 형태의 제품과 서비스, 비즈니스를 소비자에게 제공하며, 또한 소비자끼리 초연결을 통해 협력하고 공유하며, 서로의 생각과 정보를 교환하며 새로운 문화를 이해할 수 있도록 하기 때문에 소비자의 라이프스타일에 커다란 변화를 야기할 것이다.

PART 04

소비자와 소비가치

CHAPTER

10

지속가능소비와 소비자

본 장의 목표는 다음과 같다.

첫째, 지속가능소비와 소비자와의 관계를 이해한다.
둘째, 지속가능소비의 현황을 조사 결과를 통해 살펴본다.
셋째, 지속가능소비의 장애요소는 무엇인지 살펴본다.
넷째, 지속가능소비의 실천을 위한 장애의 해결방안을 알아본다.

주요 키워드는 지속가능소비와 소비자, 지속가능소비의 현황 조사 결과, 지속가능소비의 장애 요소, 지속가능소비의 실천을 위한 장애 해결 등이다.

*그림: 강정민

동화, 소금장수, 우산장수

한 어머니에게 두 아들이 있었어요. 첫째 아들은 소금장수였고, 둘째 아들은 우산장수였어요. 그런데 그 어머니는 항상 걱정이 끊이질 않았어요.

비가 오는 날은 소금을 파는 아들이 장사를 못 할까 봐 걱정이고, 맑은 날에는 우산을 파는 아들이 장사를 못 할까 봐 걱정이었어요.

어느 날 그런 어머니를 본 이웃 사람이 말했습니다.

"비가 오는 날은 둘째 아들이 우산을 팔아서 좋고, 맑은 날에는 첫째 아들이 소금을 팔아서 좋은데, 왜 걱정을 하시나요?"

소금장수와 우산장수의 어머니처럼 날씨 때문에 걱정해 본 적이 있나요?

요즘엔 날씨 때문에 걱정을 하는 사람들이 늘어나고 있습니다. 우리가 살고 있는 지구 걱정 때문이지요.

우리가 살고 있는 지구는 점점 땅이 줄어들고 있습니다.

날씨가 따뜻해져서 빙하가 자꾸 녹아 물이 넘쳐나는 것이지요.

지구는 왜 따뜻해질까요? 이산화탄소라는 가스가 지구를 따뜻하게 만든답니다.

이산화탄소는 우리가 쓰는 온갖 물건들을 만들 때 생기기도 하고 물건을 사용하고 버릴 때도 많이 생깁니다.

그러면 이산화탄소를 줄이면 되지 않을까요?

이산화탄소는 우리가 살면서 조금씩 실천하면 줄일 수 있습니다.

Reduce! 꼭 필요한 것만 사요.

Reuse! 버리지 말고 다시 사용해요.

Recycle! 재활용해요.

우리가 살고있는 자연과 환경은 우리가 살 수 있도록 자신을 나누어 주는 고마운 존재가 아닐까요?

이제는 CSR의 시대에서 CSV, ESG 관련 사회로 진화하고 있습니다. 바야흐로 지속가능 소비, 윤리소비의 시대로 지향하고 있습니다.

*출처: 김시월 외 2인(2008), 동화로 소비를 배워요, 천재교육.
김시월(2008), 학교에서의 소비자교육을 위한 교재개발 연구 용역 계획(안), 공정거래위원회.

1. 지속가능소비와 소비자

지속가능소비에 대한 논의는 1994년 오슬로 심포지엄 이후 계속되어왔지만, 최근에는 이를 실제로 행동하는 '지속가능소비 실천'에 대한 고민이 세계적으로 확산되고 있다. 제70차 UN총회에서 2030년까지 인류가 공동적으로 달성해야 하는 우선순위로 경제, 사회, 환경이 균형을 이루는 지속가능발전목표가 채택되었다. 우리나라 정부도 한국형 지속가능발전목표(K-SDGs)를 수립하고 '자원의 절약과 재활용촉진에 관한 법률'을 개정하여 2018년 8월부터 매장 내 일회용 플라스틱 컵 사용을 금지하고, 2019년 4월부터 일회용 비닐봉투 사용을 규제하기 시작하였으며, 앞으로도 규제 대상을 점진적으로 확대할 전망이다(박서니, 2021).

이러한 것과 더불어 분리수거 제도가 없었던 중국에서도 2019년 7월부터 분리수거제도가 시행되었으며, 태국에서도 2020년 1월부터 플라스틱과 비닐봉투의 사용이 전면 금지되기 시작하였다(박서니, 2021).

우리는 코로나19 팬데믹으로 인해 사회구성원 모두가 깨끗한 환경에서 건강하고 안전하게 살아가는 것이 무엇보다 중요하다고 재인식하였으며, 일회용품 사용의 증가와 배송 업무 관련 종사자의 처우, 감정노동자에 대한 사회적 논의도 활발해지면서 지속가능소비에 대한 소비자 의식이 크게 증폭되었다. 이에 Sustainable Consumption Institute(2020)는 코로나19가 미친 긍정적 영향이 있다면 지속가능소비를 가속하는 기회가 된 점이라고 하였다. 결국, 차츰 그 인식의 중요성이 증대되고 있다.

1994년 오슬로 심포지엄에서는 지속가능소비를 '기본적인 욕구에 부응한 재화의 사용으로 삶의 질을 향상하는 동시에 천연자원 및 독성 물질의 사용을 최소화하는 재화, 수명주기 동안 폐기물과 오염물질 배출을 최소화하는 재화를 사용하여 미래 세대의 욕구를 위태롭게 하지 않도록 하는 소비'로 정의하였으며, 1999년에 개정된 UN 소비자보호 지침에서는 지속가능소비를 '경제적, 사회적, 환경적으로 지속가능한 방식으로 현재 세대와 미래 세대가 재화와 서비스에 대한 욕구를 충족시키는 것'으로 정의하였다(박서니, 2021).

또한 UN 환경계획(1999)은 지속가능 발전이 제한된 발전이 아니라 새로운 종류의 개발을 암시하는 것처럼, 지속가능소비 또한 더 적은 소비를 의미하는 것이 아니라 효율적인 소비와 차별화된 소비를 통해 삶의 질을 개선하는 것이라고 설명하였다(박서니, 2021).

그러나 불행하게도 지속가능소비에 대한 의식 및 태도와 실제 행동 사이에는 많은 격차가 존재한다. 특히 사회적 성향에서 우리는 의식과 태도가 행동으로까지 전달하는 데에는 좀 낮은 수준이라는 연구들이 많다.

일찍이 OECD(2002)가 발표한 'Towards Sustainable Household Consumption' 보고서에서도 지난 30년간 가계의 제품 사용량과 폐기량이 증가하였고, 이러한 변화로 인해 가계의 소비가 환경에 미치는 영향력이 증가하였다는 점을 밝혔다. 그리고 제품 및 기술 혁신으로 많은 소비재가 자원 및 에너지 효율을 증가시켰지만, 가계의 절대적인 소비량과 폐기량이 증가하였기 때문에 소비자의 소비 패턴의 변화 없이는 지속가능소비의 실현이 매우 어렵다고 하였다(박서니, 2021).

McDonald et al.(2012)의 연구에서도 지금까지 지속가능소비 실천에 대한 연구에서 소비자가 일상생활에서의 지속가능소비 실천을 결정할 때 다른 가족구성원과 일상적인 네트워크를 통해 소비패턴을 협상하고 결정한다는 점을 간과했다고 지적하고, 가계 단위의 일상 소비생활에 주목할 필요가 있다고 하였다.

이러한 연구는 지속가능소비의 실천은 소비자의 일상생활에서 일상적으로 이루어져야 하며, 기존과는 다른 소비습관으로의 장기적인 변화를 의미한다(Sustainable Consumption Institute, 2020).

이는 다시 한번 강조하지만, 지속가능소비에 있어서 소비자의 가치, 태도가 소비자 행동에 보다 많은 영향을 미치기 때문이다. 그리고 Mont & Heiskanen(2015)은 '일상적인' 지속가능소비를 강조하면서, 일상적인 지속가능소비란 자원의 효율은 훨씬 높으며, 현재의 평균보다 환경에 훨씬 적은 영향을 미치고, 새로운 상품의 지속적인 흐름에 대한 의존도를 점차 감소시키는 것으로 정의하였다(박서니, 2021). 즉, 지속가능소비의 실천은 소비자의 생활에서의 각성이 있어야 하며, 기존과는 다른 소비습관 역량을 강화하는 것을 의미한다.

그러한 이유 중에는 많은 연구에서 기존의 지속가능소비의 개념이 매우 추상적이기 때문에 소비자가 자신의 일상적인 소비생활에서 구체적으로 어떤 실천

행동을 해야 하는지 판단하는 데 어려움을 느낀다고 하였다. 그리고 다른 사람이나 환경을 위해 자신의 시간과 비용을 들여야 하고 불편을 감수해야 하는 것으로 여겨지고 있어 소비자가 행동을 변화하는 데 장벽이 되며, 지속적인 실천을 어렵게 한다고 하였다(박서니, 2021).

이러한 것을 실증하기 위하여 실제 현황을 조사해 봤다.

2. 지속가능소비 관련 현황 조사

대학교 학생, 그의 부모, 그리고 후배 등을 대상으로 녹색소비, 환경소비, 지속가능소비 등을 조사하고 태도, 인식, 행동을 조사하였다.

녹색소비, 친환경소비, 지속가능소비의 개념, 인지, 태도, 행동을 알기 위하여, 첫째, 녹색소비, 친환경 소비, 지속가능소비 하면 떠오르는 것은 무엇인가? 둘째, 녹색소비, 친환경소비, 지속가능소비는 누가 하는가? 어떻게 하고 있는가? 셋째, 녹색소비, 친환경소비, 지속가능소비 관련 쿠키를 직접 만들어 보고, 또 그것을 누가 먹을까? 누가 먹어야 하는가? 넷째, 녹색소비, 친환경소비, 지속가능소비는 왜 어려운가? 등의 관련 내용을 자세하게 알기 위해 FGI, 설문조사, 인터뷰 등을 실시했다.

그 결과는 이렇다. 첫째, 녹색소비, 친환경 소비, 지속가능소비 하면 떠오르는 것은? 그야말로 초록색을 지적한 학생, 친환경, 자원절약, 분리수거, 로하스 등 색깔이나 단편적인 단어, 혹은 관련 사진이나 그림 등이 많았다. 둘째, 녹색소비, 친환경소비, 지속가능소비는 누가 하는가? 어떻게 하고 있는가? 이를 부모, 후배 등을 대상으로 조사한 결과를 축약하면 아래와 같다.

- 10대: 무관심
- 20대: 남이 하면 좋은 것
- 30대: 분리수거 정도
- 40대: 건강 관련 중심(가족을 위하여)
- 50대 이후: 가족 및 후대 사회를 위하여 참여

셋째, 녹색소비, 친환경소비, 지속가능소비 관련 쿠키를 직접 만들어 오도록 하였다. 그리고 그것을 함께 먹으면서 맛을 음미한 결과, 무농약 유기농 천연재료 활용, 무 조미료 등으로 맛이 없다는 결론을 지었다.

- 맛 표현: 토할 것 같다, 느끼하다, 역겹다, 무미건조하다, 솔냄새가 난다 등
- '누가 먹을까요?'에 대한 응답: 환자나 환자가 있는 가족원, 환경운동가 등
- '누가 반드시 먹어야 하는가?'에 대한 응답: 정치가, 국회의원, 정책입안자 등

가장 중요한 넷째, 녹색소비, 친환경소비, 지속가능소비는 왜 어려운가?를 자세하게 알기 위하여 FGI, 설문조사, 인터뷰 등을 실시한 결과, 해야만 하는 당위성, 필요성에 대한 태도와 인식은 높았지만, 그것이 행동으로 연결하기까지는 장애물이 많았다.

3. 지속가능소비의 장애요소

구체적으로 살펴보면, 녹색소비, 친환경소비, 지속가능소비의 장애물은 다음과 같다.

첫째, 불편함이다. 이는 노력을 해야 하고, 시간이 소요된다는 의미가 내포되어 있다.
둘째, 불신이다. 이는 모두의 참여라기보다는 무임승차가 많은 현실, 이에 대한 당위성 부족, 그리고 그 효과가 눈에 보이지 않는 점을 들 수 있다.
셋째, 비용이다. 여러 가지 대안을 위한 구매와 사용 비용이 든다는 것이다.

Mont & Heiskanen(2015)의 연구, Geiger et al.(2018)의 연구, OECD(2002)의 보고서, UN 소비자보호지침(1999) 등에서 지속가능소비 영역을 주택, 교통, 에너지 등 영역별로 지속가능소비를 촉진하는 전략적 정책 마련이 필요하다고 하였다.

또한 지속가능소비 실천을 측정하기 위해 개발된 영국 환경청(2007, 2010)의

척도에서도 지속가능소비 영역을 주택에서의 에너지와 물 사용, 환경, 교통, 친환경 구매, 재활용으로 구분하였으며, 여러 국가의 소비자를 대상으로 지속가능소비를 측정하는 Greendex(2014)에서는 지속가능소비의 영역을 주택, 교통, 식품, 재화(대형가전, 일상적인 구매와 폐기)로 구분하였다(박서니, 2021).

Greendex는 글로벌 조사기관인 Globescan과 비영리기관인 National Geographic이 2008년부터 실시한 소비자 대상 설문조사로, 우리나라를 포함하여 미국, 중국, 일본 등 18개국의 소비자를 대상으로 하고 있다(National Geographic & Globescan, 2014). 설문 문항은 환경 문제에 대한 지식과 지속가능성에 대한 태도를 비롯하여, 주거, 교통, 식품, 재화 네 가지 분야에서의 제품의 사용, 에너지 절약 관련 소비 행동 등으로(박서니, 2021) 구성되어 있다.

표 10-1 Greendex의 설문 문항

영역	문항
주택(24)	• 거주자 수 대비 거주 규모 • 더 효율적인 냉난방을 갖춘 거주지로의 이주 • 온수 및 냉난방 장비, 연료 공급원, 신재생 에너지 소비 • 에너지 효율적인 주요 기기 • 용수 사용량
교통(17)	• 운전 습관 • 동력 차량 소유, 초저배출 차량(하이브리드) 소유 • 차량의 크기 • 차량의 주행거리 • 비행기 여행, 대중교통 이용, 열차 타기 • 자전거 타기, 걷기 • 주요 목적지에 대한 거주지 위치
식품(8)	• 로컬 식품, 과일과 채소, 육류, 해산물의 소비 • 스스로 자라거나 자란 음식 • 생수 이용 • 유기농 식품 소비
재화(16) (일상적 구매 및 폐기 / 대형 가전)	• 환경적 이유로 특정 제품 구매 또는 회피 • 환경 프리미엄에 대한 WTP • 과도한 포장 자제 • 일회용 제품보다 재사용 소비재에 대한 선호 • 새상품보다 중고상품에 대한 선호 • 대체품 구입보다 수리에 대한 선호 • 재활용 • 가구당 TV 및 PC 수 • 가구당 냉장고, 식기 세척기 및 세탁기의 수 • 세컨하우스, 레크리에이션차량, 잔디 기계 등 대형 가전

*출처: 박서니(2021), 지속가능소비와 초연결성, 서울대학교대학원 박사학위논문.

표 10-2 지속가능소비 실천 내용

	구매	사용	처분
주거	• 주택의 위치: 주요 목적지와 가까운 위치, 안전하고 커뮤니티 활성화된 지역 • 주택의 규모: 거주자 수 대비 주택 규모 • 주택의 설비: 단열주택 시공, 태양열 설치, 절수장치 설치, 조명 교체 등 • 대형 가전 구매 절제 및 대여 • 전자제품 구입 시 생산과정 고려: 재료를 사용하여 만들어진 제품보다 에너지 절약한 제품 또는 무형의 서비스 사용, 에너지 효율적 기기 구입, 에너지 라벨 확인, 수명이 긴 고품질제품 구매	• 냉 난방 절약: 난방 1도 낮추기, 에어컨 사용 줄이기, 차가운 물로 씻기 • 전기 절약: TV 켠 채로 두지 않기, 전기 제품 꺼두기, 전자제품 사용 줄이기 • 에너지 사용량 확인: 스마트 미터 사용, 전기사용량 확인 • 물 절약: 화장실, 세탁, 설거지 습관 • 안전한 주거환경 유지 • 지역 커뮤니티 참여	• 전자제품의 새로운 구입보다 관리, 수리하여 오래 사용하기 • 폐기하지 않고 중고 처분 • 지속가능한 방법으로 폐기
교통	• 차량의 크기와 연비를 고려한 구매(경차, 전기자동차, 하이브리드 자동차) • 공유자동차 이용, 카풀 이용	• 운전 습관: 급발진 자제, 에코모드로 운전, 연비운전 • 가까운 거리 걷거나 자전거 이용 • 자동차 대신 대중교통, 열차 이용 • 지역 녹지 공간 방문	자동차의 새로운 구입보다 관리, 수리하여 오래 사용하기
일상적 소비	• 로컬 식품, 제철 음식 구매, 냉동 식품이나 포장이 많은 음식 구매 자제 • 소비 절제, 쇼핑 목록 작성하여 필요한 물건만 구입 • 환경적 · 사회적 이유로 구매 절제 • 지속가능한 방식으로 생산된 제품 구입(친환경 매장 이용, 친환경 인증제품 구입, 소외계층 지원 제품 구입, 공정거래 제품 구입, 탄소발자국 고려) • 과도한 포장 방지, 친환경 포장재 사용 • 일회용보다 재사용제품 선호, 중고상품 선호	• 지속가능한 생활습관: 직접우편 거절, 텀블러, 손수건 가지고 다니기 등 • 건강한 식습관: 신선한 과일과 채소 섭취, 육류 섭취 자제, 냉동식품과 배달식품 자제 등 • 지속가능한 조리습관: 조리시간, 적당한 조리도구 크기	• 음식 남기지 않기, 남은 음식 재활용을 통한 음식물 쓰레기 양 감축 • 음식물 분리배출 • 분리수거: 병, 알루미늄 캔, 스틸 캔, 종이 등 재활용 • 업사이클링

*출처: 박서니(2021), 지속가능소비와 초연결성, 서울대학교대학원 박사학위논문.

4. 지속가능소비의 실천을 위한 장애의 해결

그렇다면, 지속가능소비의 실천을 위한 다양한 장애의 해결법은 무엇일까? 지속가능소비 실천의 어려움을 극복하는 현실적인 실천 방안이 필요하고, 소비자에게 명확하게 차별화된 효용을 제공할 수 있어야 한다. 지속가능소비 실천은 기술적 측면에서의 한계점으로 인해 중단될 수 있기 때문에 이를 적극적으로 파악하고 개선하는 것이 요구된다(박서니, 2021).

첫째, 소비자 후생과 소비자 편익 제공에 힘을 기울여야 한다. 경제적 후생과 편익을 의미하는 것이다. 예를 들면, 영국의 환경청의 연구에서도 세금, 인센티브, 가격조정 등 경제적인 이익을 제공함으로써 실천 행동을 장려하고 있다. 일본의 에코 포인트 제도, 캐나다 온타리오 지방에서는 인증받은 가전제품을 설치하면 세금을 감면해 주는(박서니, 2021) 가정 에너지개선 프로그램을 운영하고 있다. 사회적·심리적 후생과 편익(건강), 사회적 참여를 통한 만족도 증대가 있어야 한다.

둘째, 소비자 실천 장벽의 해소에 힘을 기울여야 한다. Verplanken & Roy(2015)의 연구를 비롯한 대부분의 연구결과에서는 지속가능소비의 개념이 다소 추상적이어서 소비자가 자신의 일상적인 소비와는 상관이 없는 것이라고 인식하거나, 지속가능소비를 위해 어떤 행동을 해야 하는지(박서니, 2021) 판단과 소비자선택에 어려움을 느낀다고 하였다. 소비자의 실천 행동에 영향을 미치는 요인을 파악함에 있어서 가치와 같은 소비자 내부적인 요인과 접근성과 인프라와 같은 소비자 외부적인 요인을 함께 고려하는 것(박서니, 2021)이 요구된다.

셋째, 새로운 신기술과 연계 및 활용에 힘을 기울여야 한다. 2020년 7월 정부는 정보통신기술 기반의 디지털 뉴딜과 친환경 저탄소 중심의 그린 뉴딜을 융복합한 국가발전전략 내용을 담은 한국판 뉴딜 종합계획을 발표하였다.

지속가능소비 실천에 관한 선행연구에서도 정보통신기술과 지속가능소비의 융합에 대한 가능성이 제시된 바 있다. 4차산업혁명과 연관된, 초연결성과 결부하여 소외계층 없이 실현되는 포용적인 정책, 기술, 비즈니스를 실현하여 보다 적극적인 Human Value를 심어야 할 것이다. 지속가능소비 실천에 있어서 초연결기술의 활용은 개인화된 실천과 사회적인 실천을 모두 가능하게 할 것으로 보인다.

결론적으로 생산, 유통, 사용, 처분 등의 역할에서 정부, 기업, 소비자와의 융합과 연계가 필요하며, 궁극적으로 최종소비자인 소비자의 일상생활에서 실천할 수 있는 구체적인 지속가능소비 실천 내용을 롤모델로 만들어 부단한 소비자 정보제공, 소비자교육을 실행하여 소비자의 관점에서 지속가능소비 실천의 어려움을 해소하고, 또한 이를 해결할 수 있는 현실적인 방안을 모색해야 한다.

근간의 예를 들어 보자. 소비기한과 유통기한의 차이와 소비자 선택을 살펴보자. 한국보건산업진흥원 자료에 따르면 전 세계에서 생산된 음식물의 약 30%가 버려진다고 한다. 그리고 한국에서만 매일 1만 4,314톤 이상의 음식물이 버려졌으며, 게다가 음식물이 부패하거나 소각되는 과정에서만 885만 톤(2013년 기준)의 온실가스가 추가로 배출되었다고 한다.

환경단체와 식품·위생 전문가들은 막대한 음식물 쓰레기를 작은 제도 개선 하나만으로 최대 50%까지 줄일 수 있다고 지적하고 있다. 식품에 표기된 '유통기한'을 '소비기한'으로 바꾸는 방법이다(김현종, 2021). '유통기한'과 '소비기한'은 부패한 식품이 판매·섭취되는 것을 방지하기 위해 설정한 지표이다(김현종, 2021). 유통기한은 '판매가 가능한 시점'을 얘기하며, 소비기한은 '품질이 떨어졌지만, 소비자 건강에 지장 없을 것으로 인정되는 시점'을 의미한다. 이 밖에 품질유지기한은 식품의 품질이 전혀 바뀌지 않는 기한을 의미하고, 종료기한은 식품 섭취가 가능한 최종 기한 등을 의미한다(김현종, 2021).

시간에 따른 식품의 품질 변화와 각 시점별 기한 지표의 차이는 그간 한국이 가장 보수적 지표인 유통기한을 사용하였다. 유통기한은 가장 보수적인 지표로 평가받고 있는데, 품질에 전혀 지장이 없는 품질유지기한보다도 짧은 탓이다. 한국은 식품의약품안전처 고시에 따라 일정한 시험을 거쳐 유통기한을 정하는데, 보통 품질유지기한의 60~70% 선에서 설정된다고 한다. A 식품이 제조된 지 10일 만에 부패하기 시작한다면, 유통기한은 7일이 되는 식이다. 또 유통기한을 위반해 식품을 판매할 경우 강제 폐기·영업정지·허가취소 등 처분을 받게 된다(김현종, 2021).

사실, 유통기한을 넘겨 제품을 섭취해도 건강에는 지장이 없다고 한다. A 식품의 경우 3일 더 아무 품질 변화 없이 제품을 섭취할 수 있고, 그 이후에도 어느 시점까지는 건강에 지장이 없다고 한다(김현종, 2021).

실제로 한국소비자원이 부패에 가장 민감한 유제품을 대상으로 시간에 따른 수소 이온 농도(PH), 일반세균수, 대장균군수 변화를 측정한 결과, 우유의 경우 0~5℃ 냉장보관을 하면 유통기한이 지나도 최대 50일까지 섭취가 가능한 것으로 나타났다. 일반적으로 시중 우유의 유통기한은 평균 9~14일로 알려졌다(김현종, 2021). 이 밖에 유통기한이 지나도 치즈 70일, 건면 50일, 냉동만두 25일, 식빵 20일까지 섭취가 가능한 것으로 조사되었다.

전체 음식물 쓰레기 중에서 유통기한 때문에 버려지는 것은 최대 57%까지로 추정된다. 지나치게 짧은 판매 기간 탓에 유통과정에서 폐기되는 식품이 상당하고, 가정에서도 유통기한을 소비기한으로 오해해 먹을 수 있는 제품을 버리기 때문이다(김현종, 2021).

과거 환경부는 음식물쓰레기의 약 57%가 유통·조리 과정에서 발생한다고 밝혔다. 그리고 한국식품기술사협회는 식품 폐기물 중 32%가 기한 내 판매가 되지 않아 발생했다는 조사결과를 내놓았다.

한국보건산업진흥원이 과거 성인 2,038명을 대상으로 진행한 설문조사에서는 약 56.4%가 '유통기한이 지난 식품은 폐기해야 한다'고 응답했다.

이미 유럽연합(EU)·캐나다·일본·호주·영국·홍콩·중국 등이 유통기한을 쓰지 않고 있다. 예를 들면, 영국은 2011년부터 유통기한을 삭제했으며, 대신 품질유지기한과 소비기한을 식품에 표기하도록 하고, 소비기한이 지난 식품의 판매만을 금지한다. 미국은 유통기한을 쓰지만, 소비기한도 함께 기재하고 있다. 소비자들이 유통기한을 소비기한으로 오해해서 아직 먹을 수 있는 식품을 폐기하는 것을 막기 위해서이다(김현종, 2021). 국제식품규격위원회(Codex)도 2018년 유통기한을 식품 기한 지표에서 삭제했다.

우리나라에서는 2020년 7월 유통기한을 소비기한으로 바꾸는 '식품 등의 표시·광고에 관한 법률 개정안'이 발의됐으나(김현종, 2021), 같은 해 11월 국회 보건복지소위원회에서 "식품 안전성에 문제가 없는지 추가 연구를 진행해야 한다"는 이유로 논의가 미뤄졌고, 2023년부터 1년간 계도기간을 지나, 2024년부터 시행되고 있다.

자 우리는 다음의 그림을 보고 소비자 관점, 기업의 관점에서 어떤 것을 지지해야 할까? 혹여 계획적 진부화와 생산의 관계에서 사회비용의 낭비는 아닌가?

그림 10-1 소비기한과 유통기한

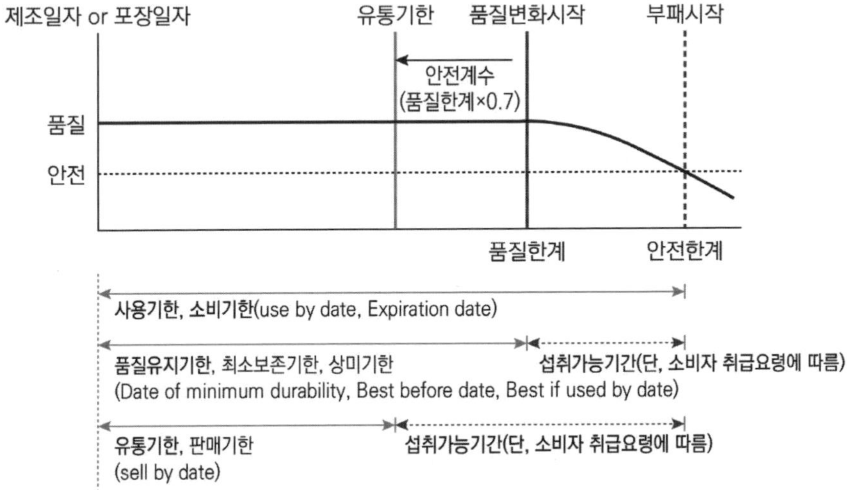

또 다른 예로, 기업의 사회적 책임(CSR), 공유가치창출(CSV)를 거쳐 근간에는 ESG가 화두다. 최근 ESG(친환경 · 사회적가치 · 지배구조 건전성)가 기업경영의 화두가 되는 가운데, 기업들의 ESG 활동이 소비자들의 제품구매에도 실제 영향을 주는 것으로 나타났다(지디넷코리아, 2021.5.30).

대한상공회의소가 국민 300명을 대상으로 실시한 'ESG경영과 기업의 역할에 대한 국민인식' 조사 결과에 따르면 기업의 ESG 활동이 제품구매에 영향을 주는지를 묻는 질문에 전체의 63%는 '영향이 있다'고 응답했다. 'ESG에 부정적인 기업의 제품을 의도적으로 구매하지 않은 경험이 있는가'란 질문에는 응답자 70.3%가 '경험이 있다'고 응답했다(지디넷코리아, 2021.5.30).

그리고 '친환경 · 사회공헌 · 근로자 우대 등 ESG 우수기업 제품은 경쟁사의 동일제품 대비 추가 가격을 더 지불할 의사가 있다'고 응답한 비율도 88.3%에 달했다(데일리안, 2023.1.17.).

"ESG경영은 투자 유치, 매출 상승 등 긍정적 효과도 발생시킬 수 있지만 문제 발생을 방지하는 리스크 관리 측면의 효과도 큰 면이 있으며, SNS와 동영상 플랫폼 등의 발달로 기업의 ESG 관련 이슈가 쉽게 대중들에게 공유될 수 있는 만큼 ESG경영에 신경을 쓸 필요가 있다"(지디넷코리아, 2021.5.30.)고 전문가들은 말하고 있다.

응답자들은 기업이 ESG경영에서 가장 대응을 못하고 있는 분야로 '지배구조(G, 41.3%)'를 가장 많이 꼽았고, 이어 '환경(E, 35.0%)', '사회(S, 23.7%)' 순이었다(지디넷코리아, 2021.5.30).

기업들이 관심을 둬야 할 환경 이슈는 플라스틱 과다사용에 따른 생태계 오염(36.7%), 기후변화 가속화(21.0%), 환경호르몬(19.7%), 미세먼지(15.0%), 지하수 · 수돗물 오염(3.3%), 각종 동식물 멸종(2.3%), 토지 내 중금속(1.7%) 순으로 조사되었다.

사회분야 이슈로는 일자리 부족(31.7%), 근로자 인권 · 안전(31.0%), 소득 양극화(14.0%), 비정규직 문제(9.7%), 협력사 관계'(7.0%), 전근대적 기업문화(6.3%) 순으로 나타났다.

지배구조 이슈에 대한 응답은 부적절한 경영권 승계(36.3%), 회사 자산 사적 유용 등 경영진의 모럴 해저드(32.7%), 일감 몰아주기(12.0%), 이사회 · 감사기구 역할 강화(10.3%), 소액주주 권리 강화(8.3%) 순으로 집계되었다(데일리안, 2021.5.30).

표 10-3 ESG 우수기업 기업의 상품구매 시 추가 지불 의향

	2.5% 미만	2.5%~5%	5%~7.5%	7.5%~10%	10% 이상	추가지불 의사없음
응답률	26.7%	34.0%	13.3%	8.0%	6.3%	11.7%

*출처: 대한상공회의소(2021), ESG경영과 기업의 역할에 대한 국민인식 조사, 보도자료 (2021.05.30.)

그림 10-2 국민이 생각하는 기업 최우선 과제

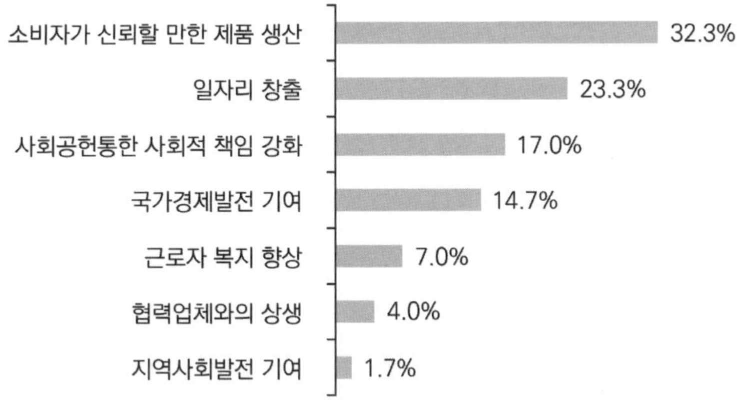

대한상공회의소의 관계자는 "전 세계적으로 ESG가 화두로 떠오르면서 국민들도 기업의 ESG 활동에 대한 관심이 높아졌다"며 "국민의 인식변화에 따라 이제는 기업들은 ESG에 기반을 둔 경영활동을 펼쳐나가는 것이 필수조건이 됐다"고 분석했다.

기업의 역할이 무엇이냐는 질문에, '주주 이익과 사회구성원 전체의 이익을 추구해야 한다'는 응답이 51.0%에 달했고, 반면에 전통적인 기업의 역할로 여겼던 '주주의 이익극대화'는 9.0%에 그쳤으며, '주주가 아닌 사회구성원의 이익' 응답이 39.7%를 차지했다(지디넷코리아, 2021.5.30.).

기업이 본연의 역할을 다하기 위한 최우선 과제를 묻는 질문에, '소비자가 신뢰할 만한 제품 생산(32.3%)'을 꼽은 응답자가 가장 많았다. 이 밖에도 '일자리 창출(23.3%)', '사회공헌을 통한 사회적 책임 강화(17.0%)', '국가경제 발전 기여(14.7%)', '근로자 복지 향상(7.0%)', '협력업체와의 상생(4.0%)', '지역사회 발전 기여(1.7%)' 등의 답변 순이었다(지디넷코리아, 2021.5.30.).

조사기관에서는 "기업들이 환경·사회·지배구조 각 분야에서 성과를 내는 ESG경영을 적극 추진한다면 지속성장은 물론 기업에 대한 국민의 인식을 긍정적으로 개선하는 데에 도움이 될 것"이라고 결론지었다.

우리는 살아있는 한 반드시 소비를 한다. 그리고 소비는 소비자의 선택에서 시작한다. 우리를 위하여, 그리고 세상을 위하여 지속가능소비에 적극적으로 동참해야 한다.

생각해 볼 거리

귀하는 지속가능소비 행동 중에서 어떤 행동에 참여하고 있나요?
구체적으로 써 보세요. 그리고 어떤 면에서 주변에 권장할 수 있나요?

QUIZ

1. 다음 중 녹색소비, 친환경소비, 지속가능소비 등의 장애요소에 포함되지 않는 것은 무엇인가요?

1) 불편함
2) 불신
3) 비용
4) 편리함

답 4번

해설
녹색소비, 친환경소비, 지속가능소비의 장애물로 첫째, 불편함, 둘째, 불신, 셋째, 비용을 들 수 있다.

2. 다음 중 지속가능소비의 실천을 위한 장애요소 제거의 방법이 아닌 것은 무엇인가요?

1) 소비자후생과 소비자 편익 제공
2) 소비자실천 장벽의 해소
3) 새로운 신기술과 연계 및 활용
4) 경제적 후생과 편익에 집중 제공

답 4번

해설

지속가능소비의 실천을 위한 장애요소 제거의 방법은 소비자후생과 소비자 편익 제공(경제적 후생과 편익, 사회적 심리적 후생과 편익), 소비자 실천 장벽의 해소, 그리고 새로운 신기술과 연계 및 활용이 있다.

3. 다음은 시간에 따른 식품의 품질 변화와 각 시점별 기한 지표의 차이를 설명하고 있다. 다음 중 틀린 것은 무엇인가요?

1) 유통기한은 섭취가 가능한 시점이다.
2) 소비기한은 품질이 떨어졌지만, 소비자 건강에 지장이 없을 것으로 인정되는 시점이다.
3) 품질유지기한은 식품의 품질이 전혀 바뀌지 않는 기한이다.
4) 종료기한은 식품 섭취가 가능한 최종 기한이다.

답 1번

해설

유통기한은 판매가 가능한 시점. 소비기한은 품질이 떨어졌지만, 소비자 건강에 지장 없을 것으로 인정되는 시점. 품질유지기한은 식품의 품질이 전혀 바뀌지 않는 기한. 종료기한은 식품 섭취가 가능한 최종 기한으로 설명이 가능하다.

CHAPTER

11

소비자와 라이프스타일, 소비가치의 예

본 장의 목표는 다음과 같다.

첫째, 라이프스타일을 분석의 예를 살펴본다.
둘째, 소비가치도 측정해 본다.
셋째, 라이프스타일과 소비행동의 관계를 살펴본다.
넷째, 소비자 조사 및 분석을 위한 다양한 방법을 이해한다.

주요 키워드는 라이프스타일과 소비자, 소비가치와 소비자, 라이프스타일과 소비행동, 그리고 소비자 조사 및 분석을 위한 다양한 방법이다.

*그림: 강정민

동화, 아기돼지 삼 형제

아기 돼지 삼 형제가 살고 있었어요.

첫째는 게으름뱅이 뚱뚱 돼지, 둘째는 먹보 통통 돼지, 막내는 부지런한 토실 돼지였어요. 아기 돼지 삼 형제는 평소에 늑대에게 괴롭힘을 당했어요. 그래서 괴롭힘을 피하기 위해 각자 집을 짓기로 했어요.

첫째 돼지는 우유 팩으로 집을 지었고, 둘째 돼지는 페트병으로 집을 지었어요. 막내는 형들에게 늑대가 '후후' 불면 집이 날아가 버릴 거라고 말했어요.

그러나 형들은 막내의 말을 듣지 않았지요. 막내는 튼튼한 벽돌과 철로 집을 지었어요. 형들이 놀자고 해도 놀지 않고 땀을 뻘뻘 흘리면서 열심히 집을 지었어요. 커다란 문, 조그만 창문, 그리고 벽난로와 높다란 굴뚝도 세웠답니다.

어느 날 늑대가 첫째 돼지 집에 가서 '후' 하고 불자 집이 모두 날아가 버렸어요. 그리고 둘째 집에 가서 또 '후' 하고 불자 집이 무너져 버렸어요. 그래서 첫째 돼지와 둘째 돼지는 늑대를 피해 막내 집으로 달려갔어요. 막내는 형들을 반갑게 맞이하면서 집 안을 따뜻하게 하려고 벽난로에 불을 피웠어요.

늑내는 막내 돼지 집으로 달려가 '후' 불었어요. 하지만 집은 끄떡도 하지 않았어요. 그러자 사다리로 지붕 위에 올라가 굴뚝으로 집 안에 들어가려고 했어요.

아기 돼지 삼 형제가 만든 집을 생각해 봐요.

무엇으로 만들었나요?

우유 팩과 페트병이 다 날아가 버렸어요. 다 날아간 우유 팩과 페트병은 어떻게 되었을까요?

쓰레기는 종류에 따라 썩는 기간이 모두 다릅니다.

음식물 6개월, 종이 10년, 우유 팩 20년.

플라스틱은 몇 년일까요?

쓰레기를 땅속에 묻으면 문제가 해결될 것 같지만 잘 썩지 않는 것들이 많다는 것을 알게 됐지요. 적게는 몇 개월에서 몇 만 년에 이르기까지 오랜 시간이 걸립니다. 이런 쓰레기들은 환경을 오염시키고 우리 생활에 영향을 미치지요.

이렇게 쓰레기를 땅속에 묻어 버리거나, 태우는 것은 모두 우리에게 좋지 않지요. 그래서 우리는 쓰레기를 종류별로 나누어 버리는 분리수거를 잘 해야 합니다.

우리의 소비사회는 바로 우리 소비자가 이끌어 가야 하며, 보다 지속가능한 환경과 소비성향을 남겨야하지 않을까요?

*출처: 김시월 외 2인(2008), 동화로 소비를 배워요, 천재교육.
김시월(2008), 학교에서의 소비자교육을 위한 교재개발 연구 용역 계획(안), 공정거래위원회.

1. 소비자의 소비성향과 라이프스타일

1) 소비자의 소비성향

소비자의 소비성향을 신제품 채택유형의 요인으로 알아보기 위하여 탐색적 요인분석을 실시하였고, 전체 21개의 문항을 분석에 사용하였다. 그 결과, 고유치가 1.0 이상인 요인 5개로 추출되었으며, 전체 설명력은 73% 이상으로 나타났다 (김시월, 2021).

표 11-1 신제품 채택유형(소비성향) 요인

문항	소비자의 신제품 채택유형 요인						
	요인 1	요인 2	요인 3	요인4	요인 5	$h2$	평균
나는 새로운 것을 찾기 좋아한다.	.815	.193	.255	.166	.105	.805	3.51
나는 새로운 지식을 습득하는 데 대한 욕구가 강하다.	.813	.228	.196	.012	.112	.764	3.51
나는 새로운 서비스를 받기 좋아한다.	.747	.226	.300	.167	.010	.727	3.69
나는 새로운 것을 선호하는 편이다.	.745	.198	.155	.248	.165	.707	3.49
나는 다른 사람들보다 새로운 것을 빨리 수용한다고 생각한다.	.669	.466	.046	.175	.067	.703	3.42
새로운 매체나 최신장비 사용법을 배우는 것이 즐겁다.	.668	.317	.063	.345	.080	.677	3.54
나는 새로운 것을 적극적으로 탐색하는 편이다	.662	.415	.173	.286	.058	.726	3.44
나는 주변인들이 신제품을 구매할 때 조언을 많이 해 주는 편이다.	.304	.734	.188	-.004	.180	.699	3.09
나는 다른 사람들 보다 신제품을 많이 소유하고 있다.	.206	.725	.007	.373	.075	.713	2.91
나는 이 시대의 진정한 오피니언 리더(의견 선도주자)라고 생각한다.	.186	.721	.318	.015	.264	.726	2.70
나는 주위 사람들보다 신제품의 이름을 가장 빨리 아는 편이다.	.312	.692	.176	.329	.040	.718	3.08
나는 주변 사람들보다 조금 빨리 신제품이나 기술을 받아들이는 편이다.	.435	.677	.167	.127	.231	.745	3.19

나는 새로운 기술이나 신제품이 나오면 남들보다 앞서 구입하거나 사용하는 것을 즐긴다,	.221	.615	.215	.418	.205	.690	2.72
나는 스스로 신제품에 대해 지식을 쌓는다.	.349	.569	.317	.030	.260	.615	3.23
나는 평소 나 스스로 기술이나 아이디어를 항상 따라잡는 현대적인 사람이라고 여긴다.	.371	.567	.481	.223	.117	.754	3.26
나는 새로운 검색엔진이 나온 경우 사용해 본다.	.251	.214	.832	.142	.070	.826	3.05
나는 새로운 기술이나 아이디어에 대해 정보를 적극적으로 찾는다.	.444	.440	.610	.125	.068	.783	3.28
나는 전에 들어본 적이 없는 신제품이라도 시도해 볼 용의가 있다.	.270	.067	.203	.719	.361	.765	3.21
새로운 매체나 신제품을 이용하여 생활이나 학업 등 업무의 효율성을 높이고 있다.	.344	.372	.091	.664	-.080	.712	3.40
나는 내가 마음에 드는 신제품이라면 가격이나 외부평가는 그다지 중요하지 않다.	.063	.242	-.002	.067	.860	.807	4.29
나는 시장에서 제품을 선택할 때 모험을 즐기는 편이다.	.233	.313	.394	.290	.569	.715	2.86
고윳값	5.04	4.76	2.10	1.92	1.56		
분산	24.01	22.65	9.98	9.14	7.43		
누적분산	24.01	46.67	56.65	65.79	73.22		
요인별 평균	3.51	3.02	3.16	3.30	2.82		
Cronbach's α	.927	.923	.792	.823	.833		

점수분포: 1점 전혀 그렇지 않다. 2점 어느 정도 그렇지 않은 편이다. 3점 보통이다.
4점 그런 편이다. 5점 매우 그렇다.

요인 1: 신제품과 신서비스 선호형

요인 2: 오피니언 리더 및 실행형

요인 3: 적극적 탐색형

요인 4: 효율성 증대형

요인 5: 모험형

KMO 값이 0.950, Bartlett의 구형성 검정은 5385.931로 $p<.001$ 수준에서 유의미하여 타당성이 검증되었다.

2) 소비자의 라이프스타일

소비자의 라이프스타일 요인을 알아보기 위하여 탐색적 요인분석을 실시하였고, 전체 17개의 문항을 분석에 사용하였다. 그 결과, 고유치가 1.0 이상인 요인 4개로 추출되었으며, 전체 설명력은 60% 정도로 나타났다.

표 11-2 라이프스타일 요인

문항	라이프스타일 요인					
	요인1	요인2	요인3	요인4	$h2$	평균
나는 인터넷을 통한 온라인 구매를 한다.	.792	.113	.073	.259	.566	4.30
나는 사물인터넷을 기반으로 한 APP(네비게이션, 지도, SNS)을 사용한다.	.738	.171	.140	.228	.386	4.33
나는 스마트폰이나 컴퓨터의 사용이 잦은 편이다.	.729	-.005	.312	-.037	.278	4.44
나는 정보를 얻기 위해 스마트폰이나 컴퓨터를 사용한다.	.706	.032	.487	-.062	.489	4.57
나는 상품을 구입할 때 가격을 중요하게 생각한다.	.459	-.019	.224	-.128	.672	4.13
나는 남과 다르게 보이고 싶다.	.059	.815	-.014	-.068	.427	3.30
나는 개성 있는 것을 좋아한다.	.018	.738	.142	-.023	.555	3.69
나는 지금보다 더 변화 있는 생활을 해보고싶다.	-.010	.682	.299	.000	.755	3.62
나는 개방적인 스타일이다.	.184	.670	.072	.016	.724	3.55
나는 무엇을 사든지 최고의 것이 아니면 사지 않는 편이다.	-.154	.554	-.202	.234	.741	2.64
나는 유행하는 제품을 구입한다.	.197	.471	-.245	.254	.630	3.34
생활에 있어서 정보는 중요하다.	.329	.120	.795	-.029	.712	4.37
생활에 있어서 기술은 함께 수반되어야 한다.	.304	.176	.774	.031	.646	4.20
기술은 일상생활을 하는 데에 큰 영향을 미친다고 생각한다.	.251	-.039	.686	.241	.546	4.29
음식점이나 편의점 등에 방문했을 때 무인 결제 시스템을 자주 이용한다.	.133	-.052	.269	.764	.676	3.50
스마트폰에 내장되어있는 AI(시리, 빅스비)를 사용한다.	-.071	.188	-.112	.702	.643	3.28

무인 결제 시스템을 어렵지 않게 이용한다.	.327	-.111	.489	.534	.593	2.86
고윳값	4.82	2.665	1.510	1.061		
분산	28.246	15,675	8.881	6.243		
누적분산	28.246	43.921	52.802	59.044		
요인별 평균	4.36	3.35	4.29	3.46		
Cronbach's α	.791	.745	.803	.836		

점수분포: 1점 전혀 그렇지 않다. 2점 어느 정도 그렇지 않은 편이다. 3점 보통이다.
4점 그런 편이다. 5점 매우 그렇다.
요인 1: 디지털 추구형
요인 2: 개성과 유행 추구형
요인 3: 정보 및 기술 추구형
요인 4: 생활적응 추구형

KMO 값이 .830, Bartlett의 구형성 검정은 2162.116으로 $p<.001$ 수준에서 유의미하여 타당성이 검증되었다.

3) 4차산업혁명 관련 소비자교육 요구도에 대한 경로분석

(1) 4차산업혁명에 대한 긍정적·부정적 요인에 따른 4차산업혁명 수용의도와 소비자교육 요구도

소비자의 4차산업혁명에 대한 긍정적, 부정적 인식 관련 요인별 4차산업혁명 수용의도와 교육요구도의 인과관계를 살펴본 결과, 4차산업혁명 관련 부정적 요인 중에서 '요인 1: 일자리 감소 및 양극화'와 '요인 3: 시스템 불안정 및 사생활 침해'를 제외한 모든 요인이 수용의도에 영향을 미쳤으며, 이러한 것이 4차 산업혁영 관련 소비자교육 요구도를 더 높이고 있다.

특히 주목할 것은 4차산업혁명 관련 부정적 요인 중에서 '요인 2: 소비자 소외'는 수용의도에 부적인 영향을 주었다는 점이다. 즉, 젊은 정보혜택자도 소비자 소외적인 측면에서 수용의도에 부적인 영향을 준다는 것은 취약계층에 대한 교육적 당위성을 보여준다.

그림 11-1 4차산업혁명에 대한 긍정적 · 부정적 요인에 따른 4차산업혁명 수용의도와 소비자 교육 요구도 경로분석

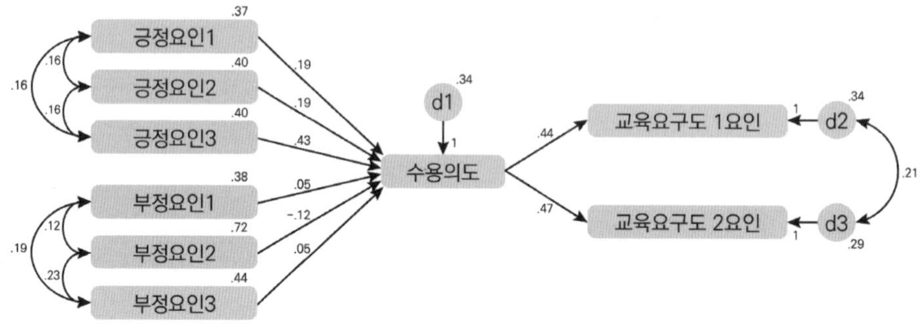

표 11-3 4차산업혁명에 대한 긍정적 · 부정적 요인에 따른 4차산업혁명 수용의도와 소비자교육 요구도 경로분석

			Estimate	S.E.	C.R.	P
수용의도	←	긍정요인1	.189	.057	3.302	***
수용의도	←	긍정요인2	.187	.054	3.463	***
수용의도	←	긍정요인3	.431	.055	7.902	***
수용의도	←	부정요인1	.049	.056	.875	.381
수용의도	←	부정요인2	-.118	.039	-3.027	.002
수용의도	←	부정요인3	-.049	.055	-.902	.367
교육요구도1요인	←	수용의도	.444	.042	10.44	***
교육요구도2요인	←	수용의도	.465	.039	11.907	***

모델 적합도 χ 2=168.910*** RMR=.049 GFI=.906 NFI=.846 CFI=.861

*4차산업혁명 관련 긍정적 요인

요인1: 경제적 이익창출

요인2: 신뢰성과 안전성

요인3: 효율성과 편이성

*4차산업혁명 관련 부정적 요인

요인 1: 일자리 감소 및 양극화

요인 2: 소비자 소외

요인 3: 시스템 불안정 및 사생활 침해

*4차산업혁명 관련 소비자교육 요구도 요인

요인 1: 정부 교육의 기대

요인 2: 기업 교육의 기대

(2) 소비성향에 따른 4차산업혁명 수용 의도와 소비자교육 요구도

소비성향(소비자의 신제품 채택 유형)에 따른 4차산업혁명 수용의도와 교육요구도의 인과관계를 살펴본 결과, 신제품 채택 유형(소비성향) 요인 중에서 '요인 1: 신제품과 신서비스 선호형'만이 4차산업혁명 관련 수용의도에 영향을 미쳤으며, 4차산업혁명 관련 소비자교육 요구도를 더 높게 하고 있다. 특히 주목할 것은 젊은 정보혜택자도 신제품 채택 유형(소비성향)에 따라 4차산업혁명 수용의도가 달라지는 것을 볼 수 있었다.

그림 11-2 소비성향에 따른 4차산업혁명 수용의도와 소비자교육 요구도 경로분석

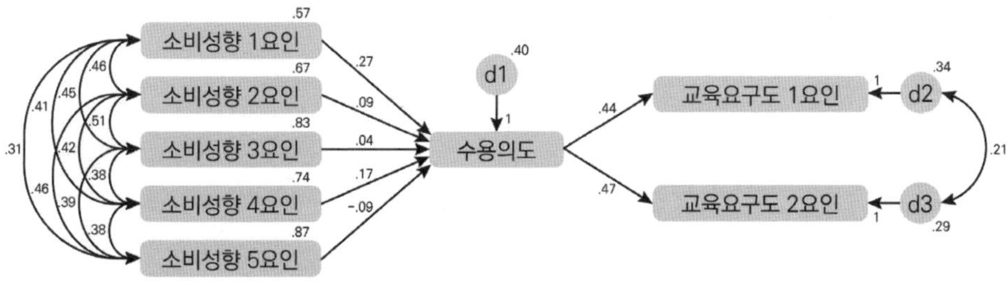

표 11-4 소비성향에 따른 4차산업혁명 수용의도와 소비자교육 요구도 경로분석

			Estimate	S.E.	C.R.	P
수용의도	←	소비성향 1요인	.265	.072	3.685	***
수용의도	←	소비성향 2요인	.090	.072	1.262	.207
수용의도	←	소비성향 3요인	.041	.052	.796	.426
수용의도	←	소비성향 4요인	.169	.052	3.265	.001
수용의도	←	소비성향 5요인	-.090	.045	-1.973	.049
교육요구도 1요인	←	수용의도	.444	.042	10.597	***
교육요구도 2요인	←	수용의도	.465	.038	12.086	***

모델적합도 X2=33.422*** RMR .02, GFI=.979, AGFI=.923, NFI=.978, CGI= .984

*소비성향 요인

요인 1: 신제품과 신서비스 선호형 요인 2: 오피니언 리더 및 실행형 요인 3: 적극적 탐색형

요인 4: 효율성 증대형 요인 5: 모험형

*4차산업혁명 관련 소비자교육 요구도 요인

요인 1: 정부 교육의 기대

요인 2: 기업 교육의 기대

(3) 라이프스타일에 따른 4차산업혁명 수용의도와 소비자교육 요구도

소비자의 라이프스타일에 따라 4차산업혁명 수용의도와 소비자교육 요구도의 인과관계를 살펴본 결과, 라이프스타일 요인 중에서 '요인 2: 개성과 유행 추구형', '요인 3: 정보 및 기술 추구형', '요인 4: 생활 적응 추구형'이 4차산업혁명 수용의도에 영향을 미쳤으며, 이러한 것이 4차 산업혁영 관련 소비자교육 요구도를 더 높이고 있었다. 특히 주목할 것은 젊은 정보혜택자도 라이프스타일에 따라 수용의도에 영향을 미치고, 4차산업혁명 관련 소비자교육에도 영향을 준다는 점이다.

그림 11-3 라이프스타일에 따른 4차산업혁명 수용의도와 소비자교육 요구도 경로분석

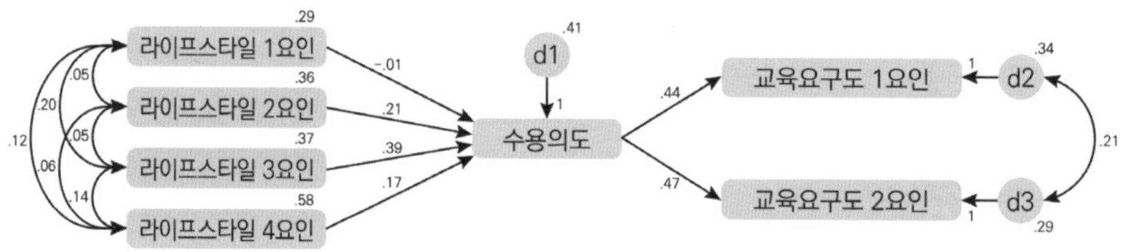

표 11-5 라이프스타일에 따른 4차산업혁명 수용의도와 소비자교육 요구도 경로분석

			Estimate	S.E.	C.R.	P
수용 의도	←	라이프스타일 1요인	-.005	.078	-.068	.945
수용 의도	←	라이프스타일 2요인	.210	.056	3.764	***
수용 의도	←	라이프스타일 3요인	.392	.069	5.660	***
수용 의도	←	라이프스타일4 요인	.173	.047	3.722	***
교육요구도 1요인	←	수용의도	.444	.042	10.597	***
교육요구도 2요인	←	수용의도	.465	.038	12.086	***

모델 적합도 x2=90.413*** RMR=.042 GFI=.941 NFI=.894 CFI=.901

*라이프스타일 요인

요인 1: 디지털 추구형 요인 2: 개성과 유행 추구형 요인 3: 정보 및 기술 추구형

요인 4: 생활적응 추구형

*4차산업혁명 관련 소비자교육 요구도 요인

요인 1: 정부 교육의 기대 요인 2: 기업 교육의 기대

(4) 4차산업혁명 관련 소비자교육 요구도에 미치는 관련 변수의 영향력

4차산업혁명 관련 소비자교육 요구도에 미치는 관련 변수의 영향력을 살펴보기 위하여 회귀분석을 실시한 결과는 다음과 같았다. 변수 간에 상관관계를 살펴보았으나 그리 높지 않아서 모든 변수를 포함하였으며, 성별은 더미변수화 하였다.

첫째, 4차산업혁명에 대한 정부의 소비자교육을 요구하는 데에는 4차산업혁명에 대한 수용의도, 4차산업혁명에 대한 부정적 요인(일자리 감소 및 양극화), 라이프스타일(정보 및 기술 추구형), 4차산업혁명에 대한 긍정적 요인(효율성과 편이성)의 순으로 정적인 영향을 미쳤다.

둘째, 4차산업혁명에 대한 기업의 소비자교육을 요구하는 데에는 4차산업혁명에 대한 수용의도, 라이프스타일(정보 및 기술 추구형), 소비성향(신제품과 신서비스 선호형), 4차산업혁명에 대한 부정적 요인(일자리 감소 및 양극화), 소비성향 요인(모험형, 그리고 용돈)의 순으로 영향을 미쳤으며, 이 중에서 소비성향 요인 중 모험형은 부적인 영향력을 보였다. 이는 모험형이 아닐수록 기업에 대한 소비자교육 요구도가 높아지는 것을 의미한다.

표 11-6 4차산업혁명에 대한 정부 교육요구도에 미치는 관련 변수의 영향력

	비표준화계수		표준화계수	t	유의확률
	B	표준오차	베타		
(상수)	-.030	.438		-.070	.945
가변수: 여자	.006	.067	.005	.092	.927
연령	-.008	.014	-.026	-.539	.590
용돈	.000	.001	.021	.449	.654
주관적 지식	-.007	.043	-.009	-.171	.864
긍정요인1: 경제적 이익창출	.085	.058	.078	1.453	.147
긍정요인2: 신뢰성과 안전성	-.093	.056	-.088	-1.662	.098
긍정요인3: 효율성과 편이성	.145	.061	.136	2.386	.018
부정요인1: 일자리 감소 및 양극화	.263	.058	.232	4.530	.000
부정요인2	.035	.043	.044	.819	.413
부정요인3	.068	.059	.063	1.164	.245
소비성향 1요인	.017	.071	.020	.240	.810
소비성향 2요인	-.025	.066	-.031	-.373	.709
소비성향 3요인	.018	.047	.025	.386	.700
소비성향 4요인	.036	.049	.048	.744	.457
소비성향 5요인	-.072	.043	-.101	-1.658	.098

라이프스타일 1요인	.065	.075	.053	.871	.384
라이프스타일 2요인	.051	.059	.047	.869	.386
라이프스타일 3요인	.172	.068	.158	2.533	.012
라이프스타일 4요인	.010	.043	.011	.227	.821
수용의도	.299	.056	.332	5.388	.000
R^2=.466 F 비=12.45***					

표 11-7 4차산업혁명에 대한 기업 교육요구도에 미치는 관련 변수의 영향력

	비표준화계수		표준화계수	t	유의확률
	B	표준오차	베타		
(상수)	.221	.415		.533	.595
가변수: 여자	.033	.063	.025	.525	.600
연령	-.001	.013	-.004	-.083	.934
용돈	.003	.001	.120	2.565	.011
주관적 지식	.008	.041	.010	.188	.851
긍정요인1	.088	.055	.084	1.596	.112
긍정요인2	-.012	.053	-.012	-.231	.818
긍정요인3	.112	.058	.109	1.945	.053
부정요인1	.149	.055	.136	2.698	.007
부정요인2	.012	.040	.016	.308	.758
부정요인3	.084	.055	.082	1.524	.129
소비성향 1요인	.142	.067	.172	2.119	.035
소비성향 2요인	-.058	.063	-.076	-.929	.354
소비성향 3요인	5.188E-5	.045	.000	.001	.999
소비성향 4요인	.035	.046	.048	.755	.451
소비성향 5요인	-.089	.041	-.130	-2.175	.030
라이프스타일 1요인	.060	.071	.051	.854	.394
라이프스타일 2요인	-.001	.056	-.001	-.014	.989
라이프스타일 3요인	.180	.064	.172	2.798	.006
라이프스타일 4요인	-.058	.041	-.069	-1.405	.161
수용의도	.301	.053	.347	5.729	.000
R2=.484 F비=13.39***					

결국, 정보혜택자에 가까운 젊은 소비자도 4차산업혁명에 대한 정부와 기업의 소비자교육을 요구하고 있으며, 소비자의 성향과 인식에 따라 그 요구도의 내용, 방법 등이 다름을 알 수 있다. 특히 정보혜택자가 아닌 정보소외계층은 아날로그적인 방식으로 교육과 정보를 부단히 제공하면서 기술과 사회적 트렌드에 부응

하여, 소비자와 기업이 공유가치를 창출하는 것이 바람직할 것으로 보인다.

소비자의 라이프스타일과 소비행동과의 관련성은 다양한 면에서 나타난다. 특히 고관여 제품인지, 저관여 제품인지에 따라 다양한 결과를 보여주고 있다.

예를 들면, 라이프스타일 유형별 화장품 소비가치를 살펴본 연구에서 라이프스타일을 전통실속형, 웰빙추구형, 개방형, 과시형 등으로 구분하여 살펴본 결과, 라이프스타일별 추구하는 소비가치가 달랐다.

- 전통실속형: 화장품 구매 · 사용 · 소유 시의 소비가치를 중요시
- 웰빙추구형: 자신의 수준에 맞는 화장품을 구매
- 개방형: 새로운 제품 구매 시 불안감을 해소하려는 욕구를 표출
- 과시형: 화장품 소유 시 특정 상표를 가지고 있다는 자부심과 그 상표가 자신을 잘 표현하고 있다는 생각을 지님

결론적으로, 소비자는 자신의 라이프스타일에 따라 뷰티소비패턴을 다양하게 나타내며, 화장품에서 추구하는 가치는 화장품 구매 시, 사용 시, 소유 시에 각기 다른 것으로 나타났고, 이는 구매과정에 따라 세분화하여 구분될 필요가 있다.

2. 소비자 조사 및 분석을 위한 다양한 방법

소비자마다 특성이 다양하므로, 소비자를 잘 알기 위해서는 심도 있는 가치 관련 연구가 필요하다. 소비자 조사 및 분석을 위한 방법은 크게 정량적 방법과 정성적 방법으로 나눌 수 있으며, 정량적 방법은 위의 예에서 살펴보았듯이 데이터 분석, 통계적 방법 활용 등을 들 수 있다.

정성적 방법은 다음과 같은 예를 들 수 있다.

- 소비자 다이어리: 특정 주제에 대한 소비자의 일상적 경험양상을 세밀하게 조사해야 할 경우

- 참여관찰: 특정 현상의 구조와 문화코드 및 사람들의 감정과 경험을 조사해야 할 경우
- 심층면접: 특정 주제에 대한 특정 집단의 경험과 생각을 심도 있게 분석
- 핵심소비자분석: 특정한 소비현상을 주도하는 집단의 행동양식과 가치를 규명해야 할 경우에 활용

잠깐!

만들고자 하는 모형을 만들어서 소비자의 의견을 조사한다고 가정한다면, 어떻게 하는 게 좋을까요?

과거에 단순한 숫자로 간주되던 데이터가 문자, 문장, 화면, 동영상 등 더욱 다양한 빅데이터로 변해가고 있습니다. 이러한 데이터를 원하는 방향으로 분석이 가능한 SPSS 등 통계 페키지, 소셜 메트릭스 등을 활용할 수 있도록 연습이 필요합니다.

근간에는 빅데이터 분석을 통한 보다 객관적이고, 면밀한 조사를 실행하여 타당성을 높이고 있다. 뿐만 아니라 정량적 방법, 정성적 방법 모두 함께 활용하여 타당성을 높이고 있다.

소비트렌드, 소비자심리를 정성적 정량적 동시에 조사하고, 다양한 분석을 활용하여 분석하고자 하는 것은 결국, 소비자 반응을 잘 읽으려는 시도이며 중요하다.

생각해 볼 거리

코로나19 팬데믹으로 인하여 마스크를 써야만 했던 상황에서 화장품 관련 기업의 생산품목이 변화를 보였는데, 원인을 어떻게 추측하는지요? 그리고 실제로 관련 근거를 찾아서 써 보세요.

QUIZ

1. 다음 중 라이프스타일 분석에 맞지 않은 것은 무엇인가요?

1) 소비자의 명확한 유형을 알 수 있다.

2) 소비자의 취향을 알 수 있다.

3) 소비자의 소비가치 등을 알 수 있다.

4) 소비자의 유형을 알기에는 부족하다.

답 4번

해설

정밀한 척도로 구성된 라이프스타일 분석을 통해 소비자의 삶의 유형, 취향, 소비가치 등을 알 수 있다.

2. 정성적 방법으로의 조사, 정량적 방법으로의 조사가 모두 필요한 이유가 아닌 것은 무엇인가요?

1) 객관성을 높인다.

2) 타당성을 높인다.

3) 명확성을 높인다.

4) 객관성을 낮춘다.

답 4번

해설

정성적 방법과 정량적 방법 모두 활용한 조사는 연구 목적 달성에 객관성, 타당성, 명확성을 높인다.

3. 다음 문장은 정량적 방법인가요? 정성적 방법인가요?

“귀하의 월평균 용돈은 얼마인가요? 월평균 용돈(○○만 원)”

1) 정량적 방법
2) 정성적 방법

답 1번

해설

일반적으로 정량적 방법은 객관적 수치(양, 성취도, 점수 등)로 정확성을 확인할 수 있고, 정성적 방법은 수치 이외의 다양한 주관적 기준으로 내용(질, 인성, 발전 가능성, 면접 등)을 확인할 수 있다.

PART 05

미래소비사회의 변화와 상품

CHAPTER

12

미래소비사회의 변화

본 장에서의 주요 목표는 다음과 같다.

첫째, 트렌드와 소비자와의 관계를 살펴본다.
둘째, 트렌드 형성요인은 무엇인가를 살펴본다.
셋째, 트렌드의 종류와 특성은 무엇인가를 살펴본다.
넷째, 누가 트렌드를 발굴할 것인지, 그리고 소비트렌드의 개념과 의미를 살펴본다.
다섯째, 시장에서 소비트렌드의 주도권은 기업에 있는가를 살펴본다.
여섯째, 소비트렌드 변화에 영향을 미치는 요인은 무엇인가를 살펴본다.

주요 키워드는 트렌드, 트렌드 형성요인, 트렌드의 종류와 특성, 누가 트렌드를 발굴할 것인가? 소비트렌드의 개념과 의미, 시장에서 소비트렌드의 주도권, 소비트렌드 변화에 영향을 미치는 요인 등이다.

*그림: 강정민

동화, 브레멘 음악대

늙은 당나귀는 힘을 못 쓴다며 주인에게 쫓겨났어요.

집을 도망쳐 나오긴 했지만 너무나 처량한 신세였지요. 늙은 당나귀는 주인에게 쫓겨난 늙고 병든 개와 고양이, 그리고 주인에게 잡아먹힐 뻔했던 수탉을 만나게 되었어요.

이들은 모두 같은 처지였고, 스스로 아무 쓸모가 없고 희망도 없다고 생각했답니다. 그러나 단 한 가지 소원이 있었어요.

그것은 브레멘으로 가서 음악대 생활을 하는 것이었어요.

네 마리의 동물들은 새로운 꿈을 찾아 함께 브레멘으로 떠났어요.

길을 가던 그들은 도둑이 든 집을 발견했어요. 당나귀와 개, 고양이, 수탉은 힘을 합쳐 도깨비 소리를 냈지요.

"히히힝, 멍멍, 야옹야옹, 꼬끼오!"

겁에 질린 도둑들은 집을 버리고 도망을 쳤어요.

당나귀와 개와 고양이와 수탉은 힘을 합해 안식처를 구한 거예요. 이들은 서로를 의지하며 행복하게 살았답니다.

그들은 훌륭한 음악대를 만들었겠지요?

소비자에게는 권리가 있으며, 소비자들도 힘을 합치면 나쁜 상품들을 시장에서 사라지게 할 수 있습니다.

소비자라면 다 같이 힘을 합해야 하며, 힘을 뭉치면 강하다는 것을 명심해야 합니다. 그리고 우리의 미래는 우리에게 달려있다는 점도 명심해야 합니다.

아는 것이 힘이고, 소비자의 힘을 합해 소비자 권리를 지켜요!

그리고 소비자에게는 권리만 있는 것이 아니라, 책임도 있습니다.

그렇다면 소비자의 권리가 우선일까요? 아니면 책임이 우선일까요?

한번 생각해 보세요.

*출처: 김시월 외 2인(2008), 동화로 소비를 배워요, 천재교육.
김시월(2008), 학교에서의 소비자교육을 위한 교재개발 연구 용역 계획(안), 공정거래위원회.

1. 트렌드와 소비자

일반적으로 트렌드(trend)는 흐름이라고 할 수 있다. 수많은 신호와 움직임이 모여서 결국에는 물결을 이루어 관심과 이목을 끌어 대세가 된다. 트렌드는 일정한 시기 동안에 꾸준히 치솟은 인기를 반영하고, 소위 뜨는 것과 지는 것에 대해 이야기하고, 과거와 현재에 대한 관찰을 바탕으로 미래에 대해 예측할 기회를 제공한다.

트렌드의 일반적인 의미는 '경향, 변동, 추세'이다. 그 어원은 '수레 바퀴(Wagon Wheel)'에서 유래되어 최근에는 특히 현상의 하나로서 스스럼 없이 사용하게 되었다. 이제는 경제, 경영, 사회, 기술 등 모든 분야에서 트렌드를 파악하고 변화에 대처하고 미래를 예견하려는 움직임이 나타나며, 이는 일시적인 유행(fad)과는 달리 최소한 10년은 유지되는 긴 흐름이다.

트렌드란 '약 5~10년에 걸쳐 지속되는 변화의 동향, 추세로서 대다수 사람이 영향을 받는 변화'인 것이다. 이는 1~2년 정도의 비교적 짧은 기간을 지속하는 패드(Fad, For A Day'의 약자) 유행, 혹은 10년 이상의 지속기간을 갖는 메가트렌드의 개념과 비교된다. 따라서 트렌드 연구를 위해 관찰하는 동안 패드나 메가트렌드적 추세들을 발견할 수 있다. 최근 국내에서 매년 발표되는 트렌드는 비교적 짧은 기간의 변화를 다루고 있어 좀 더 세밀한 패드 성격의 추세들을 다루는 경향이 있다(안경미, 김기옥, 2015).

트렌드는 눈에 보이는 현상보다는 각 민족적 특성과 인간의 본성과 같이 표현하기 힘들거나 인식하기 어려운 배경을 갖고 있어 기존의 여론조사나 소비자 성향을 분석하는 방법으로는 한계가 있다(안경미, 김기옥, 2015).

따라서 객관적인 사실과 더불어 분석자의 주관적 관찰과 통합된 분석이 좀 더 정확히 이해하는 데 효과적일 것이다(안경미, 김기옥, 2015).

'일상생활 속에서 사람들이 무엇에 관심을 두는지, 어떻게 행동을 하는지 관찰함으로써 변화를 감지하고 변화 속에서 기회를 찾아내는 것, 또는 새로운 기획을 위한 아이디어를 찾아가는 과정'을 말하는 '트렌드 와칭(Trend Watching)'이라는 개념이 있다(안경미, 김기옥, 2015).

즉, 적기에 소비자들이 원하는 혹은 더 나은 가치를 제공하는 상품의 출시를 위해서는 매우 면밀한 소비자들의 변화를 주시하고 연구하여 예측하는 것이 지금까지보다 더욱 중요해졌다는 것이다. 따라서 리서치와 기획 영역부터 주도적 역할을 감당하기 위해 지속적인 트렌드 분석을 통해 소비자들에 대한 이해와 통찰력을 갖는 것(안경미, 김기옥, 2015)은 기업의 경쟁력을 강화시킬 수 있다.

오늘날 우리가 직면한 시장의 변화는 정치, 경제, 사회, 문화, 과학, 기술 등 전 영역에 걸쳐 일어나고 있는 총체적인 패러다임의 변화에서 비롯된 것(장미경, 2008)이라 할 수 있다.

1) 트렌드 형성 요인

메가트렌드를 이끄는 중요한 트렌드의 형성요인은 다음과 같다.

첫째, 디지털화를 들 수 있다. 인터넷으로 글로벌 마켓에서의 다양한 제품과 서비스를 접할 수 있으며, 어떤 정보도 이제 숨길 수가 없다. 디지털화는 세계화라는 트렌드를 가져왔다.

둘째, 개인화를 들 수 있다. 소비자의 역량에 따라 정보의 차이를 가져오며, 정보에 따라 소비자의 선택과 만족이 다르다. 개인화된 소비자는 개인적 욕구와 라이프스타일, 그리고 가치에 따라 상품과 서비스를 선택하고 또 다른 것을 찾아 나선다.

이러한 것은 단독가구의 증가, 반려동물의 증가, 가정간편식 등의 증가와 연결되며, 이들의 소비가치, 소비행동이 또 다른 새로운 이슈로 시장에 정착해 가고 있다. 그리고 단독가구가 소비하는 소비액은 다인가구의 전체 소비액의 비율로 살펴본다면, 단독가구의 소비액이 다인가구의 소비액을 가족수로 나눈 것에 비해 더 많은 측면에서 1코노미의 해석이 중요해지고 있다.

셋째, 이동성이다. 소비자는 개인적·직업적·관념적인 조건에 따라 생활환경을 변화하고, 다양한 이동, 탈출, 변화 등을 추구한다.

넷째, 세계화를 들 수 있다. 이제는 전 세계가 단일화된 시장으로 변모하여 거대한 소비 잠재력이 형성되고 있다. 이는 세계화라는 트렌드를 바탕으로 발달하고 있으며, 이것은 디지털화가 그 중심적인 역할을 하고 있다고 볼 수 있다.

다섯째, 고령화와 건강, 안전을 들 수 있다. 점점 발전하는 과학적 · 기술적인 발전은 소비자의 수명을 증가시키고 있으며, 이와 관련된 웰빙, 로하스, 웰다잉이 개인적 · 사회적 이슈가 되게끔 트렌드를 이어가고 있다.

2) 트렌드의 종류와 특성

트렌드를 변화의 과정으로 정의한다면 중요성, 기간, 그리고 강도에 따라 다음과 같이 구분이 가능하다.

- 메타트렌드: 사회, 문화 전반을 아우르는 광범위한 보편적인 트렌드를 말한다. 자연의 기본법칙이나 영원성을 지닌 진화의 법칙, 예를 들어 트렌드는 날로 복잡해진다는 사실 등이 이에 속한다(김보경, 2009).
- 메가트렌드: 메가트렌드는 거대한 변화를 가리킨다.

이 개념은 미래학자의 창시자인 존 나이스비트(John Naisbitt)에게서 그 기원을 찾을 수 있다. 말하자면 메가트렌드는 변화의 블록버스터라고 할 수 있다. 메가트렌드는 사회에서 문명까지 혹은 테크놀로지에서 경제 사이클까지를 대상으로 삼는다. 가장 좋은 사례로 세계화를 들 수 있으며, 다음과 같은 조건을 충족하는 것을 메가트렌드라고 부른다(김보경, 2009).

첫째, 최소한 30년에서 50년 동안 지속한다.
둘째, 삶의 모든 영역에서 징후를 찾아볼 수 있다.
셋째, 기본적으로 글로벌 한 성격을 지니고 있다(김보경, 2009).

즉, 도처에서 동시에 강력하게 두드러지지 않는다 하더라도 머지않아 세계 모든 분야에서 목격할 수 있다는 것이다.

- 사회문화 트렌드: 사회문화 트렌드는 사람들의 삶에 대한 감정과 동경, 문화적 갈증 등을 설명해 준다. 또한 사회적 발전과정에서 종종 등장하는 갈증을 표현하기도 한다. 슬로우 푸드, 슬로우 라이프스타일에 대한 동경을 담은 '느림' 혹은 '단순화' 트렌드를 생각하게 한다.
- 소비자 트렌드: 소비자 트렌드란 상품이나 서비스 시장의 사이클, 사회적 변화 등의 흐름을 말하며, 그 속에서 소비자들의 행동, 가치, 관념 등이 포함된다. 소비자 트렌드는 계층적으로 조직화되어 있고, 논리적으로 서로 교차하는 범주로 구성된 복잡한 시스템의 일부이다. 첨단기술 장치, 계절적인 현상, 소비자의 입에 오르내리는 인기나 유행상품 등은 우리의 일상 문화의 표면에서 잠시 나타나는 단기적인 현상으로 궁극적으로는 상품 유행 이상의 의미는 없을 수 있다. 그러므로 이는 일반적인 트렌드와는 다르며, 상품 트렌드가 제 기능을 하고 트렌드로 자리매김하려면 소비자 트렌드와 연관이 있어야 한다.

3) 누가 트렌드를 발굴할 것인가?

트렌드 제보자는 트렌드 헌터(trend hunter), 트렌드 트래커(trend tracker), 트렌드 와쳐(trend watcher) 트렌드 세터(trend setter), 트렌드 스포터(trend spotter), 트렌드 파파라치(혹은 줄여서 트파라치) 등 매우 다양한 명칭으로 불리기도 한다.

일종의 트렌드를 추적해서 발굴하는 역할을 수행한다는 점은 동일하며, 트렌드 제보자는 단순한 정보 수집에서부터 사진 촬영, 인터뷰, 원고작성에 이르기까지 많은 역할을 담당하게 된다. 우리 모두는 누구나 트렌드 큐레이터가 될 수 있다.

많은 트렌드 분석가들이 패션유통업계나, 혹은 광고업계를 통해 트렌드 분석 산업에 발을 들여놓게 된다. 그것은 패션과 광고업계가 트렌드에 민감한 탓이다. 이들은 지속적으로 쇼핑을 하고 수백 권의 잡지를 읽으며 TV와 영화를 즐겨보면서 세상을 앞서 나가고자 하며, 또한 이들은 네트워크를 형성하여 운영해 나가야 한다. 트렌드 예측에 앞서 현실적 동향 분을 위해서는 수많은 트렌드 제보자가 필요하기 때문이다.

다시 말하면, 트렌드는 과거와 현재의 흐름을 분석하고 이를 통해 미래를 예측하고 분석하는 것이지만, 개인적 삶과 사회의 변화 흐름뿐만 아니라, 산업 분야에서도 필요하며, 이와 관련된 직업적 창출과 역할이 증대되고 있다. 이러한 변화는 오프라인에서도 필요했지만, 온라인에서는 또 다른 역할 확대 및 그 속도가 가속화되고 있다.

2. 소비트렌드와 소비자

1) 소비트렌드의 개념과 의미

소비트렌드는 트렌드라는 넓은 개념에서 소비 관련 부분을 의미하며, 트렌드 분석을 통한 소비, 소비자를 재발견하고자 하는 데에 필요하다.

소비자는 선택을 통하여 소비의사결정을 하지만, 그 기저에는 소비에 대한 가치관, 관념을 기준으로 판단한다. 이러한 소비가치는 소비자들이 제품이나 서비스를 선택할 때 인지 과정과 구매 행동에 강력하고 포괄적으로 영향을 미치는 판단의 기준이라고 볼 수 있다.

이러한 의미에서 시장의 선택에 중요한 영향 요인은 연구자에 따라 다르지만, 일반적으로 기능적 가치, 사회적 가치, 정서적 가치, 인지적 가치, 상황적 가치 등으로 분류하기도 하고, 한편으로는 실용적 가치, 쾌락적 가치로 분류하기도 한다.

소비가치는 소비자의 소비행동과 밀접한 관련이 있기 때문에, '소비자가 왜 구매 혹은 소비하는가?', '어떤 제품과 서비스를 구매 혹은 소비하는가?', '어떤 브랜드를 더 구매 혹은 소비하는가?' 혹은 '왜 반드시 그 제품과 서비스, 그 브랜드여야 하는가?'를 설명하고 예측하는 데 중요한 단서가 된다.

이러한 소비자의 가치와 행동을 분석하고 예측하는 것은 소비와 소비자 트렌드를 분석하는 데에서 시작한다고 할 수 있으며, 이러한 것을 근간으로 소비자 트렌드는 다음과 같은 것에 의미를 부여할 수 있다.

첫째, 어떤 변화하는 것에 대한 관찰의 단서를 제시한다.

둘째, '왜?'에 대한 분석의 시초를 제시한다.

셋째, '언제?', '어떻게?'에 대한 상상력을 제시한다.

넷째, 기회는 무엇인가에 대한 창조성, 창의성, 몰입력, 응용력 등을 제공한다.

즉, 트렌드가 미래를 읽는 힘이고, 미래를 이끌어 가는 힘이라면, 그리고 트렌드 전략이 정보력과 분석력이라면, 소비자 트렌드는 트렌드 속에서 살아가는, 그리고 소비하는 소비자의 힘과 능력을 읽어내는 것이다.

일반적으로 트렌드에 대한 사전적 정의는 '경제 변동 중에서 장기간에 걸친 성장·정체·후퇴 등 변동 경향을 나타내는 움직임'이다. 그중에서 소비 트렌드란 개인 또는 집단 단위의 소비자가 다양한 상품과 서비스, 아이디어, 경험 등을 구매, 사용하고 처분하는 과정에서 상당 기간 여러 소비 영역에 걸쳐 광범위하게 나타나는 특정한 소비패턴 또는 소비 행동 패턴을 말한다(김영선, 2014).

이는 어느 한 시기, 어느 한 소비 영역에 국한되어 나타나는 일시적인 현상(fad), 유행(fashion)과는 달리 적어도 5년~10년 이상 지속 되며 광범위한 소비 영역에 영향을(김은영, 2020) 미친다. 또한 소비트렌드는 소비패턴 또는 소비 스타일의 흐름이며, 소비문화가 구체화 되어 나타난 표층적 현상이라는 것이다.

2) 소비트렌드의 주도권은 기업에 있나? 소비자에게 있나?

근간 소비트렌드의 주도권이 생산자에서 소비자로 넘어갔기 때문에 작은 트렌드들이 잠깐 메인 트렌드가 되었다가 다시 잠복하고 또 다시 트렌드로 복귀하는 일이 반복된다. 더욱이 현대 소비자의 기호는 변화무쌍하다. 생산자의 의도에 따라 늘 수동자였던 소비자가 소비의 주도권을 쥐고 서비스 산업을 주 무대로 트렌드를 다양하게 만들어 내고 없앴다가 또 만들기를 반복한다(김영선, 2014).

특히 현대문화 시스템은 트렌드라는 다양한 톱니바퀴들의 맞물림 속에서 다변화되고 있으며, 생산자 중심의 판매를 위한 상품 위주의 트렌드 홍보 전략은 새로운 가치와 감성, 취향을 지닌 소비자, 소비 트렌드로 말미암아 삶의 방식을 변화시키는 새로운 라이프스타일 트렌드, 즉 문화 트렌드의 변화로 확대, 변형되고(김영선, 2014) 있다고 해도 과언이 아니다.

또한 현대의 소비시장은 과거와는 달리 복합적이고 급변하는 사회 현상으로 인해 구조적 변화들이 동시에 일어나고 있다. 그래서 소비트렌드의 변화는 사회 경제적 구조를 흔들만한 큰 변화 요인을 수반하는 것이 일반적이다. 이는 트렌드의 변화 이전에 그 변화를 일으킬 만한 사회적 현상이 분명히 존재했을 것이고, 사회변화에 대한 이해 없이 소비트렌드를 파악하는 것은 어렵기 때문에 소비트렌드의 변화를 가져온 사회적 이슈에 대해 살펴볼 필요성을 요구한다(김영선, 2014).

우리 모두는 몇 년 전까지만 해도 '정보통'이라는 말을 흔히 들었고 또 사용하였다. 용어 그대로 특정 방면의 정보에 능통하고 정통한 소비자를 가리켜 '연예계 정보통', '경제계 정보통' 등등의 방식으로 불렸다. 오피니언 리더처럼 그들이 퍼뜨리는 한마디 한마디가 이슈가 되고, 유행이 되었다.

하지만 이제 인터넷과 소셜미디어, 손안의 스마트폰으로 누구든지 언제 어디서나 '정보통'이 될 수 있다. TV나 신문과 같은 매스미디어의 영향력은 과거에 비해 영향력이 감소 되었고, 마음만 먹으면 누구보다 빨리 원하는 정보를 얻을 수 있게 되었다.

디지털 신기술이 본격적으로 도입되면서, TV 시청은 전송망, 플랫폼, 콘텐츠, 기기(device) 등 여러 측면에서 과거와 다른 조건하에 이루어지게 되었다. 시청의 기기 전이(device-shifting), 시간 전이(time-shifting), 공간 전이(space-shifting)로 요약되는 변화의 핵심은 소비자가 TV 수상기가 없어도 언제, 어디서나 방송, 또는 이와 유사한 서비스에 접할 수 있는 환경으로 변화되었다는 점이다(이소은, 2017). TV 수상기보다는 스마트폰과 태블릿 PC를, 지상파 방송보다는 OTT와 유튜브를 더 가까이하는 환경에서 시청은 TV를 넘어서 다양한 기기와 플랫폼, 콘텐츠로 매우 확대되고 있다.

이러한 변화는 방송매체인 미디어의 접근과 이용률에 있어서 소비자의 연령별 차이가 극명하며, 미디어에 대한 가치와 일상화도 다른 것을 알 수 있다. 미디어를 시청·활용·이용하는 우리 소비자의 모습은 너무나 많이 변화했고, 매우 다양해지고 있다. 크게는 디지털 신기술이 본격적으로 도입되면서, 예컨대, 우리 소비자는 TV 수상기가 없어도 언제, 어디서나 방송 혹은 이와 유사한 서비스에 접할 수 있게 되었고, 스마트 기기 하나로 접근성이 확대되었으며, 이용에 있어서 보편화와 일반화가 되었다. 즉, 과거에는 TV가 지배하던 자리를 스마트폰과 태블릿 PC가 차지하고 있다. TV 방송보다 OTT와 유튜브를, 그리고 페이스북과 인스타그램 등 SNS 활용을 더 가까이하는 소비자들도 점차 증가하고 있다.

이는 연령, 소비자의 생활가치 태도 및 삶의 가치에 따라 다양하지만, 코로나19와 같은 외생변수로 인해 더욱 증가하게 된 것으로 보인다. 왜냐하면, 코로나19 이후의 우리 일상은 건강과 안전 중심, 온라인 중심, 외부 생활에서 집안으로의 이동 중심 등의 이슈가 부각되었기 때문이다. 따라서 시대변화에 맞는 미래 가치와 비전을 다시 다듬고 점검해야 할 필요성이 보인다. 특히 디지털 디바이드 세대로 흡수력이 빠른 청소년기는 외부 영향을 매우 많이 받고, 외부요인을 통해서 자아정체감이 형성되는 시기이므로 다양한 미디어를 통한 활동이 크게 영향을 미칠 것으로 보인다(김시월 외 3인, 2024).

정보 습득에 있어 개인의 역할이 어느 때보다도 강조되는 이러한 흐름은 한편으로 피로를 불러일으킨다. 인터넷에 정보가 널려 있다지만 대체 어느 사이트에서 그 정보를 찾고 모아야 한다는 말인가? 트위터로 누구보다 빨리 정보를 얻는다지만, 그 정보를 내 타임라인에서 실시간으로 보려면 남들보다 빨리 정보를 전해주는 누군가를 팔로우(follow)해 두어야 한다. 남들은 생활에 필요한 이런저런 정보를 잘만 찾는데 나만 뒤처지는 것 같다는 생각을 누구나 한 번쯤 해 본 적 있을 것이다. 누군가가 내게 필요한 분야의 정보와 최신 트렌드를 차곡차곡 정리해 준다면 얼마나 좋을까 하는 마음이 들기도 한다. 많은 정보를 효과적으로 관리하고 의미 있는 것을 뽑아내는 '큐레이션'의 영역이 최근 성장하고 있는 것도 이러한 대중의 요구와 관련이 있다.

이러한 흐름에 따라 최근 자신만의 방식으로 정보를 수집·분류하고 해석하여 다른 사람들에게 제공하는 '콘텐츠 큐레이터'들이 등장하게 되었다. 자신이 직접 새로운 콘텐츠를 만들어 내지 않더라도 온라인을 떠도는 정보 중 매력적인 것을 찾아내서 확산에 기여하는 이들은 새로운 형태의 콘텐츠 유통자이며 편집자라고 볼 수 있다. 이들이 유통하는 콘텐츠는 유용성을 판단하는 시선으로 걸러진 질 좋은 정보이기에 대중들이 수용하기 편리하다. 또한 요즘은 특별한 사람이 아닌 우리 스스로가 소셜 미디어를 통해 이러한 큐레이터의 역할을 할 수 있다는 점에서 '소셜 큐레이터'라는 개념이 각광받고 있다.

우리는 사람들이 좋아하는 것, 지금 유행하는 것, 미래를 움직이는 원동력이 되는 흐름을 가리켜 '트렌드'라 부른다. 경제·사회·문화 등 우리 생활 각 분야 트렌드의 흐름은 바로 위에서 언급한 소셜 큐레이터들의 손끝에서 형성된다고 해도 과언이 아니다. 소셜 큐레이션의 작은 결과물들을 모아 그곳에서 공통점과 의미를 발견하는 작업을 거치면 그것이 곧 우리 사회를 움직이는 메가 트렌드가 될 것이기 때문이다. 따라서 우리 스스로가 소셜 큐레이터라면 곧 '트렌드 큐레이터'로서의 잠재력 역시 가지고 있음이 자명하다.

소비자 스스로 온라인상에서 수많은 트렌드를 발굴하고 유통시키는 '트렌드 큐레이터'라면, 과연 어떤 방법으로 정보를 찾고 분류할 수 있을까? 지금까지 단순히 누군가가 알려 주는 정보를 수용하기만 하는 입장이었다면 이러한 '큐레이션'의 영역이 막막하게만 느껴질 것이다.

하지만 걱정하거나 막막하게 느낄 필요는 없다. 사회 각 분야의 새로운 흐름을 보여주는 여러 채널들이 훌륭한 길잡이가 되어 줄 것이기 때문이다. 새로운 트렌드를 제시하여 영감을 불러일으키는 동시에, 우리가 '소셜 큐레이터'로 활동하며 정보에 새로운 가치를 부여할 수 있고 자신이 현재 하는 일에 도움을 얻을 수 있도록 도와주는 것이다.

세계를 움직이는 힘, 그것은 바로 강력한 메가트렌드를 쫓는 것이다. 우리는 사회 전반을 지배하는 트렌드로부터 새로운 아이디어를 얻곤 한다. 트렌드란 일시적 유행이라기보다는 강렬한 사회적 현상으로 보아야 할 것이다. 거대 트렌드를 제대로 읽고, 누구보다 빨리 이에 부합하는 정보 콘텐츠를 찾아내는 것이야말로 큐레이션의 중요한 영역이다. '트렌드 읽어주는 사이트'들을 참고하면 도움이 될 것으로 보인다. 혹은 여러분이 비슷한 사이트를 만들 수도 있다.

3) 소비트렌드 변화에 영향을 미치는 요인

소비트렌드 변화에 영향을 미치는 요인은 무엇인가? 소비는 소비자가 삶을 영위하기 위하여 행하는 도구이며 수단이고, 그 과정이다. 따라서 그 속에는 계획, 구매, 사용, 처분 등의 행위 자체도 중요하지만, 왜 그러한지에 대한 가치와 행동, 그리고 관념적 변화가 중요하다. 따라서 소비는 소비자의 행위 그 자체이므로 소비자를 둘러싼 환경적 요인이 중요하다. 이러한 소비자의 행위인 소비자행동에 영향을 미치는 요소를 본다면, 크게는 경제 환경의 변화, 법과 제도의 변화, 테크놀로지의 변화, 가치관 및 관념의 변화, 소비자의 사회인구학적 변화를 들 수 있다.

구체적으로 보면, 첫째, 경제 환경의 변화는 소득수준의 향상을 가져와 소비패턴이 변화를 초래하였다. 소득은 소비의 함수로서, 소득수준의 향상에 따른 소비의 변화에 직접적인 영향을 미쳐, 통신비, 외식비, 문화비 등의 변화를 볼 수 있다. 과거 의식주 관련 비용인 필수재의 소비중심에서 선택재 소비중심으로의 변화를 볼 수 있으며, 서비스 부분의 비중이 매우 증가하고 있다. 그리고 소비자의 소득에 따라 대형화, 고급화, 수입화, 그리고 집 안을 중심으로 한 소비보다 집 밖에서의 소비 변화도 들 수 있다.

둘째, 법과 제도 환경의 변화는 금융환경의 변화를 초래하여 소비자의 저축, 대출, 소비성향 등에 중요한 역할을 하고, 금리 변화, 신용카드의 변화, 마일리지, 재태크, 돈에 대한 의식 변화, 직업의 다양화 등과 관련이 있다.

셋째, 테크놀로지의 변화는 크게 시장 생태계의 변화 및 글로벌 환경 구조의 변화를 가져와 국제화, 개방화, 정보화, 전자상거래 등의 변화를 볼 수 있다.

넷째, 가치관과 관념의 변화를 들 수 있다. 시대를 지배하는 삶의 방향, 목표는 그 시대의 가치관 및 관념과 관련이 깊다. 그리고 그 과정을 전반적으로 지배하는 기본적인 신념과 가치관은 매우 중요하며, 소비트렌드에 많은 영향을 미쳐, 궁극적으로는 의사결정, 브랜드 결정, 환경적, 윤리적 측면에서의 소비에도 영향을 미친다.

다섯째, 소비자의 변화는 사회 인구학적 변화를 가져와, 평균수명의 연장과 더불어 노인 인구의 증가를 가져왔고, 출산율의 감소, 소자녀화, 그리고 비혈연 가족의 증가, 단독가구의 증가, 가족해체에 대한 경시 등을 초래하고 있다.

인구학적으로 볼 때 현재 한국사회가 당면하고 있는 가장 큰 문제(김형우, 2015) 중 하나는 인구의 고령화와 저출산 문제다. 이러한 고령화와 더불어 저출산으로 인한 생산연령 인구의 감소는 우리 사회의 큰 위험 요소이다.

또 고령화와 저출산 만큼 부각되지는 않았지만 우리 사회구조의 주요한 변화 중 하나는 1인 가구의 급속한 증가와 이로 인해 발생하고 있는 사회적 문제다(김형우, 2015). 1인 가구의 급증 원인으로는 노령 인구 중 사별 및 자녀와의 별거로 인한 독거노인의 증가, 이혼 증가로 인한 싱글족의 증가 등을 들 수 있다. 이와 함께 젊은 층의 만혼, 결혼 기피 및 포기 등이 주요한 원인으로 부각되고 있다.

과거 OECD가 펴낸 '한눈에 보는 사회상 보고서'에 의하면 한국 성인 인구 중 미혼자 비율은 39%로, 한국인 중 미혼 인구의 비율이 10명에 4명꼴에 이르는 것으로 드러났다. 이는 OECD 평균 미혼 비율과 비교해 볼 때 10% 포인트 이상을 상회하는 숫자이며 OECD 34개 회원국 가운데 단연 그 비율이 가장 높은 수치다(김형우, 2015).

미혼자 비율의 증가 원인으로는 여러 가지를 들 수 있다. 결혼 가치관에 대한 변화에 따라 결혼을 필수적인 것으로 생각하지 않는 젊은 층의 증가와 갈수록 개인화되고 있는 생활 패턴, 자유로운 삶의 추구 등의 자발적인 이유가 한 원인이며, 다른 한 원인으로는 경제 불황과 청년실업의 증가에 따라 결혼을 하고 싶어도 할 수 없어 결혼을 포기하는 비자발적인 원인을 들고 있다(김형우, 2015).

최근 시장조사전문기업의 트렌드모니터가 실시한 1인 가구 관련 설문조사 결과를 보면, '1인 가구 증가 이유'(중복 응답)에 가장 많은 응답자가 '결혼에 대한 가치관 변화'(65.9%)를 꼽았고, '개인주의의 확산'(59.4%), '청년세대의 경제적 어려움으로 인한 미혼증가'(56.3%), '경제 양극화'(37.9%), '독거노인 세대 증가'(37.4%), '청년 실업 증가'(34.6%), '이혼 증가'(33.1%), '청년실업의 증가'(34.6%), '가정의 경제적인 어려움'(31.0%), '높은 부동산 가격'(29.7%), '기러기 가족의 증가'(29.5%), '부모부양을 하지 않는 세대 증가'(28.3%), '여성의 사회진출 증가'(27.4%), '부유해진 한국사회의 분위기'(6.0%)순으로 응답이 많았다(김형우, 2015).

또한 최근 소비 트렌드에 영향을 미치는 사회변화 요인으로는 정보통신 발달과 급진전된 글로벌 환경, 베이비붐 세대의 은퇴로 시작된 고령사회 진입을 꼽을 수 있다. 그리고 최근 불고 있는 웰빙 열풍, 비정규직 확산과 실업률 증가에 따른 소득 양극화와 더불어 근로시간 단축 등으로 인한 여가와 휴식의 증가, 삶의 균형을 찾는 사회적 분위기가 광범위하게 관찰되고 있다.

그리고 결혼율 감소와 이혼율 증가에 따른 1인 가구의 증가로 강화된 개인주의와 관계 욕구를 중시하는 '따로, 또 같이'라는 라이프스타일의 등장 등을 들 수 있다. 이러한 환경변화가 이끄는 소비 트렌드는 소비시장의 양극화와 글로벌화, 소비주도층의 변화, 고급소비의 증가와 감성소비, 스마트소비와 같은 다양한 변화를 가져오고 있다.

생각해 볼 거리

지난해의 소비트렌드를 살펴보면서, 앞으로 5년 후의 변화를 예측하고, 그에 맞는 신상품과 신서비스 개발을 시도해 봅시다.

QUIZ

1. 다음은 트렌드의 형성요인을 나열하고 있습니다. 틀린 것은 무엇인가요?

1) 디지털화
2) 개인화
3) 이동성
4) 국부화

답 4번

해설

일반적으로 트렌드의 형성요인은 디지털화, 개인화, 이동성이다.

2. 다음은 메가트렌드의 특징을 설명하고 있습니다. 틀린 것은 무엇인가요?

1) 최소한 30년에서 50년 동안 지속한다.
2) 삶의 모든 영역에서 징후를 찾아볼 수 있다.
3) 기본적으로 글로벌한 성격을 지니고 있다.
4) 최소한 5년에서 10년 동안 지속한다.

답 4번

해설

메가트렌드의 특징은 최소한 30년에서 50년 동안 지속하고, 삶의 모든 영역에서 징후를 찾아볼 수 있으며, 기본적으로 글로벌한 성격을 지니고 있다는 점이다.

3. 다음은 소비트렌드 변화에 영향을 미치는 요인들입니다. 아닌 것은 무엇인가요?

1) 경제 환경의 변화

2) 법과 제도 환경의 변화

3) 테크놀로지의 변화

4) 가치관과 관념의 변화

5) 인구구조의 비변화

답 5번

해설

소비트렌드 변화에 영향을 미치는 요인으로는 첫째, 경제환경의 변화, 둘째, 법과 제도 환경의 변화, 셋째, 테크놀로지의 변화, 넷째, 가치관과 관념의 변화, 다섯째, 소비자의 사회인구학적 변화 등을 들 수 있다.

CHAPTER

13

초연결기술과 소비자

본 장에서의 목표는 다음과 같다.

첫째, 초연결기술이란 무엇인가를 안다.
둘째, 특히 소비생활에서의 구체적인 연결을 구체적으로 살펴본다.
셋째, 초연결기술을 활용한 소비생활에서의 문제점을 예측해 본다.
넷째, 신기술과 소비시장의 융합을 응용해 본다.

주요 키워드는 초연결기술, 의식주 소비생활과 초연결기술, 초연결기술의 문제점, 초연결기술의 과제, 신기술과 소비시장의 융합 등이다.

*그림: 강정민

동화, 참나무와 갈대

연못가에 참나무와 갈대가 이웃하여 살았어요.

참나무는 자신의 우람한 몸을 자랑하며 날아온 새들에게 물었어요.

"얘들아, 이 세상 어디에도 나처럼 땅속 깊이 뿌리를 내린 커다란 나무를 본 적이 없지?"

"맞아요, 참나무님, 우리가 세상 여기저기 날아다녀 봤지만 참나무님처럼 커다란 나무를 본 적이 없답니다."

새들의 말에 참나무는 더욱 우쭐해졌어요.

세찬 바람이 불어도 꿈쩍도 하지 않는 참나무는 작은 바람에도 이리저리 흔들리는 갈대를 우습게 생각했어요.

어느 날 지금까지 불어왔던 폭풍 중에서 가장 무서운 폭풍이 불어왔어요.

참나무는 폭풍우에 지지 않으려고 뿌리에 힘을 주었어요. 참나무는 점점 세차게 불어오는 바람에 머리를 꼿꼿하게 하늘로 향하고 버텼지만 얼마 지나지 않아 바람을 이기지 못하고 뿌리채 뽑혔답니다. 하지만 갈대는 세찬 바람에도 자신의 자리를 지켜냈어요.

참나무는 갈대를 왜 우습게 생각했을까요?

갈대는 어떻게 되었을까요?

크고 아름다운 집보다 더 좋은 집은 무엇일까요?

크고 좋은 차보다 더 좋은 차는 무엇일까요?

남들에게 자랑하고 싶고 보여주고 싶은 마음을 따라가다 보면, 어리석은 행동을 할 수도 있습니다. 그러므로 어떤 것을 소비하고 선택하기 전에 꼭 나에게 정말 필요한 것인지, 좋은 것인지 잘 생각해야 합니다.

겉으로 보이는 것이 다가 아닙니다. 정말 소중한 것은 눈으로 보이지 않아요. 마음의 눈으로 소중한 것을 볼 줄 알아야 합니다.

크고 화려하다고 좋은 것은 아닙니다.

정말 소중한 것을 판단할 수 있는 지혜가 필요합니다.

소비자, 아는 것이 정말 힘입니다. 그러나 너무나 빨리 변화하는 디지털 사회에서 소비자 소외의 대상인 소비자를 배려하는 힘도 중요합니다.

*출처: 김시월 외 2인(2008), 동화로 소비를 배워요, 천재교육.
김시월(2008), 학교에서의 소비자교육을 위한 교재개발 연구 용역 계획(안), 공정거래위원회.

1. 초연결기술의 변화

초연결은 4차산업혁명이 제시되었던 2016년 세계경제포럼에서 4차산업혁명의 혁신 동인 중 하나로서 처음으로 클라우스 슈밥에 의해 언급되면서 많이 사용된 용어이다. 4차산업혁명과 초연결기술로 인해 사람이 아가는 방법, 일하는 방법, 관계하는 방법이 근본적으로 변화할 것이라고 하였다.

클라우스 슈밥은 "4차산업혁명은 '초연결성(Hyper-Connected)', '초지능화(Hyper-Intelligent)'의 특성을 가지고 있으며 이를 통해 모든 것이 상호 연결되고 보다 지능화된 사회로 변화시킬 것"이라고 하였으며, "사람이 살아가는 방법, 일하는 방법, 관계하는 방법이 근본적으로 변화하는 기술혁명이 열리고 있다. 규모와 범위, 복잡도의 정도에 있어서 인간은 지금까지 경험하지 못했던 사회적 변혁이 이루어질 것"이라고 하였다.

초연결에 대한 정의는 다양하지만 세계조사기관인 시스코에서는 전 세계 인구수보다 더 많은 수의 사물이 인터넷에 연결된 시대를 초연결시대로 보았으며(박서니, 2021), 2003년에는 전 세계 인구수가 63억 명이고, 연결된 디바이스가 5억 개였던 반면에 2010년에는 연결된 디바이스가 125억 개로 전 세계 인구수보다 많아 2010년대에 이르러 초연결시대에 도래한 것으로 보고 있다. 2020년에는 200억 개 이상으로 추산했다, 최근 출시되는 가전제품의 대부분이 와이파이와 연동될 수 있는 기능이 추가되고 있기 때문에 그 수는 앞으로 더 빠르게 증가할 것으로 예측된다.

세계이동통신사업자연합회는 전 세계 인구의 49%가 모바일 기기를 통해 인터넷에 연결되어 있다고 하였다. 2018년에 1인당 소비자 개인이 보유한 사물인터넷의 수가 6.7대였던 반면에, 2023년에는 12.1개로 증가할 것으로 예측했다. 아울러 앞으로의 증가와 그 속도도 매우 빨라질 것으로 예상된다.

최근에는 연결된 소비자라는 용어가 등장하였는데, 앞으로도 더 많은 사물들이 인터넷에 연결되어 더욱 연결된 시대가 될 것이며, 초연결은 가속될 것으로 보인다. 특히 소비자가 위생, 건강, 안전에 관심을 많이 갖게 되면서 이와 관련된 초연결기술들이 더욱 개발될 것으로 예측된다. 또한 사람들끼리 대면하지 않고 소통할 수 있는 서비스들이 더욱 활발해질 것으로 예상된다. 전국경제인연합회는 앞으로 유망 산업으로 의료용 로봇이나 비대면 의료서비스, 그리고 비대면 교육시장이 유망할 것으로 예측하고 있다.

초연결의 특성을 정리하면 다음과 같다.

첫째, 초연결성으로 사람, 사물, 공간 등 모든 것에 언제, 어디서나 연결될 수 있다는 점이다.

둘째, 센싱 및 제어에 관한 것으로, 단순히 센서가 인식해서 조명이 켜지던 센서인식조명의 수준이 아니라 지능이 추가된 센서가 스스로 필요하다고 판단되는 정보를 선별해서 저장하고 판단할 수 있으며, 또한 소비자도 언제든 연결하여 연결된 모든 것을 원격으로 제어하는 것이 가능하다.

셋째, 컴퓨팅에 관한 것이다. 이렇게 연결된 모든 것으로부터 많은 양의 정보를 수집한 것을 컴퓨팅 기술을 통해 활용하고 예측하는 것이 가능하다.

넷째, 최적화 및 자율화로, 이를 토대로 상태를 최적으로 유지하고 자율적인 판단을 내리는 최적화 및 자율화된 서비스를 제공할 수 있다.

다섯째, 융합 및 혁신으로, 이는 온라인과 오프라인을 융합하고 산업 간의 융합이 촉진되어 새로운 혁신서비스가 가능하다.

이러한 점에서 전통적인 정보통신기술과 차별화되며, 양적·질적으로 발전된 형태의 정보통신기술을 초연결기술이라고 할 수 있다. 이러한 초연결의 특성들이 소비자에게 제공할 수 있는 가치로는 소비자의 생활을 더 편리하게 만들어주고, 시간을 절약하고 일의 효율을 높여주며, 비용을 절약하거나 소비자가 가지고 있는 자원을 더 가치 있는 것으로 만들어주며, 소비자의 안전한 삶에 기여할 수 있다는 점이다.

또한 우리가 소비자의 관점에서 초연결에 주목해야 하는 이유는 초연결이 소비생활 전반을 크게 변화시킬 뿐만 아니라 소비자의 역량과 특성에도 영향을 미치기 때문이다. 일반적으로 소비자가 주로 사용하는 연결된 디바이스는 개인용으로 가지고 다니면서 이용하는 디바이스와 가정용이자 주택에 부착된 것으로 구분할 수 있다.

예컨대, 개인용 디바이스로는 스마트폰, 스마트워치와 같은 웨어러블 디바이스, 음성보조서비스, 스마트안경과 스마트의류, 그리고 블루투스 이어폰 등이 있으며, 또한 주택용 디바이스로는 스마트홈 월패드처럼 허브와 컨트롤러 역할을 하는 기기, 스마트 가전제품들, 스마트플러그와 스마트 미터 등 전기에너지와 관련이 있는 것, 스마트조명과 온도조절기기, 엔터테인먼트 디바이스 등이 있다.

또한 소비자 간 실제 의류를 공유하는 사례도 있다. 예컨대, 개인이 소유하고 있지만 팔기에는 아깝고 자주 입지 않는 옷을 공유하는 플랫폼이 있다. 이러한 공유플랫폼을 통해 빌려주는 사람도 경제적인 이익을 볼 수 있고, 또 빌려 입는 사람도 새로 구입하는 것보다는 저렴하므로 하나로 나눠 입기 때문에 자원 절약의 효과도 있다. 예컨대, 중고 거래 마켓을 통해서 동네에 있는 가까운 사람에게서 잠깐 입을 필요한 옷을 저렴한 가격에 거래할 수 있다.

뿐만 아니라, 인덕션처럼 조리 기구들도 센서를 통해 위험하면 자동으로 꺼지기도 하고, 소비자에게 상황을 알려주기도 하고, 외부에서 켜고 끌 수도 있어서 도착하기 전에 켜서 집에 도착하면 따뜻한 음식을 먹을 수도 있고, 또 소각을 잊어버리고 외출한 경우에는 끌 수도 있다.

다음은 식생활의 변화이다. 이미 여러 배달주문서비스, 무인결제 키오스크, 매장 근처에서 주문할 수 있는 사이렌 오더는 한 번씩 사용해 봤을 것이다. 이러한 기술들도 소비자와 판매자의 직접적인 대면 없이 주문하고 결제할 수 있도록 연결해주는 기술이다.

초연결은 서로의 시간과 에너지, 주문상의 오류를 줄여줄 수 있다는 장점이 있는 반면에, 기술을 이용해야만 할인이 되는 경우가 있어서 접근하기 어려운 사람들에게 역차별이 된다는 이슈도 계속 제기되고 있다. 목소리만 듣고도 누군지 알아보고, 그 사람의 음식 선호도와 냉장고 속 식재료 유통기한을 파악해서 맞춤 레시피를 제공해 주지만, 이것이 마냥 신기한 것은 아니다. 그럼에도 앞으로 스마트홈과 스마트 가전은 초연결, 사물인터넷 분야에서 가장 주목 받는 분야로 볼 수 있다.

특히 인공지능 스피커와 TV 등은 1인 가구의 반려자로서의 역할을 한다. 스마트 월페트를 통하여 조명, 난방, 환기 등을 제어할 수 있고, 전기, 가스, 수도, 난방 등의 사용량을 조회할 수 있고, 부재중 방문자를 확인하거나, 커뮤니티의 주민투표도 가능하다. 뿐만 아니라 방문자의 주차 등록 예약과 머무르는 시간 등의 기록도 가능하다. 아울러 스마트폰 어플로도 가능한 안전과 보완과 관련해서 지능형 CCTV, 도어락 등을 조절하며, 새로운 세탁 코스를 개발하면 다운로드를 통해 제품의 교체 없이 기능을 업그레이드하는 등의 초연결의 특성을 백분 활용할 수 있다. 이러한 것은 소비자의 삶의 질을 높여주고, 제품을 교체하지 않아도 새로운 기능을 사용할 수 있어, 소비자가 보유한 기기의 가치를 높여준다.

그 외에 교통 관련 사항으로, 교통수단의 선택, 교통상황, 교통정보 등이 통합된 정보로 확인이 가능하며, 운전할 때에도 실시간 네비게이션을 통해 주변에 사고가 났다면 안전에 관한 정보를 전달받을 수 있고, 초행길이라도 주변에 주유소의 가격, 식당의 별점 등을 확인할 수 있다.

그 외에 일상생활에서 초연결이 미치는 변화로는 스캔이나 팩스 이용이 있다. 이전에는 기계가 있어야 하고, 종이가 있어야 했지만, 근간에는 대부분 스마트폰으로 어플을 이용하여 해결할 수가 있다. 이 경우 비용적인 측면에서 경제적이기도 하지만, 기계나 종이가 필요하지 않기 때문에 환경적이기도 하고, 편리하다는 이점이 있다.

앞으로도 더 많은 사물들이 인터넷에 연결되어 더욱더 연결된 시대가 될 것이며, 이는 코로나19가 중요한 계기가 된 것으로 보인다. 앞으로 또 어떤 외생변수로 인하여 우리는 변할 것인가?

전국경제인연합회는 코로나 이후 유망 산업으로 의료용 로봇이나 비대면 의료 서비스, 그리고 비대면 교육 시장이 유망할 것으로 예측하였다. 이를 통해 보면, 근간 AI 등이 성장산업의 근간이 되는 것도 이유가 될 것으로 보인다.

초연결기술은 사람, 사물, 공간 등 모든 것에 연결된(초연결성), 지능이 추가된 센서를 통해 원격 제어가 가능한(센싱 및 제어), 연결된 모든 것으로부터 많은 양의 정보를 생성 수집 활용하여, 필요한 정보를 예측할 수 있는(컴퓨팅), 자기 최적화 및 자율화된 서비스를 제공하는(자기 최적화 및 자율), 온·오프라인과 산업 간의 경계를 허물고 융합 및 혁신을(김시월, 2021) 촉진하는(융합 및 혁신) 전통적인 정보통신기술과 차별화되는 기술을 의미한다.

초연결기술은 소비자의 삶을 획기적으로 변화시킬 기술로 여겨지고 있다. Cisco(2011)의 'The Internet of Things: How to next evolution of the internet is changing everything' 보고서에서는 초연결기술이 소비자가 인터넷 연결을 통해 온도, 압력, 진동, 빛, 습기, 스트레스와 같은 감각을 느낄 수 있게 해주었다는 점에서 소비자 역량을 강화시키는 기술이라고 하였다. ETRI(2017)와 KPMG삼정경제연구원(2018)은 초연결기술이 새로운 형태의 혁신과 개발을 가능하게 하여 지금까지 볼 수 없었던 새로운 형태의 제품과 서비스, 비즈니스를 소비자에게 제공하며 또한 소비자끼리 초연결을 통해 협력하고 공유하며 서로의 생각과 정보를 교환하며 새로운 문화를 이해할 수 있도록 하기 때문에 소비자의 라이프스타일에 커다란 변화를 야기할 것이라고 하였다.

컴퓨터 기반 인터넷으로 대표되는 정보통신기술(ICT: Information Communication Technology)이 소비자가 인터넷에 접속하여 다른 소비자와 정보를 공유하고 소통할 수 있도록 하였으며 전자상거래를 이용할 수 있게 됐다는 점에서 소비생활의 커다란 변화를 야기하였다. 반면 사물인터넷으로 대표되는 초연결기술은 소비자를 언제 어디서든 다른 소비자 다른 사물 그리고 물리적 공간과 더 긴밀하게 연결될 수 있게 하여 소비자가 융합된 환경에서 시공간적 제약을 극복하고 연결된 생활을 영위할 수 있게 하였다. 그리고 연결된 많은 것으로부터 수집된 정보를 분석해 줌으로써 소비자가 자신과 자신을 둘러싼 환경에 대한 더 나은 의사결정을 할 수 있게 도우며 자율화된 서비스로 인해 편리하고 효율적인 삶을 살 수 있게(박서니, 2021) 함으로써 소비생활의 커다란 변화를 야기하였다.

초연결기술은 소비자의 가정 내 소비생활에도 영향을 미칠 것으로 예측된다. 가정 내에서 사용하는 스마트 가전과 스마트홈 디바이스는 이미 소비자 초연결기술 분야에서 중요한 부분을 차지하고 있다. 스마트 가전제품으로는 스마트 TV와 스마트 냉장고가 가장 대표적이다. 가정 내의 다양한 디바이스들이 연동되었을 때 스마트 TV의 화면이 가장 커다랗기 때문에 스마트 TV의 화면을 통해 다양한 실시간 정보를 확인할 수 있을 것이며 스마트 냉장고는 냉장고 안에 있는 음식의 유통기한 또는 요리법을 제안해 주고, 소비자 선호와 재고를 파악하여 자동으로 주문을 하거나 내용물을 자체 진단하여 냉장고의 온도를 조정하는 등의 역할을 수행할 것으로 기대를 모으고 있다(박서니, 2021).

가정 내에서만이 아니라, 근간 생산하는 국내 자동차 브랜드도 생체 인식 기술을 자사 차종에 도입하는 등 지능형 기술 확대를 본격화하였다. 생체 인식을 활용해 편의성과 안전성을 향상시킨 지능형 자동차 기술을 개발하고 있다. 적용될 신기술은 '차량 내 간편 결제 카페이 연동 지문 인증 시스템'과 레이더 센서 기반 '어드밴스드 후석 승객 알림(Advanced ROA, Rear Occupant Alert)' 장치 등이다. 이렇듯 초연결기술 관련 산업은 빠르게 성장하여, 소비자의 일상생활 영역으로 확산되고 있다.

미국의 시장조사기관인 Statista(2020)는 코로나19 팬데믹에도 불구하고 2020년 스마트홈, 사물인터넷 가전과 같은 초연결기술 관련 산업이 지속적으로 성장할 것으로 전망하였으며, 2023년까지 2020년 대비 65% 이상 빠른 속도로 급성장할 것으로 전망하였다(박서니, 2021). 특히 전 세계 여러 국가 가운데 한국 가정의 초연결기술 보급률이 2020년 기준 25.6%, 2025년에는 49.3%에 이를 것으로 전망하였다(김시월, 2021).

한국스마트홈산업협회도 국내 스마트홈, 스마트가전 등 초연결기술 관련 시장이 빠르게 성장하고 있으며 2021년에는 617만 가구에 초연결 인프라가 보급될 것이라고 전망하였다.

한국 소비자의 초연결기술 보급률은 전 세계적으로 높은 편에 속한다. Statista(2020)가 전 세계 소비자를 대상으로 초연결기술 가전의 보급률을 조사한 결과, 한국 소비자의 32%는 인터넷에 연결된 소형 스마트 가전을 소유하고 있으며, 14%는 냉장고, 세탁기와 같은 대형 스마트 가전을 소유하고 있다고 하였다(김시월, 2021; 박서니, 2021).

OECD(2018)가 발표한 'Consumer product safety in the internet of things'

보고서에도 주요 OECD 가입국 가운데 인구 100명당 IoT 디바이스로 연결된 인구 비율 1위(인구 100명당 37.9명)는 한국으로 나타났으며, 글로벌 ICT 시장조사기관인 GFK(Growth from Knowledge)에서 제공하는 100여 개 국가의 연결된 소비자 지수(Connected Consumer Index)에서도 2016년 4분기를 기준으로 전 세계적으로 연결된 소비자 지수가 315인 반면, 한국은 910으로 매우 높은 편으로 나타났다(김시월, 2021).

2. 초연결기술의 과제

초연결의 미래에 대해서 앞으로 초연결이 어떠한 역할을 할지, 그리고 초연결이 해결해야 하는 과제는 무엇인지에 대해 살펴보자.

우선 초연결로 인해 온라인 음식 주문이 급증하면서 플라스틱, 택배 상자나 스티로폼, 아이스팩 등 부작용이 발생하고 있으며, 초연결 끝단에는 사람의 노동이 필요하기 때문에 이로 인해 근로자의 처우가 더욱 나빠질 수 있다. 또한 초연결기술은 근본적으로 인터넷에 연결될 수 있는 기능이 탑재된 제품을 구입해야 이용할 수 있기 때문에 불필요한 제품의 교체를 유발할 수 있고, 이로 인해 더 사용할 수 있는 전자제품들이 폐기되거나 새로 생산되면서 환경이 오염될 수 있다. 또 모든 것이 데이터화 되는 것이 오히려 데이터 전송, 보관 과정에서 환경을 파괴시킬 수 있다.

초연결로 인해 얻을 수 있는 혜택과 비용을 모두 고려한 의사결정이 필요하다. 위급상황에서 인공지능 스피커에게 신호를 보내어 목숨을 건진 사례가 있으나, 한편으로는 언제나 우리 목소리뿐만 아니라 많은 것들이 공유되고 있다는 프라이버시 위험을 느끼게도 한다.

그리고 초연결로 인해 온라인 음식 주문이 급증하면서 플라스틱, 택배상자나 스티로폼, 아이스팩 등 부작용이 발생하고 있으며, 또한 초연결기술은 근본적으로 인터넷에 연결될 수 있는 기능이 탑재된 제품을 구입해야 이용할 수 있기 때문에 불필요한 제품의 교체를 유발할 수 있고, 이로 인해 더 사용할 수 있는 전자제품들이 폐기되거나 새로 생산되면서 환경이 오염될 수 있다.

그리고 모든 것이 데이터화되는 것이 오히려 데이터 전송, 보관 과정에서 환경을 파괴시킬 수 있고, 초연결기술은 인터넷을 사용하기 때문에 인터넷이나 전기가 중단될 경우 사회 혼란을 야기할 수 있다. 몇 년 전 화재로 인터넷이 끊겼을 때 카드결제, 인터넷 거래, 열차표 예매, 경찰과 병원 연결망 등 모두 가동되지 않았는데, 더 많은 것들이 연결된 초연결 사회가 되면 인터넷 마비로 인한 파급력은 더 클 수 있다. 아울러, 인터넷을 이용하여 데이터를 전송하는 과정에서 언제 악의적인 해킹이 발생할지 모른다는 위험이 있기도 하다.

그리고 가장 중요한 것은 소외계층이 발생할 수 있다는 점이다. 사용방법을 숙지하기 어렵거나, 인터넷 관련 이용 요금이 부담스럽거나, 이용할 기기가 없는 소외계층에 대한 대안이 마련되어야 할 것이다.

따라서 산업 간, 상품 간, 그리고 다양한 융합 등은 소비자 측면, 생산자 측면 등에서 장점도 있지만, 사용자의 역량 강화, 사회에 끼치는 긍정적 가치를 고려하고, 늘 문제점을 예측하고, 준비하고 또 고려해야 한다.

생각해 볼 거리

초연결기술은 소비자의 생활에 연결성을 통한 획기적인 변화를 주었지만, 아직은 해결해야 할 과제가 많습니다. 초연결기술과 관련하여 앞으로의 변화를 예측하고, 하나의 상품을 생각하여 개선안을 제안해 보세요.

QUIZ

1. 우리가 말하는 제4차산업혁명이라는 용어는 누구에 의해 언제 처음으로 등장했나요?

1) 클라우스 슈밥, 2016년

2) 클라우스 슈밥, 2020년

3) 엘빈 토플러, 1974년

4) 엘빈 토플러, 2000년

답 1번

해설

일반적으로 제4차산업혁명은 2016년 스위스 다보스에서 열린 세계경제포럼에서 클라우스 슈밥 교수가 처음으로 사용하였다.

2. 다음은 초연결기술이 유용하기 위하여 해결해야 할 과제를 설명하고 있습니다. 맞지 않는 것은 무엇인가요?

1) 환경오염과 관련된 상품의 감소

2) 악의적인 해킹에 의한 위험 제거

3) 인터넷 연결의 끊김 예방

4) 디지털 소외계층에 대한 배제

답 4번

해설

초연결기술은 소비자에게 유용한 이점도 있지만, 해결해야 하는 과제점도 있다. 예를 들면, 환경오염과 관련된 상품의 감소, 악의적인 해킹에 의한 위험 제거, 인터넷 연결의 끊김 예방, 그리고 무엇보다 디지털 소외계층 발생에 대한 대안 마련 등이 있다.

3. 다음은 클라우스 슈밥이 한 말입니다. (   ) 안에 들어갈 단어를 써 주세요.

“제4차산업혁명은 (   ), (   )의 특성을 가지고 있으며 이를 통해 모든 것이 상호연결되고 보다 지능화된 사회로 변화시킬 것이다.”

답 초연결성, 초지능화

해설

클라우스 슈밥은 “제4차산업혁명은 초연결성(Hyper-Connected), 초지능화(Hyper-intelligent)의 특성을 가지고 있으며 이를 통해 모든 것이 상호연결되고 보다 지능화된 사회로 변화시킬 것이다”라고 하였다.

CHAPTER

14

신상품의 개발

본 단원에서는 앞에서 다룬 여러 내용을 중심으로 구체적인 신상품을 개발해 보는 것을 목표로 한다.

첫째, 개발 상품 및 서비스와 관련된 메가트렌드 목록과 이슈를 선정한다.
둘째, 트렌드 스케치를 작성한다.
셋째, 보다 의미 있는 상품과 서비스 개발을 위한 거시적 안목을 가지고, 구체적인 대안을 강구해 본다.
넷째, 보다 미래지향적으로 신기술과 소비시장의 융합을 고려한다.

주요 키워드는 트렌드 스케치, 상품과 서비스 개발 등을 들 수 있다.

*그림: 강정민

동화, 늑대와 일곱 마리 양

옛날 어느 숲속에 엄마과 일곱 마리의 아기 양이 살고 있었어요. 하루는 엄마 양이 시장에 가게 되었어요.

"얘들아, 집 잘 보고 있거라. 무서운 늑대가 올지 모르니까, 절대로 문을 열어주면 안 된다."

엄마 양은 서둘러 집을 나섰어요. 그때, 숲속에 사는 늑대가 숨어서 이 모습을 지켜보고는 침을 꼴깍 삼켰어요. 엄마 양이 보이지 않자 늑대는 어슬렁어슬렁 아기 양들이 있는 집으로 갔어요. 그리고 조심스럽게 문을 두드렸어요.

"누구세요?"

"엄마다. 어서 문 열어라."

늑대는 엄마 양의 목소리를 흉내 냈어요. 아기 양들은 고개를 갸우뚱거렸어요.

"엄마 목소리가 아닌 것 같은데..."

아기 양들은 살짝 밖을 내다보았어요. 그러자 시커먼 늑대의 발이 보였어요.

"앗, 늑대다! 문을 열면 안 돼."

"넌 우리 엄마가 아니야, 우리 엄마 발은 까맣지 않아!"

아기 양들은 문밖을 향해 소리쳤어요. 그러자 늑대는 밀가루를 사서 발에 흠뻑 묻히고, 다시 엄마의 흉내를 냈어요. 아기 양들은 엄마인 줄 알고 문을 활짝 열어주고 말았어요.

우리 생활에서도 언제나 확인이 필요합니다. 그것은 안전한 생활을 위해서죠. 요즈음 어린이 안전사고가 점점 늘어난다고 합니다. 예를 들면, 창가에서 놀다가 창문에 붙어있는 모기장(방충망)에 기대어서 나는 사고, 놀이터 시설 불량으로 인한 안전사고, 인라인 스케이트 등으로 인한 사고 등입니다.

어린이 안전사고가 일어나지 않게 하려면 시설을 안전하게 만드는 어른들의 역할이 중요하지만, 안전의식 교육도 중요합니다. 그리고 상품을 무엇으로 어떻게 만들었는지 확인하고, 검증되지 않은 상품은 사지 않는 것도 중요합니다.

우리 모두 시장의 감시자가 되어야 합니다. 그리고 우리는 생산자이면서 소비자이므로 보다 소비자중심적인 사회 포용적 시각이 필요합니다.

*출처: 김시월 외 2인(2008), 동화로 소비를 배워요, 천재교육.
김시월(2008), 학교에서의 소비자교육을 위한 교재개발 연구 용역 계획(안), 공정거래위원회.

우리 사회에는 좀 더 소비자중심적인 그리고 사회 포용적인 상품과 서비스 개발이 필요하다는 것을 명심해야 한다. 이러한 여러 가지를 고려하여, 상품 및 서비스 개발과 관련된 메가트렌드 관련 목록을 정해보고 관련 이슈를 선정해 보는 것도 중요하다.

아울러 새로운 상품과 서비스 개발에 있어서 트렌드 분석은 필수적이다. 따라서 관계자들이 직접적으로 관련된 메가트렌드의 리스트를 만들고 토의를 통해 가장 관련성이 높은 트렌드의 우선순위를 정해보는 과정을 통해 메가트렌드에 따른 소비자 변화를 추이를 심도 있게 다룰 수 있도록 한다. 구체적으로 관련된 메가트렌드의 리스트와 검토해야 할 이슈들을 정리하여 목록을 만들고, 각각의 목록별로 트렌드 스케치를 작성할 수 있다(홍종숙 외, 2014).

예를 들면, 다음 표들을 참고하자.

표 14-1 개발 상품 및 서비스와 관련된 메가트렌드 목록과 이슈 선정의 예

메가트렌드	트렌드	관련 이슈	주요 현상	파급 범위	연관성	우선 순위
네트워크 사회	모바일 쇼핑 활성화	• 개인주의 • 온라인 커뮤니티 • 네트워크 공동체 발달 • 가상세계와 현실 세계의 융합	• 참여와 집단지성, 소셜네트워크 활성화 • 기기 및 인적 연결성 증가 • 스마트폰이 플랫폼 기능을 함	정치·경제 등 전 영역으로 파급 가능성		

표 14-2 트렌드 스케치 작성의 예

<table>
<tr><td>메가트렌드:

주요 특징:

관련 이슈:</td><td rowspan="2">소비자 니즈와 언맷니즈:

트렌드가 충족시키는 니즈:

트렌드가 충족시키지 못하는 니즈:</td></tr>
<tr><td>트렌드의 영향력:</td></tr>
<tr><td>트렌드가 이끄는 변화</td><td>비즈니스 영역으로 확장할 수 있는 아이디어:

관련된 새로운 영역:

상품 및 서비스에 적용될 수 있는 것들:</td></tr>
</table>

그리고 보다 의미 있는 상품과 서비스 개발을 위한 거시적 안목이 필요한 바, 이는 좀 더 인구변화 중심적인 시각에서 큰 틀에서 봐야 할 것이다. 특히 고령화사회를 지나서 초고령화사회를 눈앞에 두고 있다는 점, 인구감소와 관련하여 강조해야 할 것, 소비자 소외를 품어야 함을 강조하고 싶다. 그리고 사회변화에서 주요한 것이 Technology, Business, 그리고 Human Value임을 명심해야 한다.

1. 신기술과 소비시장의 융합

1) 소비자의 적극적 참여 도래

시장의 구성요소 중에서 소비자는 생산자와 정부에 비하여 시대적 변화와 더불어 가장 의미가 많이 변화했다고 해도 과언이 아니다. 소비와 소비자라는 용어가 등장한 것은 학자에 따라 다르지만, 대중소비사회와 고도소비사회라는 의미에서 볼 때, 짧은 기간에 많은 변화를 거쳤다(김영신 외, 2015). 이는 급격한 기술과 비즈니스 변화가 소비자에게 많은 변화를 가져왔기 때문이다.

특히 생산자 중심적 시장경제와 사회에서 소비중심적인 사회로의 변화를 볼 때, 소비자는 변화와 진화를 거듭하고 있으며, 현재에도 변화하고 있다. 소비자는 더 이상 시장에서 생산된 상품과 서비스를 단순히 수동적으로 받는 존재가 아니다. 수요를 생산에 반영하고 그러한 결과를 소비자정보를 바탕으로 선택하는 능동적 참여자이며 존재자이다. 바야흐로 디지털 컨버전스(Digital Convergence)의 시대로 돌입하였다.

디지털 컨버전스는 하나의 기기나 서비스에 모든 정보통신기술이 융합되는 현상을 말한다. 이는 기본적인 통화 기능뿐 아니라 디지털 카메라, MP3, 방송, 금융 기능까지 갖춘 휴대전화, 와이브로(Wibro)와 같은 유무선의 결합 등이 대표적인 예이다. 또한 통신과 방송을 연결한 DMB 서비스가 상용화되면서 휴대전화나 차량용 리시버에서 방송을 시청할 수 있게 되었다. 이처럼 영상, 음성, 데이터 등 종류가 다른 미디어가 단말기나 네트워크에 관계 없이 융합되어 새로운 서비스를 만들어 낸다. 컨버전스의 본래 단어의 뜻은 융합으로, 디지털 컨버전스에서는 여러 기능을 복합적으로 쓸 수 있게 만든 제품을 뜻한다(김영신 외, 2015).

반대되는 개념은 디버전스로, 전문적으로 사용되는 단순한 기능만을 강조하는 제품을 말한다. 소비자 측면에서 디지털 컨버전스가 가져올 변화는 이미 그 윤곽이 드러나서 다양한 변화를 겪고 있다. 이를 바탕으로 향후 추진되는 소비자 관련 이슈는 생산자와 소비자, 공급과 구매의 접점이 되는 시장의 변화를 수반한다(김영신 외, 2015).

우선, 소비자의 적극적인 참여 변화를 볼 수 있다. 인터넷 사용자들은 공유와 참여 개방의 철학을 잘 반영하여, 익명의 다수 개인들이 댓글, 인터넷 카페, 블로그, 홈페이지 등을 통해 분출하는 집단 여론을 통해 파워의 주역이 개인 소비자로 이동하고 있음을 보여준다(김영신 외, 2015). 인터넷 사이트 등이 그 대표적인 예라고 할 수 있다. 인터넷을 사용하는 개개인들은 동영상 UCC(User-Created Contents) 사이트인 youtube에서처럼 장애 없이 자유롭게 인터넷에 콘텐츠를 올리는 것이 가능하다. 특히 소비자들의 가치관이 컨버전스 환경을 통해 변화하면서 소비자가 더욱 적극적인 프로슈머로 활동하기 시작하였다. 미디어의 사용에 있어서도 오늘날의 미디어를 이용하는 소비자는 과거의 수동적인 단순한 수용자가 아닌 네트워크 연결망 속에서 자신의 의사를 직접적으로 표현하고 연대를 형성하여 서로 조직하고, 여론을 만들어 가는, 적극적으로 이용하는 소비자들이고 적극적인 프로슈머 행위를 보인다.

다음으로 집단지성과 사회 네트워크를 들 수 있다. 소비문화의 변화와 관련하여 새로운 미디어에 기반을 둔 집단지성(Collective Intelligence)의 중요성이 많은 실무자들과 학자들의 관심 이슈로 부상하였다. 인터넷과 방송통신 융합으로 인하여 탈근대적인 성격이 강화되고 있는 시점에서, 미디어 이용자들은 더 이상 과거의 수동적인 수용자가 아닌 연결망 속에서 연대를 형성하여 여론을 만들어 가는 적극적인 이용자이다. 또한 컨버전스 현상의 확산과 확대는 소비자에게 더욱 방대하고 다양한 형태의 정보와 서비스를 활용할 수 있는 기반을 마련해 주고 있다. 이러한 정보의 상호 연계와 지원 및 서비스로의 연계가 향후 소비자의 심리와 행동, 구매 채널의 활용 전략 변화, 소비자 행동변화의 동인과 유형, 특징에 어떤 변화를 가져올지에 대한 다양한 접근은 소비자 변화를 예측하는 초석이 된다(김영신 외, 2015).

예컨대, 멀티미니어 채널과 정보가 가용한 환경에서 진화하게 될 소비자의 구매 선호, 소비자 선택, 소비자 의사결정, 그리고 소비자 감성 등의 개인 성향과 변화에 대한 소비자의 변화 분석이 중요하다. 뿐만 아니라 다매체 환경에서 시장과 제품에 대한 다중 정보, 복합정보의 접근과 활용을 둘러싼 소비자의 기술 선택, 선호 또는 복합사용 등의 소비자 행동에 대한 분석도 중요하다(김영신 외, 2015).

특히 앞으로의 소비자 변화 예측은 사회와 밀접한 관련이 있어 매우 중요하다. 그리고 글로벌 가치 시스템, 다매체 환경, 풍부성이 높은 컨버전스 정보에 노출된 미래 소비자의 가치관 변화와 시민으로서의 소비자 행동과 글로벌 소비자로서의 시민행동 패턴에 대한 이해도 중요하다. 또한 멀티미디어 정보의 활용과 소비자 보호 및 프라이버시 관련 이슈 및 컨버전스 기술의 활용과 구매 채널의 활용 및 구매 방식의 변화 간의 관계에 대한 분석 역시 중요하다. 왜냐하면, 이미 소비자는 어느 한 곳에 국한하는 지역소비자가 아니라 세계적인 열린 글로벌 소비자이며, 정보도 국부적인 사용이 아니라 빠른 속도로 공유하는 시대로 변화하기 때문이다(김영신 외, 2015).

이뿐만이 아니라, 집단으로서의 소비자의 변화로서, 집단지성의 성격에 대한 이해와 분류 및 소비행동과의 관계에 대한 분석이 요구되며, 국지적 집단지성과 글로벌 집단지성의 태동 및 진화의 과정, 역할과 성격의 공통점과 차이점에 대한 이해가 요구된다. 또한 소비자운동과 소비자 커뮤니티의 집단 프로슈머로서의 역할, 압력 행위자로서의 정치적 역학관계, 그리고 사회적 영향에 대한 분석이 요구된다. 소비자 간 커뮤니케이션의 확대가 시장 균형 메커니즘의 변화에 미치는 영향에 대한 이해가 요구된다.

디지털 컨버전스와 관련된 소비자행동 변화는 혁신의 확산이라는 관점에서 그 포괄적인 현상을 조망해 볼 수도 있으나, 미시적으로 소비자의 심리와 행동, 구매 채널의 활용 전략의 변화 등에서 접근이 필요하다(김영신 외, 2015). 컨버전스의 진행에 따른 소비자 욕구의 변화와 기술의 발전과정은 제품, 서비스를 매개로 상호 영향을 주며, 그 상호작용의 결과에 의해서 시장, 제품과 서비스, 그리고 기술의 진화 경로가 결정되는 양상을 보인다(김영신 외, 2015).

기업이 성공하기 위해서는 무엇보다 먼저 시장에 품질이 좋은 상품을 싸게 공급할 수 있어야 한다. 이는 부단한 노력이 필요한 부분이다. 특히 기업이 살아남기 위해서는 공정한 거래 관행을 구축하고 다른 기업보다 더 많은 이익을 소비자에게 줄 수 있어야 한다. 세계화 시대에 있어서 세계적인 관점에서 용인되는 거래 관행 속에서 효율적인 기업이 되어야 한다.

또한 기업은 경영자와 노동자가 함께 기업의 원래 목표인 효율성을 추구하며 될 수 있는 한 많은 이윤을 만들려고 한다. 시장에서는 소비자와 기업 모두 이득을 볼 수 있는 환경이 조성되어야 하며 특히 기업 간의 거래가 공정하게 이루어질 수 있도록 유지되어야 한다. 기업이 살아남기 위해서는 공정한 거래 관행을 구축하고 다른 기업보다 더 많은 이익을 소비자에게 줄 수 있어야 한다. 또한 기업을 위해 일하는 노동자와 경영자 모두 관계를 형성하고 유지하도록 하여야 한다(김영신 외, 2021).

기업은 자본과 노동을 활용하여 상품과 서비스를 생산하는 이윤추구의 효율적인 조직체이다. 자본이란 생산에 사용되는 여러 가지 형태의 도구이며 노동은 자연 상태의 물질을 인간이 필요한 것으로 만들어 내는 자원을 말한다. 기업이 성공하기 위해서는 시장에서 품질 좋은 물건을 싼 가격에 공급할 수 있어야 하며, 부단히 소비자의 호응을 얻어야 한다.

따라서 기업은 지속적으로 노력해야 하며 경쟁 속에서 스스로 발전 및 성장해 나가야 한다. 다른 기업과의 경쟁에서 이겨 나갈 수 있는 가장 좋은 방법은 소비자의 만족 혹은 불만족한 정보를 활용하여 기업이 나아갈 방향을 찾아내는 것이다.

최근 소비환경의 변화는 디지털 기회와 경기침체 위협이 확산되고 있다. 즉, 디지털 기술의 지속적 발전으로 온라인 쇼핑이 활성화되고 있으며, 참여 지향적 소비자의 기업활동 참여도 활발해지는 추세이며, 소비자 라이프스타일 분석을 통한 기업의 대응 필요성을 강조하고 있다. 또한 소비자에 대한 빈틈이 없는 소비통제의 필요성을 제기하며, 갈수록 주목받는 여성 소비자 파워의 증가를 관심 있게 봐야한다고 강조하고 있다. 시장에서 경제적으로 힘겨울수록 상승하는 시간 소비, 누구나 치유 받고 싶고 안정을 꾀한다는 점, 멈추지 않는 키즈 마켓의 성장 등을 강조하고 있다.

이상의 논의를 종합해 보면 시장에서 소비자의 역할이 적극적, 능동적으로 변화함에 따라 기업과 소비자의 관계에 전반적인 변화를 주고 있어 상호 커뮤니케이션이 증가되고 있다는 사실에 주목해야 한다. 일반적으로 4차산업혁명의 일반화 기간은 2030년부터라는 전문가들의 분석을 보면, 우리나라의 2025년 초고령화 시대의 시작과 더불어 많은 준비가 필요하다.

시장의 방향과 미래 트렌드를 알기 위해서 시장의 요소가 무엇인지, 어떤 측면에서 중요할지 등을 파악하는 것이 매우 중요하다. 아울러 기업에게는 이윤추구도 중요하지만 시장에서 생산자와 소비자와의 관계, 네트워크, 커뮤니케이션 등의 중요성도 간과해서는 안 된다. 또한 기업은 사회적 책임(SCR)수행의 일환으로,

상품과 서비스의 수요자인 소비자와의 관계를 더욱 중요하게 여겨야 할 것이다. 이러한 것을 근거로 하여 소비자중심적인 신상품을 개발하여야 한다.

2) 기술변화와 소비시장의 융합

우리는 시장의 세계에 산다. 재래시장, 대형 슈퍼, 편의점, 주식시장, 노동시장 등 온통 시장으로 불리운다. 경쟁이 이루어지는 시장은 자본주의의 핵심이다. 시장에서는 구매자와 판매자가 수요와 공급에 의해 정해진 가격으로 상품을 거래한다.

그리고 오늘날 시장의 힘은 거대하다. 가격은 잠재적인 징후이며, 비즈니스는 새로운 제품 시장과 새로운 시장을 만들어낼 방법을 끊임없이 고민하고 있다. 이에 상품의 수명주기는 점점 짧아지고 있다.

케인즈는 사회가 필요 이상으로 성장한 세상을 예상했다. 그리고 그 성장을 위해 환경이 희생하는 사회가 아니라 성장을 추구함으로써 인간이 덕성과 도덕을 왜곡하는 사회를 예측했다. 우리는 이미 케인즈가 말한 시기로부터 100년이 지난 엄청나게 잘 사는 세상에 살고 있다.

이제는 끝도 한계도 없이 경제 성장만을 우선시하는 가치관에 의문을 제기해 보아야 할 때이다. 경제 문제가 해결된 시점에 도달하기 오래전부터 경제 성장에 집착하는 것만이 진정한 행복이자 모든 문제의 해결책인지 자문해 보아야 했었을 것이다.

과거, 유엔개발계획은 인간개발보고서를 통해서 회원국의 경제성장을 분석해 다음과 같은 유형으로 분류하였다.

- 고용 없는 성장: 전반적으로 경제는 성장하지만 고용의 기회는 확대되지 않는다.
- 무자비한 성장: 경제성장의 열매를 대부분 부자들만 누린다.
- 무언의 성장: 경제에서의 성장이 민주주의나 권력의 위임으로 이어지지 않는다.
- 뿌리 없는 성장: 경제성장으로 사람들은 고유의 문화적 정체성을 상실한다.
- 미래 없는 성장: 현재의 세계가 후손이 써야 할 자원까지 모두 낭비해 버린다(인저리타임, 2018.03.13).

결국, 경제성장과 빈곤 감소 사이의 관계는 결코 완벽하지 않다는 사실, 그리고 절대적 빈곤을 해결하기 위해 개인이 하루에 얼마를 번다는 전통적인 소득 이외의 빈곤 대책을 세운다고 해도 둘 사이의 관계가 더 가까워지지 않는 점, 경제성장이 시급한 나라도 있으며, 경제가 성장하지 않으면 빈곤문제 또한 해결할 수 없다는 점 때문이다.

이러한 점을 감안하면, 생산의 성장, 경제의 생물물리학적 처리량의 성장, 그리고 인간 복지의 성장 등을 고려해야 한다. 즉, 인간이 행복하려면 경제 성장이나 소비만으로는 부족하다. 따라서 경제복지지수(Index of Sustainable Economic Welfare), 인간개발지수(Human Development Index) 등을 고려해야 한다.

그렇다면, 진정한 성장은 무엇인가? 물질적 부가 과연 진정한 행복과 삶의 만족을 느끼게 해주었는가? 사실 행복은 복잡한 감정이다. 소비자라면 누구나 행복하고 만족스러운 삶을 살고 싶어한다. 따라서 단순한 인구분석이 아니라, 소비시장의 수요자 중심의 라이프스타일, 소비가치, 행복 등이 중요하다. 인구학적인 분석, 정량적인 분석 패널자료 분석, 정성적인 소비심리분석 등을 통해 미래를 예측해야 한다. 거대한 변화에 대한 환경은 시장, 경제성장, 진정한 성장, 소비, 기업, 자본주의의 핵심 등을 고려해야 한다.

그래도 가장 기본인 인구의 분석 및 전망이 중요하다. 우리는 또 다른 디바이드를 예측하고, 미래를 계획해야 한다. 그리고 그러한 시각 정립이 요구된다. 우리나라의 향후 핵심 성장 동력을 알아보기 이전에, 우리나라가 현재 맞이하고 있는 문제에 대해 논의할 필요가 있다. 문제는 여러 가지이지만, 소비시장을 중심으로 본다면, 인구학적 측면에서의 고려가 무엇보다 중요한 기본적 근거가 된다.

일반적으로 미래 소비시장을 뒤흔들 인구 현상 8가지를 혹자는 초저출산, 만혼, 비혼, 도시집중, 가구축소, 수명연장, 질병 부담 급증, 외국인 유입 축소 등을 언급하고 있다. 그리하여, 소비의 관성을 읽고, 미래 시장을 예측해 보아야 한다. 또한 다양한 콘텐츠가 필요하고, 인구감소로 인한 규모는 줄이고 시장을 넓혀야 하며, 새로운 규모의 경제를 활용해야 한다.

예를 들면, 우리나라는 초저출생, 초고령화 사회로 급속하게 진전하고 있다.

우리나라 2022년 합계 출산율은 사상 최저치 0.78명이며, 이는 OECD 가입국 중에서 최저 출산율의 수치를 보이고 있다. 합계 출산율(Total fertility rate)이란, 15세~49세까지의 한 여성이 평생 동안 낳을 것으로 예상되는 아이의 수를 의미한다.

미래사회학자, 미래경제학자 엘빈 토플러(Alvin Tofffler)는 『부의 미래』에서 변화의 속도는 부와 관련이 있다고 하였다. 집단별로 변화의 속도를 살펴보면, 기업이 가장 빠르다고 하였다. 그는 시장에서 기업은 발빠르게 높은 속도로 고공행진 하고 있으나, 학교 법, 가족 등과 같은 집단은 느린 점을 지적하였다.

아울러 엘빈 토플러는 『제3물결(The Third Wave)』에서 판매나 교환을 위해서라기보다 자신의 사용이나 만족을 위해 제품, 서비스 또는 경험을 생산하는 이들을 가리켜 '프로슈머(prosumer)'라는 신조어로 지칭했다. 당시 토플러는 "미래에는 생산자(Producer)와 소비자(Consumer)대신 프로슈머(Prosumer)가 등장할 것이다. 소비만 강요당하던 소비자들은 다양한 경로를 통해 생산과정에 직접 자신들의 의사를 반영하게 된다. 이런 물결을 무시하는 기업은 도태될 것이다"라고 프로슈머의 등장을 예고했다.

엘빈 토플러에 의하면 현재의 세계는 부의 형성 방식에 있어 역사적인 변화를 겪고 있으며, 이런 변화는 새로운 생활방식이나 문명 탄생의 일부에 해당한다고 밝혔다. 이는 오늘날의 변화가 갈수록 점점 더 많은 경제 분야에서 탈동기화를 유발하며 이러한 변화는 경제 분야의 탈세계화의 가능성을 암시한다. 즉, 부 창출 시스템은 화폐경제가 생명력을 유지하는 데에 도움을 주는 동시에 강력하게 도전하고 있는 프로슈머들이 제공하는 영향력에 의해 형성 된다고 볼 수 있다(김윤정, 2009).

이러한 측면에서 성장산업 간의 융합과 발 빠른 미래 예측은 매우 중요하다. 다시 한번 강조하지만, 소비시장에서 중요한 요소는 테크놀로지(Technology)의 변화, 비즈니스(Business)의 변화, 그리고 소비자의 휴먼 벨류(Human Value)일 것이다. 아무리 좋은 기술의 응용과 비즈니스가 있어도 소비자의 욕구가 없다면 소비시장은 도태된다. 따라서 기술변화와 소비시장의 융합을 다양한 시각에서 다루어 볼 필요가 있으며, 기술과 소비시장의 융합을 근거로 하여, 창의적인 결과물을 창출하는 응용력의 향상을 키워야 한다.

그리고 기술과 소비시장 응용의 근거로 대한민국의 미래 핵심 성장 동력이 무엇인가를 고려하여야 하며, 특히 성장산업의 주요 현황 및 트렌드를 바탕으로 핵심 키워드를 도출하는 방법을 숙지하고 응용해야 한다. 이러한 주요한 키워드를 바탕으로 산업 간, 브랜드 간, 제품 간의 창의적 융합을 위한 프로젝트 예행과 실행, 그리고 소비자 수요 조사 및 심층적 토론을 통하여 창의적인 전략을 제시하고 수요자 중심의 실현성을 도모해야 한다.

그리고 궁극적으로 대한민국의 미래 핵심 성장 동력의 산업 간, 브랜드 간, 제품 간 다양한 트렌드를 고려하여, 산업 관련 주요 이슈와 융합 전략, 그리고 한 걸음 더 나아가 창의성과 상상력, 역발상을 발휘하여 다양한 제품과 서비스 고안을 해 볼 수 있어야 한다.

왜냐하면, 우리는 프로슈머 소비자이고, 미래는 바로 우리의 손에 달려있기 때문이다.

생각해 볼 거리

성장산업 간의 융합이 필요한 이유를 생각하고, 대표적인 융합으로 인한 신상품을 창의적으로 고안해 봅시다. 상상력이 넘치고 역발상적인 아이디어를 발휘해 보세요. 구체적 상품을 제안하기 위해, 이 책에서 함께 살펴본 과정을 충분히 참고해 주세요.

QUIZ

1. 유엔개발계획은 인간개발보고서를 통해 회원국의 경제성장을 분석해서 여러 유형으로 분류하였습니다. 다음 중 해당되지 않는 것은 무엇인가요?

1) 고용 없는 성장: 경제는 성장하지만 고용의 기회는 확대되지 않음
2) 무자비한 성장: 경제성장의 열매를 대부분 부자들만 누림
3) 무언의 성장: 경제성장이 민주주의나 권력의 위임으로 이어지지 않음
4) 뿌리 없는 성장: 경제성장으로 사람들은 고유의 문화적 정체성을 상실
5) 미래가 있는 성장: 현재의 세계가 후손이 써야 할 자원까지는 낭비하지 않음

답 5번

해설

유엔개발계획은 인간개발보고서를 통해 회원국의 경제성장을 분석해서 여러 유형으로 분류하였다. 구체적으로는 다음과 같다.

① 고용 없는 성장: 경제는 성장하지만 고용의 기회는 확대되지 않는다.
② 무자비한 성장: 경제성장의 열매를 대부분 부자들만 누린다.
③ 무언의 성장: 경제성장이 민주주의나 권력의 위임으로 이어지지 않는다.
④ 뿌리 없는 성장: 경제성장으로 사람들은 고유의 문화적 정체성을 상실한다.
⑤ 미래가 없는 성장: 현재의 세계가 후손이 써야 할 자원까지 모두 낭비해 버린다.

2. 다음 중 미래 소비시장을 뒤흔들 인구 현상으로 적절하지 않은 것은 무엇인가요?

1) 초저출산

2) 비혼

3) 가구축소

4) 수명연장

5) 외국인 유입 감소

답 5번

해설

미래 소비시장을 뒤흔들 인구 현상으로는 초저출산, 만혼, 비혼, 도시집중, 가구축소, 수명연장, 질병 부담 급증, 외국인 유입 축소 등을 들 수 있다.

3. 성장산업 간의 융합이 필요한 이유를 설명해 보세요. 정답은 없습니다. 시장의 변화, 소비시장의 변화, 그리고 소비자의 변화 등을 중심으로 5-10줄 정도로 작성해 보세요.

후기

대학생 200명에게 다음과 같은 질문을 했습니다.

***질문**

만약 완벽한 최종 단계의 완전자율주행자동차가 실현되고, 개인별 시승이 동시에 가능하다면, 자동차 안에서 처음으로 무엇을 하고 싶나요? 왜 하고 싶나요? 구체적으로 써 주세요.

응답은 각양각색이었습니다. 하지만, 몇 가지로 추려보면, 첫째, 개인의 힐링과 휴식(수면, 암막을 치고 OTT 감상, 풍경 감상, 음악 감상, 전자책 독서 등), 둘째, 개인의 자기개발 및 업무(예습, 복습, 이메일 등 업무 확인, 독서 등), 셋째, 개인의 준비(식사, 간식, 화장, 출근이나 등교 준비 등), 넷째, 개인의 사업확장(초연결 시스템을 활용한 사업, 시승의 경험을 축적한 빅데이터 확인 등)의 순으로 응답했습니다. 그 외에는 가족 여행(부모님과 함께 가족 여행 등), 커뮤니케이션의 장(특히 운전자 소외를 해소, 함께 놀이), 그리고 생각보다 꽤 여러 사람이 언급한 신뢰와 안전 검증(안전, 신뢰, 성숙도에 대한 체험, 차멀미의 해소 등)이 있습니다.

확연한 이동수단 이상의, 하나의 생활공간으로의 변화를 볼 수 있었습니다. 차가 필수적인 교통수단이었다면, 이제는 차 안에서 다양한 문화생활을 즐길 수 있는 공간이 될 것을 예측할 수 있었습니다.

여러분은 현재 소비시장에서 소비자로서의 역할을 주로 하고 있지만, 곧 생산자, 참여자로서의 역할도 수행할 것입니다. 일종의 프로슈머라고 할까요?

예를 든다면, 위의 질문에 어떤 친구는 암막 커튼을 치고 OTT 감상을 할 것이라 했고, 어떤 친구는 초연결 시대답게 주요 정보 간의 연결을 통한 새로운 빅데이터로의 정보 합성과 연결, 응용 등을 언급했습니다.

자, 그렇다면, 여러분이 상상한 것을 토대로 자동차와의 융합, 자동차 공간에서의 다양한 융합을 한번 창의적으로 만들어 보세요.

저는 일본에 머물렀던 기간이 꽤 길었던지라, 일본에 관심이 많았습니다. 일본에 머물면서 사회학, 교육학, 그리고 소비자 관련학과 교수님들과 친분을 쌓고, 45개의 기업(주로 소비자상담실, VOC), 전국의 소비생활센터(일본은 2025년 현재 전국도도부현에 857개의 소비생활센터가 있음)를 방문했습니다.

특히 도산에 가까울 정도로 기울어가던 기업이 다시 살아나는 데 소비자 상담 내용과 VOC가 엄청나게 역할을 한 사례들을 많이 보았습니다. 그리고 각 지자체의 조례에는 지역 소비자에게 접근성이 좋고, 보다 많은 도움을 많이 주도록 소비자중심적인 소비생활센터화의 설치 및 운영을 규정하고 있는 상황을 인지했을 뿐만 아니라, 실제로 소비자 관련 정책회의에 참여해 보기도 했습니다.

그렇습니다. 소비자는 단순한 사용자가 아닙니다. 소비자는 그들 중심의 생산자 역할을 하고, 좋은 융합과 연계로 기업을 살리기도 합니다.

얼마 전에 OTT로 일본 영화 한 편을 봤습니다. 도쿄의 특이한 공중화장실(실제로 건축설계자들의 예술작품들임)을 청소하는 사연 많은 한 남자의 일상을 보여주는 잔잔한 영화였습니다. 그 화장실은 밖에서는 안이 훤하게 보이는 통유리이지만, 들어가서 문을 잠그면 불투명 유리로 변합니다.

해서, 앞서 어떤 친구가 언급한 암막 커튼을 치고 OTT를 감상한다는 것을 변형해 본다면, 암막 유리로의 변화를 생각해 볼 수도 있겠죠?

아울러 암막 유리로 변화할 수 있는 기능을 도입하려면, 관련 정책의 변화, 유리의 기능변화, 더 나아가 어떤 융합과 연결이 필요할지도 생각해 볼 수 있습니다.

프로슈머적인 소비자, 혹은 미래의 생산자로서 현재의 생산자에게 나의 행위를 실현하기 위한 자동차의 변화와 준비를 위해 어떤 구체적이고 창의적인 건의를 하고 싶나요? 기능적 변화는 물론이고, 정책적 변화 또한 필요하다면 어떤 건의가 필요할까요?

여러분도 상상력, 창의성을 발휘하여 융합적인 신상품 제안을 시도해 보세요. 이 책이 우리 사회와 여러분의 융합적인 소비자 생활에 조금이나마 도움이 되기를 바랍니다.

참고문헌

※ QR코드를 통해 참고문헌을 확인하실 수 있습니다.

미래소비사회와 상품

초판발행 2025년 4월 25일

지은이 김시월
펴낸이 안종만 · 안상준

편 집 소다인
기획/마케팅 정성혁
표지디자인 BEN STORY
제 작 고철민 · 김원표

펴낸곳 (주) 박영사
서울특별시 금천구 가산디지털2로 53, 210호(가산동, 한라시그마밸리)
등록 1959. 3. 11. 제300-1959-1호(倫)
전 화 02)733-6771
f a x 02)736-4818
e-mail pys@pybook.co.kr
homepage www.pybook.co.kr
ISBN 979-11-303-2296-4 93320

정 가 19,000원